JN165604

復刻版

現代知識　教化講習録　第3巻

不二出版

〈復刻にあたって〉

一、復刻にあたっては、高野山大学図書館にご協力いただきました。記して深く感謝申し上げます。

一、本復刻版は、より鮮明な印刷となるよう努めましたが、原本自体の不良によって、印字が不鮮明あるいは判読不可能な箇所があります。

一、資料の中には、人権の視点から見て不適切な語句・表現・論もありますが、歴史的資料の復刻という性質上、そのまま収録しました。ただし、「地方資料」は編者との協議の上、収録しておりません。

（不二出版）

〈第3巻　収録内容〉

『現代知識 教化講習録』執筆者索引

凡例

一、本索引は配列を五十音順とした。

一、旧漢字、異体字はそれぞれ新漢字、正字に改めた。

一、表記は、復刻版巻数―復刻版頁数の順とした。

（編集部）

現代知識

敎化講習錄

第五卷

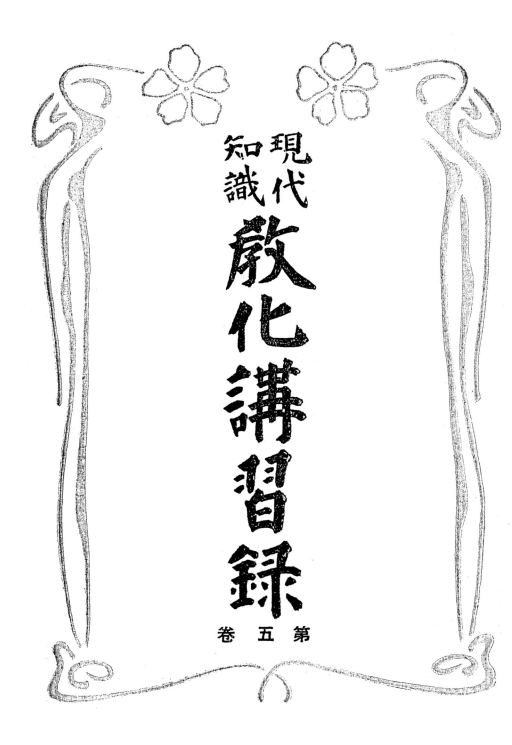

現代智識 教化講習録（第五巻目次）

自治民政と佛教……（四九—八〇）……………………加藤咄堂
歐洲近代文藝思潮……（五三—六八）……文學博士　金子馬治
社會教育……（六五—八〇）……文部省社會教育課長文學士　乘杉嘉壽
經濟學説と實際問題……（四九—六四）……慶應義塾大學教授　淸水靜文
社會問題と思想問題……（五三—六八）……帝國大學助手文學士　赤神良讓
日本の文化と神道……（六五—八〇）……帝室博物館祭祀神祇部主任　津田敬武
大日本最初の轉法輪……（一—二二）……文學博士　村上專精
淨土宗西山派の安心……（一—一八）……西山專門學校長　三浦貫道

地方資料（一—一八）……教化資料……（一九—二四）……雜録……（二四）

德の道は信心を本と爲す、物の多少によつて何ぞ輕重あらんや」とて厚葬の弊を矯め、布施に制限を置かれ、先きに擧げたる如く桓武天皇は寺院濫設の害を除かんとせられたが、此時代の末に當つては紀綱大に弛み、唐代文化に醉ひたる中央爲政者は文弱の弊に陷り、驕奢を事として、剛健の氣なく、之れに乘じて迷信惑信は其の力を得、佛に阿り、寺に媚び、僧侶は夥しく其の數を增し「此世をば我が世とぞ思ふ望月の、かけたることもなしと思へば」と豪語せし、御堂關白藤原道長の病むに及んでは、一千人の僧を度するを許すといふほどになつて寺院の勢ひは非常に大となり、當世に志を得ざる不逞の徒も亦來りて僧となつて寺に入り、これより先き三善清行が上つたる封事の中に「諸國の百姓、課役を逃れ、租調を逋る者、私に髮を落して猥りに法服を著す、此の如きの輩、年を積んで漸く多く、天下人民三分の二は皆な之れ禿首なり、これ皆な妻子を蓄へ、口に腥膻《なまぐさき》を啖《くら》ひ、形は沙門に似て、心は屠兒の如し、況んや其の尤も甚しきものは竊かに錢貨を鑄て天刑を畏れず、佛律を顧みず、若し國司、法によつて勘糺すれば、則ち霧合雲集して競うて暴逆を爲す」とあるの弊は益々甚だしく、特に權門藤原氏の氏寺たる南都興福寺は多くの寺田を有して宛然大諸侯の如く「意に滿たざることあれば、惡僧群を爲して朝闕に訴へ爲めに「無理でも通る山階《やましな》道理」(興福寺もと山階《やましな》寺といふ)なる俚諺を生せしむるに至り、南都佛敎を革新すべき使命を以て起ちたる比叡の延暦寺も亦兵仗を弄してしば／＼三井の園城寺と戰ひ、時に神輿を擁して京都に入り、後白河法皇をして「朕の意の如くならざるものは鴨河の水と、雙盤《すごろく》の寨《さい》と、「山法師」であると嘆せしむるに至つたのである。此の如くに僧侶をして跋扈せしむるに至つたのは、先きもいふ如き浮浪の輩が寺領内に入ることによつて納税を免れ得るが爲めに妄りに僧服を纏うて之れに投入したにもよるし、又、當時、階級の制度固くして、一躍、權門をも屈せしむるの力を得るは出家するの外なきが故に、志を得ざる不逞の徒が僧となつたものもあらうが、更に大なる原因は佛敎信仰の盛んにして僧侶の祈禱に不可抗の力ありとして之れに反抗する時は冥罰あるべしとして恐れたのと、信仰の結果、莊園等の寄納多くして大なる所領を有したる此精神物質兩方面の力が僧兵をして跳梁せしむるに至つたので、文弱の公卿は之れを如何ともする能はず。 之れを制肘すべき一大勢力となつて起つたものは地方の豪族と結托して次第に力を養ひ來つた武門武士なる一階級である。

第四節　鎌倉時代の民政

一　武門武士の勃興

國家は國土の上に建ち、治者、被治者の支配關係に成立し、之れを統一するに中央政府があるのであるが、國内全部に其の政治を行き渡らすには地方〳〵に支配者を置て之れを統治せしめねばならぬ。其の地方政治の必要は上古旣に國造あり、縣主があつたのであるが、世襲の結果は中央の威令行はれず地方分權の弊を生じたものであるから大化の革新となり、中央政府より任命せられたる國司、郡司が一定の任期間之れを支配することとなり、其の土地人民を私するの害なきに至らしめられ、中央の官人の支給せらるゝ位田職田又は功田の如きも其の人一世に限つたのであるが、先きにいふた墾田の一世限りが子孫に及ぶ三世となり、それが終に私有を認めらるゝに至ると共に、次第に此位田職田功田をも私有するに至り、特に其の初めは權門や功臣に別莊の地として賜つたる莊園は國司不入と稱して納稅の義務なき私有地となれるを以て、國司の誅求に苦めるもの又は納税を免れんとするものは、奮縁を其の莊園の持主たる本家領家に求めて其の下に屬せんとし、莊園の數は次第に增して、終には國司の司る所は百分の一に過ぎざるに至り其又公田を管理すべき國司にして任滿ちて歸らず、之れを私有化するものもあり、新たに命ぜられても任に赴かず、在廳の下人をして私有の如くに振舞ふもあつて、公田は私有化し、從つて兼併も行はれて、爭奪も生ずるに至つて、之れを守るに武力を必要とするの時、起り來つたのが所謂武門武士なる一階級である。

由來我が國は神武天皇が大伴、物部の兵を率ゐて中原を平定したまひしより有事の日には國民は悉く天皇統率の下に兵として動くを主義とし、無事の日には農桑を業として生計を營むだのであるが、大化の革新と共に六衞府を置き、左右馬寮を建て、防人《さきもり》を設け、光仁天皇の寳龜十一年に兵賦を定められて人民の武才あるものを選び、武藝を專修して徵發に應ぜしめ、其の羸弱なるものは農に歸せしめられしより兵農漸く分れ、强健なるものは家子郎黨を養ひて武を練り、其の私有地を守るといふことになり、諸國に莊園を有する權門勢家も、實際の經營は之れを土着の人に托せねばならぬ必要から、これらの武士を使用し其の武士は權門勢家と結托して勢ひを張り、其の莊內の百姓に對しては支配者たるの地位に居ると共に、權門勢家からは下司の地頭たるの地位に居りて貴族階級と庶民階級との中間に存する一階級となり、自由に田地を開拓しては、其の名義を權門勢家に與へて實權を自己の手中に掌握し、其の地方民に對して隨意に支配權を行使し、地方民は彼等によつて保護せらるゝと共に、彼等に服從せざるべからざる狀態となり、彼等は一地方の支配者として威を弄するに至り、終に「泣く子と地頭とには勝てぬ」といふ諺をまで生ずるに至つたのである。而してこれらの地方の豪族たる武士階級と密接の關係を有するものは、桓武天皇より出でたる平氏と、淸和天皇より出でたる源氏とであつて、其極源平二氏の勢力爭ひとなり、特に近畿中國地方に姻緣を有せる平氏先づ政權に近づき、其家子郞黨を諸國莊園の地頭とし、且つ其他の權門勢家の莊園をも保護し支配するといふ地位に立ち、所謂一族の莊園、天下に半ばし、平氏にあらずんば人にあらずといふほどの權勢を有するに至つたが、驕る者は久しからず關東剛健なる武士と結托せる源氏のために倒されて、源賴朝、幕府を鎌倉に開きこゝに純然たる武家政治を顯現するに至つたので、賴朝は實に此莊園制度を整理し、上は院宮權門の本家領家、中は下司地頭、下は百姓の安堵を計り、自ら天下の總追捕使、日本の總地頭となつて諸國の地頭は鎌倉より之れを任命することとして統一を計り、伊達千廣の「大勢三轉考」に所謂「名《めう》の世」となつた。　名といふのは、もと新たに開墾したるもの丶名を以て其の田地の名として之れを名田といふたのに基き、終には所領地をも指すこととなり、之れを多く持てるを大名、少きを小名、其の名田の主を名主といひ、之れに代るものを名代といふに至つたので、私有の土地を基礎として政治を行つたる武家時代の總稱として此語を用ひたのである。

二　鎌倉幕府の創業

仁慈を旨としたまふ皇室の御親政も、中間に閥族の跋扈して其の徹底を缺き、綱紀弛廢して地方の政治の行き屆かなかつたのは平安朝の末路である。　これを革新して民政の上に新紀元を開いたのは源賴朝の覇業である。　大義名分の上から賴朝の幕府創業にはいろ／＼な非難もあるが、當時の勢ひからは實に是非なき次

第で、大江廣元が策を献じて

方今大亂始めて平ぎ、悖逆の徒、猶ほ所在に起る、東國の如きは公（賴朝を指す）親ら鎭するを以て固より憂なけんも、他道は遼遠にして易からず、姦濫起る毎に東兵を差發して之れを征せば則ち士卒奔命に疲れ、また軍需浩繁にして民力凋弊せん。故に諸國に守護を置き、莊園に地頭を置くに如かず、發事に隨つて逮捕せば、即ち勞せずして治らん

といひ、賴朝之れを奏請し聽許を得て、將士を分遣して守護地頭を置いたので、此政策によつて地方民政は徹底したので、北畠親房が「神皇正統記」に於て

白河の御時、兵革起りて姦臣世を亂り、天下の民、殆んど塗炭に落ちにき、賴朝、一臂を振ひて其の亂を平げたり、王室は古きにかへるまでなかりしかど、九重の慶もおさまり萬民の肩もやすまりぬ。

といひ、又

凡そ保元平治より以來の亂りがはしきに、賴朝といふ人もなく、泰時といふものもなからましかば、日本國の人民いかゞなりなまし、このいはれをよくしらぬ人

は、故もなく皇威の衰へ武備のかちにけると思へるは誤なりといふ。　南朝の忠臣なる北畠親房が既にかく觀察して居るほどであるから、此賴朝の改革が民政の上に偉大の功のあつたことは爭ふことが出來ない。　賴朝はかく守護地頭を任命して之れを監督して心を地方の民政に注ぎ、其の庶民の思慕する所となれるものは之れを賞し、武藏守として治蹟大に擧りたる平賀義信のために其廳壁に榜して「後の國司たるもの皆な之れに依倣すべし」といひたる如き信濃善光寺參詣の歸途、甲斐城平に於て初めて雨宮勘解由によつて栽培せられたる葡萄を賞して民業を奬勵したる如きは其の一例で、其他民課を輕減して其の力を休養せしめたる如きの例も少なくない。　賴朝に次で賴家ありしも、少壯にして民治に精ならず、母政子、政を行ひ、之れを尼將軍といふ、賴家に次で實朝あり、親ら地頭の爭を裁決し、又奉行をして裁判の留滯を避けしめ、彼等をして其の領國に遣はして人民の訴訟を聽かしめて出訴の煩なからしむる等大に意を民政に用ひたが、不幸にして其姪公曉のために殺されて、源氏三代にして亡び政權は北條氏に移るに至つた。

三　北條氏の民政

北條氏は頼朝創業の精神を嗣で意を民政に用ひ、泰時の時に至つて貞永式目五十一條を制定して政務裁決の標準とし、先づ其の初めに神佛の崇敬すべき所以を述べ、次ぎに地方の守護職たるものをして其所管の武士の京都の大番役を怠るを制せしめ、且つ徒らに國務に預り地利を貪るを禁じ、地頭たるものゝ本家領家(莊園の持主)に拂ふべき年貢を怠ることを禁じて、王朝以來の守護地頭等專横の弊を矯め、其他殺害、刄傷、文書僞造等の罪科並に相續の事をも定めたので、其の精神は其の當時、泰時が弟重時に贈つた手紙に「所詮、從者は主に忠を致し、子は親に孝あり、妻は夫に從はゞ人の心の曲れるを棄て、直きことをほめて自ら士民安堵の謀にや」というたので明かなる如く、道德の精神から迸つたので、之れが民政の基礎ともなつたので貞永式目の終りに泰時を初め其の編纂に從事した十三人の者が訟訴理非決斷に就て、權門を恐れず、公平を存すべきことを誓つて、

若雖レ爲二一事一、存二曲折一、令二違犯一者、梵天帝釋四大天王、總日本國中、六十餘州、大小神祇、別

伊豆箱根兩所權現、三島大明神、八幡大菩薩、天滿大自在天神、部類眷屬、神罰冥罰、各可罷蒙也、仍起請如件

とあつて、神佛の名を記して誓約の次第を示し、後世起請文の範例を爲し、一面其の覺悟の如何に固きを示すと共に、他面に於ては神佛崇信の思想を鼓吹することゝなつたのである。眞に民政を完全ならしめんとするには權勢や、利欲や、情實や、夤緣やに左右せられない堅き信仰がなければならぬ。泰時は實に此信仰の上に立つて民政を處理したので、「東鑑」などにも凡そ民を利する法あれば、知つて行はざるはなかつたと云はれて居るほどで、三河國本野原は曠漠にして行人の途に迷ふ多きを想ひて柳樹を植えしめて行旅の便を計り、「小擧といへども民の力を勞せん」といひて自己の邸宅を修理せしめず邑民の窮迫を察しては其の證書を燒いて「債は果たせり又意となす勿れ」とて之れを賑恤せる、權門に屈せずして訴訟を裁斷し、「人の怨を畏れて曲直を分たすんば、焉ぞ執政を用ゐんや、怨者何をかなさん」といへる如き枚擧に遑ないのである。

鎌倉時代に於て泰時に次で意を民政に致せるものに世に最明寺入道として其

の治を賞せらるゝ、時頼がある。時頼、鋭意治を圖り、民に怨嗟の聲なし、しかも尚ほ其の及ばざるを思ひ、執權を辭せるの後、微服して四方を間行して潛かに民風を察し、若し人の寃罪に泣くものあれば具さに事狀を問うて鎌倉に訴へしめて其の寃を解き、横暴なるものに所領を奪はれたるものを救ひ、孝子節婦の彰れざるを賞したる等の治蹟は、或は謠曲「鉢の木」によつて世に喧傳せられたる佐野源左衛門常世の物語となり、「太平記」に記されたる難波津に寄邊なき老尼を救へる等の傳説となつて今の世に傳へられ、元寇の役に膽斗の如しと稱せられたる相模太郎時宗は療病舍を設けて病者の收容と救護とを計り、次で執權となれる貞時は其の祖時頼の治跡を慕ひ、職を辭し髮を剃りて、躬ら僧衣を纏うて諸國を遍歷して民の疾苦を訪ひたる等民政大に擧り其の九代百五十年の太平を保てるも決して偶然ではない。

四　佛教徒の事業

武門武士の勃興は一面貴族たる公卿の勢力を失墜せしむると共に、他の一面の勢力たりし南都北嶺の僧徒を蟄伏せしめた、此對僧侶策は頼朝も非常に苦心したので其の六十餘州の總追捕使となり、日本國中の總地頭となつた時にも、寺領の多き近畿地方殊に大和の如きは除外せられて居つたのであるが、泰時の時に至り興福寺の僧徒の横暴を極むるや、英斷を以て守護地頭を此國に置き且つ同寺の所領を取り上げてこれを抑制したといふ風に、次第に武家の下風に立たざるを得ざらしめた。　さなきだに人望を失へる舊佛教の此勢力失墜は新佛教の興起を促し「平安朝時代の貴族的なりし佛教に反して、平民的なる佛教は夙く法然上人の淨土宗となり、次で親鸞上人の淨土眞宗となり、少しく遲れて平民的にして、しかも武士的精神に富める日蓮上人の日蓮宗となつて、次第に平易簡明なる信仰の皷吹せらるゝと共に、當時の支配階級たる武士に多大の歸依を得たるは、榮西禪師によつて傳へられたる臨濟並に道元禪師によつて傳へられたる曹洞の禪である。　禪も亦不立文字、敎外別傳を以て立つ簡なる宗旨で、事相敎相を以て飾り立てられたる平安朝佛敎とは自ら色彩を異にするに於て此時代の佛敎には一種の共通點がある。而して此共通點こそ平安朝時代の繁文縟禮に倦みたる當時代の人心を支配する政治の要道で、彼の北條泰時をして民政に心を盡くさしめられたる栂尾の僧高辨

（明惠上人）の治國の要を「あるべきやうわ」の七字に歸し、慾を寡くし、分を守り、一心の誠を以て萬人に及ぼすべきをいひ、泰時をして「我れ乏を承けて執權と爲り罪戾を免るゝことを得しは高辨の力なり」と云はしめたる如く、治心を以て治國の要とし、泰時、死後、子孫をして道を禪僧に聞かしめ、臨濟の道隆蘭溪、曹洞の道元は北條時賴を感化し、支那より來れる無學祖元の敎化は北條時宗の膽力を養ひたる如き、民政の裏面に高僧の力あつたのを忘るゝことは出來ない。

　禪僧の敎化は啻に民政の上のみではなく、其の法を求めて支那（宋）に赴きて歸來せる毎に大陸の文化を輸入し來つて我が產業の上に多大の發達を促せしもの頗る多く榮西禪師は歸朝の際、茶實を齎らして肥前の脊振山に植え、其の後、京師に上りて「喫茶養生記」を草して其の效能を說き、春日神社の祠官中臣祐春、此法を傳習して春日野の雪解の澤邊に植え、栂尾の明惠上人、之れを請ひ受けて栂尾に植えて我が國製茶栽培史の源頭を爲し、道元禪師に隨侍して歸れる加藤春慶は製陶の法を傳へ來りて終に尾張の瀨戶に窯を創めて陶祖の名を得たる聖一國師（辨圓）に隨ひて宋に入れる滿田彌三右衞門は織物の法を傳へ來つて後世博多織の祖となれる如きは、其の最も著名なるものである。

若し夫れ救濟的なる社會事業に於ては、平重衡によつて燒かれたる南都東大寺の大佛殿を再建せる俊乘坊重源の其の諸州を巡化して勸募に努むるの際、偶ま周防長門の二州の飢饉に苦むを見、私財を抛つて之れを救濟し、二州の民の其の德に感じて年々米千石を東大寺に寄するを例としたる、相模極樂寺の僧忍性は先きに擧げたる時宗が療病舍設立の擧を補助し、時宗逝くの後も、獨り自ら財貨を捐て日に往きて病者を看護し、二十年の間前後通じて養ふ所、實に五萬七千餘人、時人藥師如來の再來とし、尊んで忍性大菩薩と呼べるあり、忍性の擧は之れのみならず、身を持する頗る儉素にして、しかも人に與ふることを厭はず、盲者には杖を授け、棄兒には錢を出して乳養せしめ、途に凍寒せるものあれば衣を脫して之れを與へ、厩を設けて病馬を收容し、諸國に橋梁を架すること百八十九、浴室療病の宅並に乞食收容の小屋を設くるもの各五ケ所に及んだといふ如き、此時代に於て直接間接に佛敎家が民政を助けたることは尠少でないのである。

第五節　室町時代の民政

一　建武の中興と民政

政治の基礎は民心を得ると得ざるとにある。北條氏が鋭意治を圖りて頗る民心を得て居る間は能く太平を保ち得たが、九代の高時に至り放縱にして政を見ず、驕奢にして民其の誅求に苦み、民心漸く離れんとする時、後醍醐天皇建武の中興となつて北條氏は倒れ、王政は復古せられて、人民は直接に　天皇の御政治を受くることとなり、躬親しく庶政をみそなはせられ、年凶にして民米價の騰貴に困むに京師の商賈が米穀を藏匿するを聽きたまふや、更に命じて嚴にし檢非違使四條隆資に勅して市場を東西に二場を設けて米穀を監賣せしむる等、民政に意を注ぎたまひ、且つ建武式目を制定して

儉約を行ふべき事

群飲遊佚を制すべき事

狼藉を鎭むべき事

諸國の守護人殊に政務の器用を擇ぶべき事

固く賄賂を止めらるべき事

貧弱の輩の訴訟を聞召さるべき事

等、民政上の注意を見るべきである。併し建武の中興は眞にわづかの間で、庶民未だ其の徳化に浴せざる中に、足利尊氏の背反となつて南北兩朝は對立し、干戈幾閲年、實權は足利氏に歸して、こゝに室町時代を現出したのであるが、此時代は初めには南朝の遺臣によつて苦められ、中頃は應仁の亂となり、末は戰國の世となつて天下一日の寧きなく、統一せられたる民政といふものは見ることが出來なくなつて、鎌倉時代に定められたる上に本家領家あり、中に地頭あり、下に諸下司給人があつて各自に秩序を保ちて行くべき莊園の制度は破壞せられて、强者は弱者を併せて自己の勢力範圍とし、何人の領家たり、誰れの地頭たるを問はず、實力本位で兼併を行ふといふことゝなつて、複雜なりし莊園の區分なぞは考へずに地方々々に割據して、自ら小君主の如き狀態を以て地方々々の政治を行ひ、以て近世封建制度の基礎を築き成したのである。

二　足利氏の民政

干戈相繼ぎたる足利十三代には殆んど統一の政治が行はれなかたのであるから、民政として見るべきものなしといふべきであるが、其の稍々見るべきものありとすれば、それは南北兩朝の合一後、暫時の間で、名は合一といふと雖も、實は足利氏の擁立したる北朝方に歸したのであるから、政治の實權は將軍たる足利氏に屬し、將軍を補佐するに管領あり、之れが顧問として評定衆あり、評定衆を助くるに引付衆あり、其他、政所に於ては主として財政を司り、問注所に於て訴訟を決し、將士の進退を掌るには侍所あつて中央政府を組織し、地方行政に於ては足利氏の根據とする、鎌倉に關東管領を置き、邊諏にして威力及び難き奥州には探題を置き、西、九州には鎭西探題を置き、其の中央たる京都室町に幕府を置きて六十餘州を支配し、其の下には守護、地頭を置きて其の分國を治せしめたので、政治組織は完備して居るが、其の當初に於ては南朝の勢力衰へずしてなか〳〵其の政令を洞徹せしむることは困難であつた。されば足利尊氏は夢窓國師の勸めにより人心撫安の目的を以て諸國に安國寺又は利生塔を建て、戰死者の英靈を弔ふこととし六十六國二島の中、確かに五十八國二島だけは出來上つたといふ。此の安國寺の建立は辻博士の云はるる如く一は北朝の勢力範圍擴張、二は領内の人心安撫、三は軍隊を同寺に駐屯せしむるといふ軍略上の必要並に元弘以來の敵味方戰死者の亡魂を弔ふといふことにあつたので（同博士「日本佛教史の研究」に據る）此寺が地方民心に影響した所は決して尠少ではなかつたと思はれる。特に尊氏が弟直義と共に後醍醐天皇の皇居であつた龜山殿を寺とし、夢窓國師を開山とし、初めは曆應寺、後、天龍寺と改め、天皇の冥福を祈つたといふ如きは、南朝の遺臣の心を和げたことは實に大なるものがあつたのである。尊氏の後、義詮を經て義滿に至り足利氏は全盛期に入つたので、此義滿を補けて民政に功を擧げしめたものは、細川賴之である。義滿の職に就くや、年僅に十歳、賴之、專ら政に當り諸大名の賦課を輕減して、其の領民の負擔を輕からしめ、且つ奢侈を戒め、儉素を旨とし、且つ戒法五章を作つて近侍並に將士を戒め、

一に曰く主將に阿るを戒めよ、

二に曰く親しきを掩ひ疎きをあばき、好んで仇家を誣陷することを戒しむ、

三に曰く善を善とし、惡を惡とせず、愛憎を用て人を是非し、外見和柔にして、內實險惡、外、淡泊にして內實多慾、自ら驕奢を縱にして禮法に拘せざることを戒しむ、
四に曰く功なくして賞を邀へ、才なくして祿を貪り、私にしたがひて公を忘るゝことを戒しむ
五に曰く、同列の美を掠め、自ら其の進用を希ひ、及び賄賂を受納して妄りに非才を薦むることを戒しむ

といひ、若し此法を犯すものは貴賤となく、親疎となく告發せしめたる如き用意周到なるものありて、民少しく安きを得たるも、賴之、其の職を罷めてより義滿、政治を親らして驕奢の風漸く生じ、盛んに土木を起し、嬿樂を事とし、外見、靜謐なるが如くにして內禍亂を藏して義持に至り、應永式目を制し、次で義敎、英邁の資を以て政弊を滿正し、正長元年壁書を管領に下して訴訟手續の弊を矯めたる等民政の上にも見るべきもの少からず、特に豪族の跋扈を制するに果斷を以てせしが如きは足利歷代將軍中、有數の人物たりしに、不幸、赤松滿祐のために弑せられしより、義勝、義政の如き幼主尋で臺位に上り、以て應仁の亂となつて天下の禍亂は勃發し足利氏の

勢力をして失墜せしむるに至らしめた。

二　民衆運動としての一揆

中央政府の威力衰へ、各地方には豪族割據して兼併を事とし、武士階級に於て所謂弱肉强食の自由競爭の行はるゝに當り、鎌倉以後平民的宗敎の弘通により漸く自覺し來たる庶民階級の決して默視すべきではない。其の劈頭に現はれたる民衆運動とも見るべきものに德政要求に對する土一揆と稱せらるゝものである。元來德政なる語は仁政と同義で、仁慈なる政事を行ふ意であつたから凶歳を救ひ、窮貧を惠み、租稅を免ずるといふ事の上に名けられたが、鎌倉時代に入つては其の意義漸く變じ、幕府は其の家人保護の目的を以て、永仁五年に德政令なるものを出した御家人の所領を抵當に入れ又は賣買するを禁ずると共に、既往に遡つて質入賣買をしたものは、すべて無效として之れを舊の所有者に返さしむることとした。これは家人に限られたことであり、其の所領の賣買質入に限られたことであつたが、此時代に入りては「貞丈雜記」に「人の金銀米錢諸道具等を借り置たるを返さず、我がものにする事を免さるゝをいふなり、それより以後近代に至るまでも、借り置きたるものをかへさぬ樣仰せ付けらるゝを德政といふなり」といふ如く、曾ては武士階級たる家人に行はれし特權を庶民の間にも行はれんことを要求し、足利義教、職に就て後、正長元年飢饉甚しかりければ、暴民蜂起して貸借の證券を燒き、土倉を破り、財物を掠め、一切の債權債務の消滅並に抵當物の取戾を强制して終に其の目的を達し「大乘寺社雜事記」には「正長元年一天下德政之れを行ふ」とある。　此德政要求の土一揆に將軍義教が赤松滿祐に弑せられて義勝が立つた嘉吉元年にも亦御代始めの德政を要求するが爲めに起り、多數を恃むで勢力を張り、中には當時信仰の厚かつた寺院や神社に楯籠つて幕府に迫り、之れを制する能はざらしむるものもあつて、嘉吉元年には之れまでの貸借證文の中には此契約は德政に於ても除外するといふ條件を付けたのは其儘であつたのを、此時からは、それも無效とすることとし、其後もしば〳〵起つて社會運動史の始源を爲し、富豪の暴横を制するに力はあつたが、終には掠奪を擅にする暴民の横行ともなり、暴を制するには暴を以てするの必要は武力を恃むの外なく、社會の禍亂をして益々大ならしめ、武士にして土民に與みするものあり、士民にして武士を學ぶものあり從來の階級は打破せられて全く自由競爭の狀態となつた。

右に述べたのは無產階級が有產階級に對し、無特權階級が特權階級に對する社會運動であるが、これと前後して起つた宗敎運動も亦次第に政治化し社會化して來た。それの最も大なるものは北陸に於ける一向一揆である。一向宗といはるるは親鸞上人の開かれたる淨土眞宗の別名にして最も平民的なる宗旨なるが上に、同朋といひ、同行といひて信徒の結合を鞏くし、中興蓮如上人に至つて信徒靡然として集り、其の北越に巡化して越前加賀の境なる吉崎の地に道場を開いて弘敎に從事するや、同朋同行はここに一大勢力を爲し、初めは北陸に勢威を振ひ一國の守護を追ひ、行政の權を握り、次第に近畿に及びて其の中心たる本願寺は宛然大諸侯の如く終に織田信長の力を以てしても如何ともする能はざるに至らしめたので、同じく宗敎の運動であるが、南都北嶺等の僧侶なる階級の集合にあらずして、之れは全く士民の信仰的集合であるといふことが、時代相を見る上に忘るべからざることである。

三　民衆教育と佛教

民衆運動には民衆の自覺といふことが先き立つのが自然の順序で、鎌倉時代に開宗せられたる平民的宗教によつて人類平等の觀念が深く彼等の心裡に浸み來つて、假りの世の假りの姿に於てこそ階級の差別はあれ、信仰の力によつて未來は一蓮托生であるといふ他力の信仰や、一切衆生悉有佛性と立てる自力の教義は直接間接に民衆の自覺に力あつたことは疑ふを要せない。それのみならず、當時、干戈倥偬、文教、全く地を掃つて僅に僧侶の手によつて維持せられ權門勢家も文學の事に關しては僧侶を顧問とするの外はなかつたのであり、武門武士も亦此の僧侶に學ぶの外なく、庶民階級の志あるものも亦僧侶に就て學んだのであるから、特殊の智識は別として普通教育の程度に於ては武士も庶民も大差なしといふ狀態で、士庶ともに寺院に入り僧侶に就て學び、寺院は當時に於ける學校であり、僧侶は其の教師となつて、ここに寺子屋なる名稱を後世に遺したので、其の課目は筆道讀書にして、其の教科書は弘法大師の作られたるいろは歌、著者は不詳なれど、俗には同じく大師の作なりと傳へらるゝ實語敎、釋安然(慈覺大師の弟子)の作れる童子敎等を初めとし、少しく進みては玄惠法師の作たる庭訓往來、更に進みては和漢朗咏集等を以てしたので、此寺院が津々浦々に遍在するだけ此寺子屋なるものも到る處に行はれて庶民敎育に多大の功を擧げたのである。併しこれらの敎育を受くるものは、先きにもいう如く士庶中の志あるものに限られたので、多くの武士は刀槍を執るに忙しく、庶民は其の日の生活に追はれて敎育を受くるの餘暇なき狀態であつて、織田信長の如きも「學問は釋門のみいたすと心得るは以ての外(信長記)」と戒めたほどであつたのであるが、多少とも此時代に士庶を敎化して文敎の光りを示したものは僧侶であり、寺院であつて、これが德川時代に於ける文敎興隆の素地を爲したことは忘るゝことが出來ない佛敎徒の功績である。

四 群雄と民政

應仁亂後、群雄は諸國に割據して微力なるものは併合せられて、複雜なる莊園の制度は地方によつて分割せらるる封建の狀態となつて、上に將軍ありといへども威令行はれず、其の領土は宛然小國家の如く、其の領主は宛然小君主の如くに獨立自治の態度を以て兵力を備へて外を防ぐと共に、民政を施して内を治め、隣接せる領土との間には外交あり、戰爭ありといふ風であつたから其の權威を擅にすべきではあるが、民政宜しきを得ざれば離叛忽ち起りて或は一揆となり、或は内通となつて隣國に乘ずべきの機會を與ふるのであるから、群雄は外、武力を以て領土を保全するのみならず、内民政に意を注ぎて其の平安を維持することに努め、民衆の力を以て其の國の强大を計らざるはない。特に流浪し來て駿河の國に來り、今川氏に賴りて僅に高國寺邊を知行して郎黨二三百人を扶持するに過ぎざるの身を以て一擧して伊豆を略し、進んで相模に入り小田原を根據として威を關八州に振ひたる北條早雲の如きは全く民政よろしきを得、士民之れに歸服したるが爲めに此成功を贏ち得たので、其の伊豆に入らんとする時、百姓どもに計りけるに、百姓等は「累年の御慇み忘れ難し、御扶持人も我等も同意なり、あはれ地頭を一國の主となし申さんこそ願ひつれ讐ひ命を捨つるとも露惜しからじ、早や思ひ立ちたまへ」と異口同音に答へたといひ、其の伊豆に入るや「前々の侍、年貢過分につき百姓つかるる由聞き及びぬ、以後は年貢五つ取る所をば一つゆるし、四つ地頭に收むべし、此外一錢たりとも公役かくべからず、若し法度に背くものあらば百姓等申出づべし」とい ひ、他國の百姓までも、新九郎殿(早雲の名)の國にならばや」と願はしめたといふ如き其の一例である。早雲、曾て諸將を戒めていふ。

國主のために民は子なり、民のために地頭は親なり、これ私にあらず、往昔より定まるの道なり、いかでか憐みを垂れざらんや、世、澆末に及び、武欲深くして百姓年中の耕作を檢地して四つもなき所をば、五つといひかけて取り、此外、夫錢、棟別、野山の役をかけ、あらゆる程の物を押取つて、分際に過ぎたる振舞をなし、華麗に心をつくし、米穀を徒らに費す、故に百姓苦みて餓死に及ぶ、これによつて早雲、今、定むる所、年中收納する穀物の外、一錢、にあたる義なりとも、百姓にかくべからず。諸役宥免せしむるに於ては地頭と百姓和合し、水魚の思をなすべし。早雲、守護する國の百姓、前世の因緣なくして生れあひがたし。希くは民豊かにあれかし

(以上北條五代記に據る)

と、これ實に民政の指針である。北條氏は此心を以て子孫五代、覇を關東に唱ふる

を得たのである。

相模の北條氏と境を接して覇を甲信に唱へたる甲斐の武田信玄も亦意を民政に用ひ、恩威並び行はれて民心を得て居つたことは頼山陽が「昔、吾が父嘗て行て甲斐を過ぐ、甲斐の民、飲食、必らず館君と稱す、館君は信玄なり、信玄の悖逆を以て而して能く强敵に抗する數十年、而して相下らず、豈に其の民を敎ふる素あるを以てにあらずや」(日本外史)というた如く、信玄は敢て城寨を設けず、一國の人心をして金城鐵壁として國を護つたといはるゝほど民心を得ることに努め、他國を切り取るとも、其の地を將士の知行に與へずして、自己の舊領土にして民親み地肥えたるを與へ久しく戰場となりて耕耘の力足らざる新付の地に諸税を輕くして民力を休養せしめ、維新の際に至るまで德川氏は信玄の遺制によつて同地方の民心を治め來つたのであり、覇を武田氏と爭ひし上杉謙信も亦仁政を以て民心を得、其の死するに當り老臣に語りて「吾が命數、長く保たるべしとも思はれず、景勝の代となりて家の浮沈如何あらん、兎にも角にも仁政を施し、德を民に普からしめ置かば景勝の代となりても幸ともならん」というたと傳へらるゝ一事でも其の民政に留意したのを知

るべきである。　されば嗣子景勝も亦民治に心を盡くし、天長十九年麾下の地頭大名に令して

一　地頭の正邪に依り、百姓善悪にうつり候ものには、聊たりとも油斷有之間敷候事。

一　年貢諸掛り等は、なる程勘辨致、悪作の年は、前年より少小たるべき事。

一　何事も古法を守り、利慾の爲に新法を立て、百姓を苦しませ間敷候事。

一　忠孝の道理、常に敎訓可致事に候。　女共貞節の道理、自然相分り候様、肝要に候事。

一　年貢物等取集めに相越させ候役人共、百姓に對し、苛察の義無之様、可申付候事。

一　百姓は國の寶に候間、なる程勘忍可致候。　彌々不法申募り、ちめんに拘はり候はゞ、討捨て可申候事。

一　訴訟は双方共能々聞糺し、可致沙汰、必ず依估贔負いたす間敷候事。

右の條々堅く可相守候也。　以上

といひたる如きは能く民政の綱要を示したものと見るべきである。

こは僅に二三の例を擧げたに過ぎないが、以て此時代の英雄が如何に民政に意を用ひたるかを察知すべきである。

五　豊臣氏の民政

戰國時代の英雄は一面に於て軍人たると共に他面に於ては政治家であつた。彼等は攻伐を專にしつゝ民政に心を注いで其の根據地を失はざることに留意した。しかしながら攻伐の極は强は弱を敗り、大は小を併せ、先づ小弱なるものより滅ぼされ、民政に缺陷を生じたるものより倒されて次第に大となり强となつて、天下統一の氣運を促進し、織田信長先づ起ちて、皇室を中心として此偉業を遂げんとし、事業半ばならずして斃れ、豊臣秀吉、其の志を嗣ぎ、上に皇室の稜威を戴き、下、人心の平和を望むの氣運に乘じて着々歩武を進めて、終に國内の統一を遂げた。此に國内の田地を檢すべきの必要は生じ、其の平ぐるに從ひ、これを行ひ、天正十一年先づ近畿より初めて次第に全國に及び、土地を隱蔽して其の稅租を免れんとするものを質し其の檢地の吏員に贈賄するものあれは之れを獄に下す等峻嚴の法を以て調査せしめ、鎌倉以後、田地の收入を計るに錢を以てし知行若干貫など稱し、足利氏に至りては明の永樂錢を以て租税を收めしめ之れを永高といふ風があり、其の季世に至つては米納を以てし石高を以て算するもの等あつて、諸國區々たりしを斷然米納に定め、田地を四等に分ちて上田は每段一石、下田は八斗、其れ以下は適宜に定めて其の收穫率によつて石盛を定め、全國の田高を一千八百三十九萬餘石（天正記に據る）とし、其の收入を三分して其の二を公に敢め、民は其の一を取るとしたので、これを太閤の檢地といふのであるが、其の實は四公六民、五公五民、六公四民等其の地によりて同じくなかつたといふ、兎に角此の秀吉の檢地によつて日本全國の田制といふものは統一せられたので、之れと共に秀吉の民政として逸すべからざるは五人組制度である。

五保の制は既に大化革新の時より設けられたのであるが、其の後、幾多の變遷を經、戰國時代にあつては、此制殆んど廢れたるを、秀吉は舊制を參酌して侍は五人組下人は十人組として掟を定めて、

御　掟

一辻切、すり、盗賊之儀に付而、諸奉公人、侍は五人組、下人は十人組に連判を續ぎ右惡逆不可仕旨、請乞可申事。

一侍五人、下々十人より內の者は、有次第組たるべき事。

一右之組にきらはれ候者の事、小指をきり可追放事。

一右之組中、惡逆仕る者、組中より申上候はゞ、彼惡黨加成敗、組中は不可有異議事。

一組の外より申上候はゞ、惡黨一人に付て、金子二枚宛、彼惡黨の主人より、訴人に褒美として可遣之事。

一今度御掟に書立てられ候、侍下人、自今以後、他の家中へ不可出。　但本主人同心之上者、可爲各別事。

一咎人成敗の事、夜中其外、猥不可誅戮其所の奉行へ相理可申付、至于時すまい不及了簡族は、卽刻可相届事。

右條々堅被仰出候處如件。

慶長二年三月七日

長束大藏大輔花押

増田右衛門尉花押
石田次郎少輔花押
宮部法印花押
徳善院花押

としたので、此制度は前にもいふ如く自治の精神に萠し、地方行政の上に多大の效果あるもので、徳川時代に入つても繼承せられ、爾來幾多の改修を經て明治に及んだので、自治民政を論ずるものゝ最も留意すべきの制度である。

其の他、秀吉の民政に於て看過すべからざるものは都市計畫である。王朝の時代に於ては奈良、京都は政治の中心として首都たり、鎌倉時代には鎌倉が一個の中心として都市たるの狀態を存せしが、戰國の世となつては、これらの都市は多く荒廢に歸し、諸國領主の城下には其の保護の下に商業を營む小都市の狀を爲すものも少くなかつたが、秀吉は先づ荒廢せる京都を修理して首府たるの面目を恢復せしのみならず、城を大阪に築きて今の大阪市の基礎を爲し、其他、和泉の堺、筑前の博多等の町人に對する保護等、都市の發達に對して資する所が少なくなかつたのでよつて疑はれた信仰は、全然迷盲非理として排斥さるべきかといふに、決してさうでない。信仰は理性を超絶して、信仰としての獨自の本領を備へてゐるものであつて、寧ろ理性と調和しないところに其の特性が有ると觀られる。理性によつて排斥されゝばされるほど、吾人はいよ〳〵其の信仰の偉大さを感ずる場合が有ると。これがベールの懷疑であり主張であつた。卽ち彼れに於ては、マールブランシュと同じく、敏活な理性が存したと同時に、一種拔くべからざる深秘主義が存したのである。

更にまた此の同じ傾向は、當時有名なポール、ロヤール院（Port-Royal ジャンセニズムといふ一宗派の本據）に隱遁した科學上の天才パスカル（Blaise Pascal 一六二三——一六六二）に於て最も明白であつた。彼れは多分フランス人の最も美しい性質と其の當時の特殊の傾向とを最もよく代表した者で、今日に至るまで彼れが影響はフランス人の間に明らかに認められるといふ。彼れは少年時代に於て夙に數學上の發見を行つたほど稀有な科學上の天才であつた。科學的知識は最も銳利に且完全な形を取つて彼れに實現された。それにも拘らず、彼れは早く丁年以前に於てポールロャール寺院に隱遁して禁欲的な神秘的な宗教生活に一生を托し了つた。最も明確な科學的知識と一種深秘な宗教的傾向とは此の天才に於ても兩立し對立したのであつた。蓋しパスカルの意見によれば、不可思議深秘な宗教的信仰は、如何ほど立派に發達した科學的知識を以てしても、到底到達され掌握さるべき限りのものでない。無限の宗教的生命に對しては、人間の科學的知識は、譬へば大海に於ける塵埃の如く、いと小さく頼り少ないものに外ならない。吾人はたゞ信仰によつてのみ宗教の生命に達することが出來ると。

未完のまゝの遺稿『パンセー』(Pansées 想錄)は、啻に最もフランス式な鋭利な智見と信仰とが記るされた語錄であるのみならず、文體の整つた點に於て、精緻を極めた點に於て、高上優雅である點に於て、當來のフランスの論文の文體を規定した名著とさへも言はれる。フランス獨得の上品な精確な文章は、既にパスカルに於て驚くべき精巧の境に達したと言はれる。

更にまたフランスに於けるラテン的精神やギリシャ的精神の發現は、フランス一流の宗敎文學とも名づけらるべき方面に於て觀察される。流石に宗教上の神權をさへ主張したルイ十四世の保護の下にあつたゞけ、國敎であつたフランス舊敎の說敎者の中には、古典文學の精神に精通して、而もフランス獨得の理性の銳利さや微妙さやを示した者が少なくなく、其等の說敎集が文藝上の尊い遺物として尊崇される程であつた。吾人は其の一例として玆に有名なボッスエーとフェネロンとの二大敎師を擧げることが出來る。ボッスエー(Gacques Bénigne Bussuet 一六二七――一七〇四)は最も勇敢に最も壯嚴にフランス國敎のために戰つたフランス第一の說敎者と言はれる。不信者や懷疑者や僞善者やに向つて發した彼れが言葉は直に社會を振動させたラッパであり劍であつたといふ。曾に彼れは最も明確な理性の力と確乎不拔な意志の力とを備へたばかりでなく、細かに人間の微妙な心理や人情にも通じ、更にラテン文學の精神にさへ通曉したゝめ、敎壇からの彼れの說敎は屢々精緻な且力ある詩の生命を取つたと言はれる。

ボッスエーに較べれば、他の有名な說敎者フェネロン(Fénelon 一六五一――一七一五)は一層微妙な一層寬大にして自由な精神を備へ、壯嚴な意志の力によつてよりは、透徹した理性の力によつて人間を敎育しようとした。ボッスエーがより多くラテン的であつたに對して、フェネロンはより多くギリシャ的であり、有名な『テレマクの冒險』(Aventures de Télémaque)等にはギリシャ式の自然的なイデイリックな優さしい叙事叙景が豊富である。又自然と單純とを生命とした彼れが『女子敎育論』は文化史的に一定の價値を持つてゐる。

第三節　フランスの古典文藝

十七世紀末に全盛を極めたフランスの古典文藝は、文藝史的に觀察しても將た一層深く文化史的に觀察しても、確に一種獨得の形式と內容とを備へてゐた。古典文藝といへば、後世からは全く一種の型に嵌つた無趣味なものゝやうに考へられるが、斯やうな見解はまだ十分に古典文藝の特徵を明らかにしたものとは言はれない。本來ラテン文學――セネカ、プロータス、テレンス、ヴアージル等を中心とした古代ラテン文藝と、近代フランス民族の性質又は精神との間には、おのづから一脈の通ずる點が有つて、フランス人がラテン文藝を受け入れ易いことは殆ど先天的の約束であつた。故に十七世紀のフランス古典文藝は、精確に言へば、古代ラテン文藝の精神と近代フランス民族の精神との二の要素から成立つたもので、此の二の要素の微妙な親和結合から特殊なフランス文藝が産まれたと解釋される。故に此の世紀のフランス古典文藝は、一面に於ては最もよく古典文藝の形式及精神を示したものであつたと同時に、他面に於ては又最もよくフランス民族の特徵精神を語るものであつた。或意味から言へば、此の時代の古典文藝が近代に於けるフランス文藝の黃金時代であつたとも判斷される。コルネイユ、ラシイヌ、モリエール、ボアロー、ラ、フオンテイヌ等の名を列記しただけでも、當代が如何にフランス文藝の全盛期であつたかゞ容易に想像される。隨つて當代の古典文藝は最もよくフランス民族の特徵を代表したものと解釋される。たゞし當代のフランスは、著名なルイ十四世治下のフランスであり、且當代の文藝は直接此の不世出の君主によつて保護され指導されただけ、それがおのづから宮廷的又は王朝的の華やかさを帶びたものであつたは言ふまでもない。

斯やうな文藝の特徵を簡單に概括するとは困難であるが、先づ唯理主義の精神が全體の文藝を一貫したことは著名な事實である。唯理主義の精神とは、すべて不條理混沌亂雜無秩序な狀態を嫌つて、すべてに秩序を與へ統一を附し條理を一貫させることを意味する。故にフランス古典文學は先づ彼のフランス語の文體に一定の形式を與へたと言はれる詩人マレルブ(François de Malherbe 一五五五——一六二八)に初まつたと言はれる。蓋しマレルブは古典文藝殊にラテン文藝の精神を以て當時まだ甚しく亂雜であり野鄙であり無秩序であつたフランス語に初めて規律と秩序と組織と統一と風格とを與へたと言はれる。卽ちフランス文藝は此の頃から徐々古典的にラテン的に整頓され規律つけられたのであつた。斯くて先づ形式上の整頓といふことが新文藝卽ち古典文藝の根本精神と成つた。叙情及び叙事に於ても、又はドラマに於ても、全體の形式の整頓——叙情及び叙事の單純にして整へること、全體が鮮明にして透徹してゐること、亂雜野鄙を退けてすべて上品に高雅に調和的なこと——斯やうな形式の整頓が內容の整頓と不離な關係を持つて最も重大な事と考へられた。後段に概說する如く、例へばボアローの如きは、すべての文藝を規律的に條理的に考へて、さながら文藝を科學的に敎へ得るものゝやうに主張した。所謂文藝的精神の三統一致——理性と自然と古典との三統一致と並んで、彼のドラマの方面に於て、時と場所と動作との三統一致が主張されたも此の時代であつた。アリストテレースの悲劇論を再興して、科學的に悲劇の本質を明らかにしようとしたも此の時代であつた。斯くて有らゆる種類の文藝を通じて唯理主義は一種動かすべからざる確實な根據を持つてゐた。古典文藝は卽ち唯理主義の文藝に外ならなかつた。

藝術に於ては、形式と內容とは離して考へられない。古典文藝は斯やうに形式の整頓を重んじたから、隨つて其の內容もおのづから形式に一致すべき特殊なものであつた。卽ちすべて荒唐亂雜な事柄とか不條理にして且野鄙なものは退けられ、反對に條理に叶つた自然的なもの又は高上優雅な趣致を備へたもの、すべて道德的に贊美され驚嘆されるたぐひの有らゆる壯嚴なものの優美なもの等が尊重された。例へば悲劇に於ては主として上流社會の英雄的《ヒロイック》な壯嚴な事柄か乃至は華美な優雅な事柄かゞ主なる題材であつた。此等の點に於ては、古典文藝の內容は、文藝復興期に於けるイギリスのシエークスピヤ劇や、十九世紀に發達したロマンチックな極端に想像的な情熱的な文藝の內容とは甚しく異なるものであつた。ロマンチシズムの文藝が情熱的又は想像的であるに對して、古典文藝は飽まで條理を尊重する上品な調和的な趣致を本意とした。

更にまた特にフランス古典文藝の本質として考へられることは、それが特別な意味に於てフランス獨特の精神や傾向やを反映し代表したといふことと是れである。前段に指摘した古典趣味はやがてフランス民族に固有な傾向であるが、此の外に尙當代の文藝は特殊なフランス趣味を代表し發揮したところに特殊の價値が有る。それは外でもない、人間生活に關する殆ど寫實的な眞實な而も細かい微妙な觀察これである。人間生活に關する鋭利な觀察は、すべての文藝の職責であるが、細かい寫實的な而も極めて微妙な觀察は、主としてフランス文藝の特徵であつて、此の特徵は十七世紀の古典文藝に於て旣に夕々著しかつたと觀られる。モリエールは此の方面に於て最も卓越した能力を持つてゐた。

こゝでは細かに當代のフランス文壇を叙述し說明する餘地が無い。あらゆる種類の文藝のうち最も卓越した形を取り、因つて十七世紀末のフランス文藝を後世まで重からしめたものは、主として當時特に發達した劇詩であつたから、こゝでは簡單に此等劇詩の方面だけを瞥見することゝする。蓋し悲劇作家としてのコルネイユとラシイヌとは、今日に至るまでもフランス劇壇の誇であり、喜劇作家としてのモリエールは眞に世界獨歩の天才であつたからである。

此等劇詩人を瞥見するに先だつて、當代の古典文藝の觀察に必須除外すべからざるは、彼の諷刺詩人としての又は詩の解釋批評家としてのボアロー(Nicolas Boileau-Despréau 一六三六――一七一一)である。コルネイユ、ラシイヌ、モリエールと併せてボアローは、特にルイ十四世の保護を受けた當代の文豪であつて、ボアローは當時まだ混沌として亂雜であつた文壇に立つて、能く詩人たちを指導し、又廣く公衆に向つて詩の本質と賞翫とを敎へた。蓋し當時は時勢の影響によつて、一般文藝を唯理化し古典化する傾向がいづくにも著しかつたが、ボアローは最も鮮明に又最も極端に此の傾向を代表した詩人であつた。廣い意味の文藝上の三統一致――理性と自然と古典との三統一致は、ボアローによつて最も鮮明に提出された。理性や條理や規律や統一や調和や整正やを尊崇する一種のリアリズムは、ボアローの詩論の根本であつた。彼れが有名な『詩論』(Art poétique)は此の唯理的なデカルト式な精神によつて貫かれてゐた。自然とは主として人間性の自然卽ち人間性の意味であつて、其の中でも主として普遍的な萬人に平等的な性情――例へば理性とか道徳的意志とか戀愛とかいふたぐひのものが其のまゝ詩の模範とされ典型とさるべしと考へられた。然かもまたボアローによれば、ギリシャ及ラテンの古代文學は殆ど完全に理性と自然とを寫し出したものであるから、古典文學をさへ模倣すれば、直に自然と理性とを盡すことが出來ると考へられた。畢竟ボアローはアリストテレースの詩論を皮相的に解釋して、自然の模倣といふことは、殆ど古代文學の模倣と同意義に解したのであつた。

斯やうに詩や文藝を理論的に唯理的に解釋したゝめ、ボアローは結局さま〴〵細かい理論や規則やを文藝に與へて、詩や文藝は專ら理論的に敎へられるものゝやうに主張した。ラシイヌの天才も彼れが指導の結果であるとボアローは考へた。彼れの詩論がラシイヌを初め多數の詩人たちを刺戟したことは疑ひないが、後にはそは徒に詩才や天才やを束縛して、全體に甚しい形式的束縛を殘すに至つたとは、多數文藝史家の一致した見解である。例へば彼の舞臺上の三統一致――時と場所と動作との三統一致の形式の如きは、最初は必しもボアローの主張ではなく、文壇の多數が採用し一致した形式であつたが、ボアローもまた最も熱心に此の形式を主張したと言はれる。つまり舞臺の上で演ぜられる事は、一定の時と場所とに統一さるべきであつて、出來るだけ一日とか半日とか又は同じ場所で動作が連續するやうに、すべて單純であり統一的でなければならないと言はれた。動作の統一のためには、舞臺に登ぼされる人物は、餘り多數であつてはならないと。原則としては此等の理論は必しも非難さるべきでないが、それが絶對の規律としてすべての劇詩を束縛しようとするに至つて、所謂古典文藝の弊が甚しかつたのである。何となれば、詩は天才やインスピレーションに賴るよりも、主として理論や規則やによつて作らるべきものと考へられたからである。

されど眞の天才は決して理論や規律やによつて束縛されなかつた。コルネイユ(Pierre Corneille 一六〇六——一六八四)は當代の最も大なる悲劇作家であり同時にラシイヌと共に最もよく當時の古典文藝の精神を代表した詩人であつた。既に史家の間に定評あるとほり、コルネイユとラシイヌとは、共に道德的に高上な壯嚴な又は優雅な人物を書いたのであつたが、コルネイユはラシイヌの多少リアリスチックであつたに比較して一層アイデアリスチックであり一層ヒロイックな傾向を備へてゐた。ラシイヌが意志の人よりは寧ろ情の人を書いたに對して、最も勇敢に壯烈に私情と戰ふヒロイックな意志の人を書いたがコルネイユの特徴であつた。壯烈にして優雅、これがコルネイユの根本精神であつた。彼れは好んで異常な場合に於ける異常な人物——人物といふよりは寧ろ主として異常な悲劇的境遇を書いた。例へば有名な『勇士』(Le cid)は詩材をスペインから借りて、シメーヌといふ乙女とドン、ロドリゴといふ勇士の壯烈な戀を書いた作である。シメーヌは深くロドリゴを戀したに拘らず、此の騎士が父親の仇敵であつたゝめ國王に縋つて戀人を嚴罰に處せんことを乞ふ。然るにロドリゴは乙女の尊い犧牲的精神を理解して、劍をシメーヌに手渡して潔く其の手によつて殺されやうとする。斯やうな異常な悲劇がコルネイユの最も得意としたものであつた。又同じく有名な『ホラース』(Horace)は古代ローマから材料を借りて、主人公ホラシウスが身を切られるやうな切な私情を抑へて、社會のため國のため勇敢な働きをするといふ同じく最も壯烈な出來事を書いた作である。すべて公義のために私情を犧牲にするといふ風な事がコルネイユの悲劇に多く見られる動機であつた。

斯やうに壯烈な精神を畫いたコルネイユに比較すれば、一層リアリスチックな一層多くギリシヤ的精神を取入れたラシイヌ（Jean Racine 一六三九——一六九九）は、同じく道德的に壯嚴な精神を取扱つたに拘らず、寧ろ情のために人間が悲劇的境遇に陷るさまを畫いた詩人であつた。殊に種々な境遇に從つて種々に變化する戀愛の情は、ラシイヌが最も好んで主題としたものであつた。例へば有名な『エステル』（Esther）は古代ユダヤ國の美人エステルを主人公とした作で、此の女主人公が一身の危害を忘れてユダヤ民族のために働いたことを畫いたものである。又同じく有名な『アタリイ』（Athalie）は、バイブルから題材を取つたもので、イスラエルの女王アタリアの政治的野心を寫し出した作である。コルネイユは人物よりはさま〴〵のシチユエーシヨンを畫いたに對して、ラシイヌは多少寫實的に人物や性格を寫し出さうとした。一層アイデアリスチックなコルネイユは一層豐富な天賦の詩才を有し一層リアリスチックなラシイヌは巧にボアローの詩論を利用して全體の作を美しく整頓したと言はれる。例の三統一致などは巧にラシイヌに利用されたのである。

以上の二大悲劇詩人と並んで、喜劇の方面に於て單にフランスに於ける第一流作家であつたのみならず廣く世界的天才の名を博したは、モリエール(Molière)の稱を以て聞こえた本名バプチスト、ボクラン(jean Baptiste Poquelin 一六二二——一六七三)其の人であつた。古典の喜劇を發達させて、悲劇と對立して同じやうに深い意味を備へた眞の喜劇を造り出したは實にモリエールの殊勳であつた。蓋し彼れの手に成つた喜劇は、たゞの茶番狂言や滑稽芝居ではなく、其の中には寧ろ深い人生の活劇が畫き出された特殊な意味の喜劇であつた。彼れの喜劇に對しては、見物人は最初はたゞ可笑しさを堪えてゐるが、其の可笑しさが次第に眞面目な瞑想に變じ、人をしていつか襟を正して人生を考へさせ、或は密かに暑い涙をさへ流させる力を持つてゐる。つまりモリエールの喜劇は、人生の眞相をば磨き澄ました照魔鏡に寫し出したもので、吾人は之れによつて深く人生の赤裸々な姿に徹し得るのである。就中モリエールは人生の陽はな不德を發いたといふよりも、寧ろ社會の裏面に陰れた陰微な虛僞や僞善や虛禮や氣取りやを最も鋭利に寫し出したものであ、百鬼夜行の人生の赤裸々な姿が其のまゝ公衆の面前に掲げられたのである。例へば一種人生の悲觀者又は慨嘆者を書いた『ミスアントロープ』(Le Misanthrope)の如きは、ボアロー、レシング、ゲーテ等をして異口同音に人生の最も深い研究であると賛嘆させた傑作であつて、其の中にはさま〴〵の種類の人物の性格がさながら浮出たやうな鮮やかに寫し出されてゐる。吾人はこゝにフランス精神に獨得無二な精微な人生觀察を目擊することが出來る。極めてデリケートな性情の轉化がモリエールによつて最も微妙なさまに寫出されてゐる。すべての喜劇の裏面には、點々として瞑想がちな作家の姿と、やゝ懷疑的なストア的なモンテイヌ式精神とが認められる。モリエールは決してたゞの喜劇作者ではなくして、深い人生の瞑想者であり、同時に峻烈な人生の諷刺家であつたのである。十八世紀フランス革命の精神は早く既に此の喜劇作者の精神の中に宿つてゐた」とも言はれる。

第四節　十七世紀のイギリス文壇

フランス大陸からイギリスへ移つて先づ十七世紀の大勢を概觀すると、こゝではまだフランスほど全體が整頓した形を取るに至らなかつた。十七世紀の半ばに於ける政治上の革命や、それにつゞいた王政復古や、甚しく全體の文壇や思想壇を攪亂して、有らゆる方面から其の進歩と發達とを妨げた。たゞ大體から言へば、十七世紀の後半期は、イギリスに於ても、唯理主義及古典文學が主要な形勢を成したのであるが、然かも古典文藝は王政復古以後主としてフランスから輸入されたのであるから、イギリスに於ける古典文藝趣味の發達は主として十八世紀以後のことで、十七世紀に於ては、やう〳〵其の準備や地ならしをしたに過ぎなかつた。隨つて十七世紀の英國文壇は前代のヴヰクトリヤ朝の華やかであつたに比較すれば頗る落漠たるものであつた。ヴクトリヤ王朝のルネサンス式情熱は最早燃え盡きて、全體の精神界が次第に沈着に冷靜に沈んで行つたが十七世紀であつた。故に古典文學がフランスから輸入されるに先だつて社會の各方面は甚しく理性的に唯理的に冷靜に傾いてきた。十七世紀の前半期に著しかつた清教《ピウリタン》徒の運動はすべての演劇や、すべての娯樂や、すべての文藝やさへも禁止して、民衆と前代ルネサンスの放縦生活から恰も其の直反對である極端な禁慾生活に導かうとした。先づ華やかな文藝は全く其の發達を禁せられてしまつた。僅に此の清教徒時代の落漠さを飾つたものは、同じく此のより生徒自身の内容を充實せしめ、同時に又自己を發見せしむる。學校圖書館は又將來兒童等が公立圖書館を利用するに至る豫備手段ともなるものである。即ちかゝる習慣によつて彼等が將來社會に出た時、彼等が逢着する諸問題を解決せんが爲に公立圖書館を利用する樣になるのである。

其三は學校圖書館と教師との關係。之は彼等が勤務を進歩改良せしむる手段である。教師は年々歳々同一事項のみを繰返して居る。彼等が恒久の學校となり此等の事實を新關係に立たしめ、新事情に聯絡して教授するに非ずんば死せる活動となるであらう。

恐らく此の第二及第三の點はカルフォルニアの教師達は齊しく了解したる處で地方圖書館に優秀なる執務振りを見せ、又次の事を明言して居る。彼等は圖書館勤務のある學校ならば月給二十弗位廉くともそれが無い學校よりは好むのである。

其四は公立圖書館の事業。實力ある市民資格の爲閑暇の巧なる利用として最善に、健全に實理的に教育を繼續して行く方法と云へる。圖書館はかくして成人の勉學の源泉であつて學校に於ける形式的教育と同様に國民の安寧幸福に對して本源的のものである。

其五は所謂教育的調子と社會の公共精神との聯絡である。或社會は教育的熱情の雰圍氣をつくる。彼等は學校を維持することに於て最も自由なる考を懷いて居る社會である。かゝる人々の間に於ては教育の總ての生活をよく理解する、これは極めて大切な事である。圖書館は實に社會に對し事物の了解を教育的に創造することを助くる。かゝる了解は教師の生活をもつと幸福にし高貴ならしむるものである。

以上五種の關係を明瞭に領得することは、現時國內全般を通じて痛感せられつゝある圖書館活動の全般に亘りて明に觀取される。是等活動の隆々として興りつゝあることは、次の各事情に照しても明瞭である。前述の百萬弗を教育大學に提供した事や、ユータの記錄によれば三ケ月間に十ケの圖書館を建設して居る。又ウイスコンシンの州規によればハイスクールは圖書館員又は教師館員を傭ふ事を要求して居る。又多くの學校に圖書館に關する特別課程を起さしめて居る。

是等の事實によつて圖書館研究は驚くべき程進展して來た。

米國內二千九百六十四郡の二十七パーセント卽ち七百九十四郡にはその區域內に五千卷以上藏書圖書館を尠く共一ヶ持つてゐる。全國人口に對し一年間に十億弗又は一人割約十弗が學校及大學に對して用ゐられて居るが自由公立圖書館卽ち社會敎育の主要な機關に對しては千六百五十萬弗又は一人割十六仙半のみ用ゐられて居るに過ぎない。

米國圖書館聯盟は戰時奉仕に訓練された人々の勢力を平和時の敎化劃策に向はしめ、長く等閑視された圖書館の必要を力說し、其の活動の開進を期せんとして居る。この計劃の基金として社會に對して寄附を望んで居る。此等主張を貫徹せんとする敎育的戰爭は演壇の上から、書籍の上から地方各地に宣傳しつゝある。

青年團通俗圖書標準目錄

靑年團として備ふべき通俗圖書は其數頗る多いが、今其の內、二十圓、三十圓、四十圓、五十圓、百圓の豫算を以て購入し得べきものを選び、左に其の標準目錄を示して見よう。

二十圓で出來る青年文庫

圖書名	巻数	定價	著者名	發行所
歴史小說文庫	二	各、三〇	平井駒次郎	國民書院
趣味の地理	四	各、四〇	白井規一等	博文館
圖說害蟲益蟲		一、一〇	長野菊次郎	博文館
田園生活年中行事		一、五〇	物集高量	嵩山房
大正の農村青年に告ぐ		、七〇	富田文雄	求光閣
實業道德講話		、九〇	中島力造	文陽堂
潜航艇圖說		、六〇	西垣富水	博文館
帝國の使命と青年の覺悟		一、五〇	田中一義	誠文堂
通俗鑛山事業物語		一、五〇	窪田重式	東亞堂
千圓以下で出來る理想の住宅		一、五〇	鎌田賢三	鈴木商店
(衛生百話)		一、五〇	松下禎二	博文館
重要藥草栽培と其販賣法		、九五	萬代虎藏	殖產協會
節儉食料並救荒食物		、七五	三宅秀	開發社
食物の經濟		一、五〇	澤村眞	成美堂
(科學新話謎の自然界)		一、五〇	大島德太郎	昭文堂
世界奇聞知識の庫		一、九〇	横山又次郎	早稲田大學
(學校家庭理科百講)		、八五	清水保三	博文館

三十圓で出來る青年文庫

之は二十圓文庫の外左の圖書を備ふればよい

何人も知らねばならぬ日用理科學の常識	一圓、二〇錢	中村俊治	廣文堂
世界の衣食住	二、四〇	櫻井彦一郎	丁未出版社
魔海横斷記	一、二〇	加藤久勝	大江書房
(世界風俗奇譚)	三、八五	加茂熊太郎	國民書院
新報德記	一、五〇	佐々木信太郎	中央報德會

四十圓で出來る青年文庫

三十圓で出來る文庫へ更に左の書畫を備ふればよい

(七英八傑)	一圓、二〇錢	大町芳衛	富山房
源平物語	、九〇	大町芳衛	新潮社
大閤記物語	、九〇	大町芳衛	新潮社
國民日本歴史	二、六〇	高橋俊乘	富山房

熊澤蕃山	一、二〇	渡邊 勝	霞亭會
新春	一、六〇	德富健次郎	福永書店
明治大正名家文	、八〇	大町 芳衛	博文館
青年團指導	一、〇〇	青年團中央部	帝國青年發行所

五十圓で出來る文庫（甲）

前記の外更に左の圖書を備ふる事が出來る。

（早起）	圓 錢 、七五	山本瀧之助	洛陽堂
（海の趣味）	一、二〇	若村 欽	同文館
世渡りの修養	一、三〇	澁澤 榮一	東盛堂
兵營生活	、六〇	平井 正道	東亞堂
急がば廻れ	一、二〇	江原 素六	東亞堂
現代の戰爭	、四五	寺田幸五郎	現代之科學社
獨立のすゝめ	一、一〇	福澤 諭吉	弘榮館
無線電信電話のはなし	、七〇	瀧山英太郎	電友社
趣味と研究とに基ける佛樣戸籍調べ	一、一〇	醍醐 惠瑞	二松堂
通俗講話花鳥風月	、九五	枝元 長夫	弘道館
大發明家と發明界の進步	一、三五	爪生 康一	二松堂

五十圓で出來る青年文庫（乙）

尚右の圖書に代ふるに左の圖書を以てしてもよい

家庭自覺文庫	圓 錢 一、〇〇	自學奬勵會
一日一善	、五五	洛陽堂
氏神と氏子	、三五	誠文堂
少年修養訓	、三〇	文盛堂
眞宗敎と實生活	、六〇	無我山房
修養訓話成功	、二五	天保錢會
勅語敎訓敎育勅語の敎	、三〇	修文館
（早 起）	、七五	洛陽堂
勅語敎訓戊申詔書の敎	、二五	修文館
平凡道德	、二五	丁未出版社
一日一言	、六五	實業之日本社
新體日用文	、三〇	文盛堂

日記のつけ方	、六五	阿蘭陀書房
秀抜六十句	、六五	南北社
新話江戸落語集	、五八	博文館
實傳少説	、六〇	米山堂
日本歴史繪物語	、七〇	嵩山房
修養寶鑑明治兩陛下聖恩記	一、〇〇	博文館
偉人の少年時代	、六五	實業之日本社
武士道の花 乃木大將	、四五	中村書店
快傑内藏之助	一、二〇	中興館
近畿名所一日の遊覽	一、五〇	支德堂
東京を中心として名讀勝地一日の遊覽	一、五〇	上方屋書店
海外渡航成功策	、三〇	大盛堂
貯金のすゝめ	、二八	警醒社
喫煙と人生	、二五	警醒社
禁酒美談	、一五	丁未出版社
（科學新話）謎の自然界	一、五〇	昭文堂
（學校家庭）理科百講	、八五	博文館
胃弱の根治法	、三五	健友社
最近相模圖解	、五五	岡崎屋
軍艦旗の下にて	、七五	洛陽堂
兵營生活	、六〇	東亞堂
田舍草紙	、三〇	中央報德會
親愛なる農村青年へ	、五〇	丙午出版社
町村青年の刷新	、四〇	帝國農學會
大正農界百面觀	、六〇	有鱗堂

百圓で出來る青年文庫（甲）

右の外左の圖書を加へればよい。

珍らしき料學の話	圓錢 、八五	秋山 増人	二松堂
八犬傳物語	、九五	大町 芳衞	新潮社
中山大納言	一、八〇	渡邊 勝	文濟堂
讀書の趣味と其方法	、五〇	平井駒次郎	國民書院
近世立志傳	、九五	稻村 修道	文陽堂
江田島生活	一、二〇	海際 中尉	武俠世界社
戰爭と國民性	、五〇	芳賀 矢一	富山房
世界偉人譚	、四〇	稻村 修道	文陽堂
（海軍下士卒の生活）	、七五	長尾伊之助	博文館
潜水航と潜水戰	一、八〇	伊藤 正德	上田屋
つはもの	一、二〇	堀内文次郎	中興館
青年體力増進法	、六〇	美島近一郎	啓成社

衣食住に關する日用理料講義	・八五	天野 速吉	目黒書店
小學校を中心とする地方改良	・八五	田子 一民	白水社
日本國民傳説	・八〇	高木 敏雄	敬文館
簡易生活	・八〇	田尻稻次郎	文武堂
會議進行の方法	・六〇	葛岡 敏	良文堂
樺太の話	・五〇	中目 覺	三省堂
天下の糸平	・七〇	高橋 立吉	日東堂
世界偉人逸話選	一、三〇	齋藤文藏等	良書普及會
日本仇討物語	二、七〇	千葉 龜雄	阿蘭陀書院
天野屋利兵衛	一、三〇	渡邊 勝	大鐙閣
幡随院長兵衛	一、三〇	渡邊 勝	霞亭會
水戸黄門	一、三〇	渡邊 勝	霞亭會
和歌をさなまなび	・四五	武島又次郎	正善堂

百圓で出來る青年文庫(乙)

尚別種として左の如き圖書を備へてもよい。

大正九年國民年鑑	一、五〇(圓 錢)	民友社
新智識三百題	・五七	紫鳳閣
目と耳と口	一、〇〇	耕文堂
一事貫行	一、五〇	興文館

新選賀弔祭文範	・九〇	青年文壇編輯所	東亞堂
警筍	一、〇〇	岡本 米藏	博文館
慰安修養	・七五	神長倉眞民	泰山房
自ら救ふ力	一、二〇	大内 青巒	中央出版社
聖書の話	一、二〇	宮川 已作	岩波書店
皇國の花	一、三〇	早川 貞水	大江書房
精神修養逸話の泉	各 一、六〇	高島平三郎	洛陽堂
伊勢神宮と神社	三、五〇	鈴木 暢幸	大正書院
我が往く處	一、四〇	岡本 米藏	培風館
(道話の林)	一、三〇	高島平三郎	甲陽堂
自學主義の教育	一、五〇	自學奬勵會	自學奬勵會
國體訓練	一、五〇	山本瀧之助	洛陽堂

通俗講話浮世の重荷	・七〇	甲陽堂
(道話の林)	一、三〇	甲陽堂
根氣の世の中	一、二〇	二松堂
歐洲大戰美談	・六〇	中央報德會

農村青年手紙と端書	、四〇	甲陽堂
俳味と佛法味	、七〇	無我山房
長篇講談	一〇　各　五八	博文館
赤穗義士　加藤清正　一休禪師　豪僧文覺　堀部安兵衛　幡隨院長兵衛　山中鹿之助　豐臣秀吉　水戸黄門漫遊記　大久保彦左衛門　德川家康		
クオレ物語	一、〇〇	蜻蛉館
漂流物語ロビンソン・クルーソー	、八〇	文陽堂
俚諺通解	、六〇	文陽堂
通俗家庭講話日本歴史	、四〇	岡村書店
德川勤儉物語	、三五	精華堂
(七英八傑)	一、二〇	富山房
秀吉と家康	一、五〇	東亞堂
通俗史談叢書	六　五、一六	通俗教育普及會
農家五大偉人稼穡傳	、五〇	洛陽堂
天龍王金原明善	一、三〇	積文館
堀部安兵衛	一、二〇	中央義士會
お國自慢	、六〇	敬文館
都市の紋章	、五五	衍水社
憲政百話	一、〇〇	日本大學法制學會
教訓お伽貯蓄のをしへ	、三八	豐文館
(世界風俗奇談)	、八五	國民書院
善惡長短日本人心の解剖	、八〇	廣文堂
兒童の理科智嚢	、八五	同文館
趣味の魚	一、〇〇	日新閣
(衛生百話)	一、五〇	博文館
通俗八種傳染病講話篇	、五五	新橋堂
書畫贋物語	一、五〇	二松堂
オリンピック競技法	、八五	菊屋出版部
(海の趣味)	一、二〇	同文館
(海軍下士卒の生活)	、七五	博文館
壯丁讀本	、三五	丁未出版社
殘花一輪	一、二〇	啓成社
此一戰	一、〇〇	博文館
肉彈	、七〇	丁未出版社
實際的處世法使ふ人使はれる人	、六五	泰山房
模範小賣店經營法	、六〇	二松堂

處女會通俗圖書標準目録

青年の文庫と同樣に二十圓を基礎にして漸次三十圓、四十圓、五十圓、百圓と其の差額だけを加へてゆくのである。

二十圓で出來る文庫

圖書名	卷數	出版年月	定價	著者名	發行所
歷史小說文庫		大正六	各、三八 四送	平井駒次郎	國民書院
趣味の地理	四	大正七	各、四〇	白井規一等	博文館

三十圓で出來る文庫

圖書名	卷數	出版年月	定價	著者名	發行所
お伽文庫	一	大正七	各、四八	敬文館	敬文館
野菜果物魚介諸國獸物法		同	一、二〇	奥村啓次郎	大倉書店
直ぐ間に合ふ家庭よろづの心得		同	、七〇	熊谷發之助	實業之日本社

四十圓で出來る文庫

圖書名	卷數	出版年月	定價	著者名	發行所
節儉食料並に救養食物		大正七	、七五	三宅秀	開發社
食物の經濟		同	一、五〇	澤村眞	成美堂

五十圓で出來る文庫

圖書名	卷數	出版年月	定價	著者名	發行所
趣味の動物		同	、八〇	谷津直秀	實業之日本社
學校家庭理科百講		同	、八五	清水保之	博文館
何人も知らねばならぬ日用理科學の常識		同	一、二〇	中村俊治	廣文堂

五十圓で出來る處女文庫（單獨乙種）

圖書名	卷數	出版年月	定價	著者名	發行所
世界童話集	二	大正二	二、六〇七	榎本恒太郎	實業之日本社
新譯繪入模範家庭文庫	六	同	各二、四〇	富山房	富山房
お伽おもちや箱		同	、六五	巖谷季雄	忠文堂
理想の子守法		大正七	一、〇〇	服部北活	南北社
衞生百話			一、五〇	松下禎二	博文館
重要藥草栽培と其販賣法			、九五	萬代虎藏	殖產協會
科學新話謎の自然界		同	一、五〇	大畑德太郎	照文堂
世界奇聞智識の庫		同	一、九〇	横山又次郎	早稻田大學
世界風俗奇譚		同	三、八五	加茂熊太郎	國民書院
世界の衣食住		同	二、四〇	櫻井彥一郎	丁未出版社
シャロック、ホルムス		同	各、七〇	加藤清正	天弦堂

第三回

書名	刊行年	價格	發行所
家庭自學文庫　二四	大正八	各一、〇〇	自學奬勵會
氏神と氏子	同四	、三五	誠文堂
眞宗教と實生派	同四	、六〇	無我山房
婦女の信仰	同七	一、〇〇	鴻盟社
勅語教訓教育勅語の敎	同三	、三〇	修文館
勅語教訓戊申詔書の敎	同	、二五	文信堂
一日一善	同五	、五五	洛陽堂
一日一言	同四	、六五	實業之日本社
少女修養訓	同五	、三〇	文盛社
怒るな働け	同四	、八〇	洛陽堂
修養訓話成功	同五	、二五	天保錢會
早起	同七	、七五	洛陽堂
平凡道德	同五	、二五	丁未出版社
女子の禮法	同	、四〇	國民書院
新年日用文	同三	、三〇	文盛堂
日記のつけ方	同五	、六五	阿蘭陀書房
新譯江戸落語集	同六	、五八	博文館
實傳小說　二	同	各、六〇	米山堂
家庭小說孝女白菊	明治四五	、四〇	岡村書店
家庭小說後の孝女白菊	同	、四〇	岡村書店
新少女スケッチ	同一	、四五	博文館
小說不知歸	明治二	、四五	民友社
立志小說友情	同五	、七五	文正堂
日本歷史繪物語	大正七	、七〇	嵩山堂
修養寶鑑明治兩陛下聖德記	同八	一、〇〇	博文館
大將夫人乃木靜子	同二	、九五	東華堂
武士道の花乃木大將	同一	、四五	中村書店
快傑內藏之助	同六	一、一〇	中興會
近畿名所一日の遊覽	同八	一、五〇	文德堂
東京を中心として名勝古蹟一日の遊覽	同八	一、五〇	上方屋書店
貯金のすゝめ	明治四二	、五〇	警醒社
喫煙と人生	大正三	、二五	警醒社
禁酒美談	同六	、一五	丁未出版社
科學新話謎の自然界	同七	一、五〇	昭文堂
學校家庭理科百講	同一	、八五	博文館
胃弱の根治法	同六	、三五	健友社
大正農界百面觀	同七	、六〇	有隣堂
通俗家事の實際	同七	、四八	家庭改良事項調査會
家庭重寶記	同五	、五〇	實業之日本社
婦人の日常生活	同八	一、三〇	日新閣

百圓で出來る處女文庫（甲種）

中流生活の改造	大正七	、八〇	西村才助	實業日本社
全國遊療地名勝古蹟案内	〃七	、二五	地理旅行案内社	地理旅行案内社
精神修養逸話の泉 三	同	各一、六〇	高島平三郎	洛陽堂
大阪陣	同	一、三〇	福本誠	南北社
太閤記物語	同	、九〇	大町芳衞	新潮社
源平物語	同	、九〇	大町芳衞	新潮社
國民日本歴史	同	二、六〇	高橋俊乘	富山房
名殘の星月夜	大正、七	、九五	坪内雄藏	春陽堂
和歌百話	同	一、八〇	佐々木信綱	博文館
若き友へ	同	一、三〇	與謝野晶子	白泉社
青年團及處女會	同	二、五〇	天野藤男	丙辰社
新春	同	一、六〇	德富健次郎	福永書店
教育問題小供の權利	同	一、五〇	西山哲次	南光社
婦人の爲に	同	一、三〇	高島平三郎	至誠堂
早起	同	、二五	山本瀧之助	洛陽堂
家庭に於ける婦人の覺醒	同	一、九〇	高峰博	洛陽堂
教へ草	同	一、二〇	三輪田眞佐子	日本弘道會

百圓で出來る處女文庫（乙種）

實際的處世法使ふ人使はれる人	同	、八五	安田善次郎	泰山房
急がば廻れ	同	一、二〇	江原素六	東亞堂
獨立のすゝめ	同	一、一〇	福澤諭吉	弘道館
趣味と研究とに基ける佛樣の戸籍調べ	同	一、一〇	醍醐惠瑞	二松堂
名婦人の幼時小女逸話	同六	、八〇	松美佐雄	啓成社
日本家庭昔噺	同	、八〇	高木敏雄	敬文館
教訓世界動物お伽噺	同	、八五	高木敏雄	敬文館
教訓日本昔ばなし 二	同	、六〇	高木敏雄	敬文館
ドンキホーテ冒險お伽噺	同	、六五	和田垣謙三	向榮社
家庭實用衣類處理工藝	同	、八〇	田中鐵治	博文館
新式實用戸板裁縫全書	同	一、九〇	戸板關子	廣文堂
子供本位の家庭	同	一、〇〇	安部磯雄	實業之日本社
通俗科學家庭の一日	同	、七〇	阪部熊吉	文陽堂
貯金の出來る模範生活法	同	、九五	嘉悦孝子	青雲堂

第三回

大正九年國民年鑑	大正九	一、五〇	民友社
新智識三百題	同 四	、五七	紫鳳閣
目と耳と口	同 五	一、〇〇	耕文堂
一事貫行	同 七	一、五〇	興文館
通俗講話浮世の重荷	同 四	、七〇	甲陽堂
女らしく	同	、八〇	東亞堂
價値ある生活	同 六	、五〇	丁未出版社
根氣の世の中	同 七	一、二〇	二松堂
道話の林	同 八	一、三〇	甲陽堂
地方の婦人へ	同 九	一、五〇	日新閣
趣味の文がら	同 七	一、六〇	博文館
俳味と佛法味	同 五	、七〇	無我山房
オクレ物語	同 六	一、〇〇	蜻蛉館
島の娘 二	同 三	、八五	扶桑堂
女鑑小説烈婦春日	同 四	、四五	大川屋書店
漂流物語ロビンソン・クルーソー	同 八	、八〇	文陽堂
俚諺通解	同 六	、六〇	文陽堂
通俗家庭講話日本歴史	同 四	、四〇	岡村書店
近世名媛傳	明治四一	、四〇	富山房
德川勤儉物語	同 四三	、三五	精華堂
偉人と母	同 四三	、四五	智光館

賢母物語	大正四	、六〇	實業之日本社
日本女子百傑	明治四二	、五五	春陽堂
農家五大偉人稼穡傳	大正六	、五〇	洛陽堂
烈婦美譚大和撫子	明治四四	、四五	實業之日本社
ナイチンゲール物語	大正八	一、〇〇	丁未出版社
堀部安兵衛	同 六	一、二〇	中央義士會
お國自慢	明治四五	、六〇	敬文館
都市の紋章	大正四	、五五	行水社
憲政百話	同 七	一、〇〇	日本大學法制學會
教訓お伽貯蓄のをしへ	同 六	、三八	豐文館
世界風俗奇譚	同 七	、八五	國民書院
善惡長短日本人心の解剖	同 五	、八〇	廣文堂
兒童の疑問理科智囊	同 六	、八五	同文館
趣味の魚	同 八	一、〇〇	日新閣
衞生百話	同 七	一、五〇	博文館
通俗八種傳染病講話篇	同 五	、五五	新橋堂
日常衞生婦人の心得	同 六	一、〇〇	泰山房
書畵贋物語	同 八	一、五〇	二松堂
此一戰	明治四四	一、〇〇	博文館

肉彈	同	、七〇	丁未出版社
實際的處世法使ふ人使はれる人	大正七	、八五	泰山房
模範小賣店經營法	同五	、八〇	二松堂
田園趣味	同三	、九五	洛陽堂
趣味教訓四季の田園	同五	一、三〇	洛陽堂
實地調査最新十大副業	同八	一、一〇	二松堂
樹木百話	同七	一、二〇	成美堂
直ぐ間に合ふ家庭よろづの心得	同七	、七〇	實業之日本社
理想の子守法	同	一、〇〇	南北社
家庭染色法	同	、六〇	化學工藝社
家庭で出來る絞染法	大正六	、八〇	東京家政研究會
實用家庭漬物の仕方	大正八	、七〇	忠文堂
家庭とさかな	同四	、七五	東京堂

小學校尋常五年以上通俗圖書文庫

讀書の趣味を養ふには小學校の上級兒童の時から大に奬勵もし其の方法を講じなくてはならない。それには通俗圖書を學校に備へ、小さき文庫を設けるより外に最良の方法はない此の文庫は現在幾分行はれ居るがその書物を見ると稍偏してお伽噺が主となり過ぎて居る傾がある。故にどうしても多方面より調査して適切なる書籍を備ふる必要がある。

こゝにこの參考に資する爲に、五十圓若くは百圓で備へることの出來る各方面の適切なる圖書を擧げることゝする。

A　五十圓一口の分

全部　百圓一口の分

部數冊數記入なきものは凡て一部一冊とす

一 辭書類

圖書名	部數	册數	出版年	定價	發行所
大正いろは引大辭典			大正四	、八〇	盛陽堂
新式自習辭典			同五	、五〇	寶文館
A大正少年節用			同三	一、〇〇	博文館
A最新日本少女寶典			明治四五	一、五〇	誠文館

二 修身道徳に關する書

勅語物語菊の下水			大正二	、三五	寶文館
A勅語物語教育勅語の教			明治四四	、二五	修文館
現代兒童教訓實話			同四三	、七〇	同文館
子としての道			大正七	、三五	大盛堂
兒童訓			同	、六〇	成蹊學園出版部
少女修養訓			大正五	、三〇	文盛堂
少年修養訓			同	、三〇	同
少年諸子			明治四三	、三八	博文館
A勅語教訓戊申詔書の教			明治四四	、二〇	修文館

三 讀本類

課外讀本第五六學年(一月至十二月)	一	二四	大正七	六、七二	博文館
小學兒童課外讀本第五六學年	一	二	同八	、五〇	目黒書店
A興國課外讀本第五、六學年(一、二、三學期)	一	六	同六七	二、二八	明治出版社
A綴り方こどもの創作	一	六	同八	二、二二	春陽堂
最近兒童文集尋常小學五、六學年の巻高等小學の巻	一	三	大正八	、九〇	同文館
優篇佳作兒童文集下巻(尋常五、六高等一、二學年用)			大正八	、四〇	光文堂
受験準備作文の秘訣一名作文秘訣綴方自習書			同	、四〇	東盛堂
兒童の讀物	一	四	同七八	一、〇〇	寶文館
一 山紅葉　二 天馬　三 ふゞき　四 初日の出					
帝國少年讀本第五、六學年(前、後期)	一	四	同七八	一、三〇	教育研究會
大正少女傑作文春夏の巻			同八	、四五	文正堂

綴方參考書	一	六	同	各二五	大阪田中宋榮堂
綴方十二ヶ月（一、二、三、五、七、九月の卷）（兒童圖書館叢書の內）	一	五	同五より	一、一〇	育英書院
A綴方の學園（天、地、人の卷）	一	三	同八	、九〇	大阪山本文友堂
高等小學綴り方模範文例			同	一、〇〇	明治出版株式會社
話方十二ヶ月 一至八、十、十二月の卷（兒童圖書館叢書の內）	一	一〇	同六より	二、五〇	育英書院
貧兒立志讀本			明治四三	、三五	博文館

四　圖畫に關する書

A他に例のない面白い家庭の遊戲			大正八	、六〇	實業之日本社
繪畫の手ほどき			同	一、五〇	南海書院
小學全科新定畫手本			同	、四五	春江堂
普通教育圖案の考へ方			同	、三五	目黑書店
Aスミカズ畫の手本			同	、八五	大阪家村文翫堂

五　歴史地理書類

A歴史教科書に現はれたる偉人の逸話一、二卷	一	二	大正七	、六〇	下村書房
稻穗長者一名米安大明神			同八	、五〇	博文館
Aお伽旅行關東、中部、近畿地方	一	三	同七	二、一五	敬文館
傳說面白い日本歴史のお話	一	五	大正八	四、二五	文陽堂
神代の卷、上代の卷、中古の卷、源平時代の卷、戰國の卷					
A軍神の妻乃木靜子			大正八	、四五	小林川流堂
國史美談上、中卷	一	二	同七より	二、〇〇	實業之日本社
A趣味の地理 一至六	一	六	同	二、四〇	博文館
一、日本の山水美　二、世界の千山萬水　三、日本の名所見物　四、世界の名勝くらべ　五、南極北極の探險　六、天界地界の秘密					
名婦人の幼時少女の逸話			大正六	、八〇	啓成社
A少年日本歴史			同八	、八五	東京淺草出版社
立志教訓菅原道眞			同七	、三〇	石塚書舖
少年史傳日本百傑上卷			大正九	一、五〇	日新閣
乃木大將の話			同七	、三五	眞文社
A少年百譚歴史の庫春、夏、秋、冬	一	四	同五より	二、八〇	博文館

六　理科算術書類

面白い應用算とおさらひの手引　一　二　大正八　、九〇　博文館
家庭の算術　尋常五、六學年　同　一、二〇　誠文堂
A最新智識子供の聞たがる話　同　一、五〇　天佑社
子供の喜ぶ新智識　大正七　、七〇　萬朶書房
少年少女趣味の科學第一編　同　、六五　玄文社
お伽科學太郎がお近付になつた動物　同　、三五　阿蘭陀書房
ちゑぶくろ第一集

A理科小話なぜですか　大正七　、六〇　敬文館
Aむづかしい算術の解き方　同　六　、二八　三友堂
課外研究理科叢話　同　、六五　敬文館
理科物語　同　四　、五〇　敬文館
理科物語叢書　一　六　同七より　三、〇〇　大鐙閣
一至六
一、蜂の王國　二、地球の怒　三、植物の不思議　四、白鳩號　五、日本丸　六、海の怪物
A私は水の一しづくです　大正九　一、〇〇　敬文館

七　お伽噺の類

Aイッツプ教訓話　大正八　、七〇　大阪武田交盛館
行つて參ります　大正八　、九〇　天佑社
スケッチ訓話お伽の兄弟　同　、六〇　玄誠堂
お伽文學至第一一二　一　一二　同六七　三、八四　賓文館
一、湖中の鐘　二、飛行竈　三、まぼろしの鏡　四、黄金の椿　五、赤い小壷　六、人魚の笛　七、ころころ小桶　八、空とぶお城　九、怪光船　一〇、木馬の踊　一一、拳の旅行　一二、かまはん坊

お伽文庫第一　一　一二　大正七　五、七六　敬文館
至十二
一、論語お伽噺　二、第二論語お伽噺　三、格言お伽噺　四、新作お伽學校　五、教訓俚諺お伽四十八番　六、第一教訓日本昔ばなし　七、第二教訓昔ばなし　八、新日本教育昔噺　九、第一日本家庭昔噺　一〇、第二日本家庭昔噺　一一、教訓世界動物お伽噺　一二、日本國民傳説
教訓お伽夜話前編　大正八　一、八〇　博文館
Aお八つの代り　同　七　、六〇　敬文館
A學校唱歌お伽噺　大正七　、六五　甲陽堂

所有者ハ法令ノ制限内ニ於テ自由ニ其所有物ノ使用、收益及ビ處分ヲ爲ス權利ヲ有ス(民法第二百六條)

所有者は勝手に自己の所有物を使用したり、他人に貸して利益を收めたり、賣つたり、與へたり、毀したりすることが出來る。此點に於ては法律命令によりて幾多の制限は受けてをるが、其制限の範圍内なれば、一切他人の干渉を排除して、已獨り自由に之を支配することが出來るから、簡單に云へば法令の制限内に於て物に對する人の絶對的支配權と云ふことができる。

所有權は、身邊を飾る羽毛、奇石、貝殼、衣服、雨露を凌ぐ天幕、口腹を養ふ家畜等の動産より次第に進んで家屋等の不動産に移り、最後に至りて漸く土地の上に及んだのである。而して往古草昧の時代より現代に至る迄に、移り變りたる土地の所有法を概括すれば、次の六時代を經て進化し來つたことが分かる。

第一　無所有時代。天然の果實と野生の禽獸とを食ひ、家畜の乳を飲みて生活せる野蠻時代に在ては、人皆何れの處に行くも自由自在にして、別に土地を私有せんとする念慮を生ずることがない。

第二　部落共有時代。人煙稍稠密となり、耕耘の途開くるにつれ、土地は漸次に分割せられて各部落の共有となつた。

ラファーグ氏は、其著「財産權の進化」に説いて曰く、天産物と牧畜とによりて生活する蠻族でさへ、一人にて猶三平方哩の土地を要する。故に人口が繁殖すれば土地を各部落の間に分割せねばならぬと。かゝる理由からして、或は村民共同して耕作すること、宛も臺灣生蕃人の如きもの、或は定期に土地を分配して、別々に耕作するゲルマニ族の Mark 及びスラブ族の Mir の如き制度が出て來た。支那上古の井田及び本邦王朝の班田等は、實に此部落時代の特産物に外ならぬ。而して分配期限は、最初の程は僅に一年であつたが、世運の進歩につれ、益資本勞力を加へて改良を施し、其效果を收むるには、愈長き歳月を要するやうになり、或は三年となり、六年となり、終には無期限に變じ、部落共有制度を蟬脱して、家族共有制度に推移したのである。

本邦の班田は大化の新政によりて創始せられ、六年一班の制であつたが、暫時にして十二年一班となり、終に廢絶したのである。

第三　家族共有時代。　家族共有時代に在ては、土地は一家族の共有財産であつて、其團體と共に永久に傳はり、家長（父若くは母）と雖も、隨意に之を賣買處分することはできぬ。而して此制度は今猶亞細亞の諸種族、及び東歐殊にブルガリャ及びクローチャのザドルガス中に現存せる所がある。

第四　封建時代。　土地が家族の所有となつてから、諸家族間の軋轢殊に甚しく、弱の肉は强の食となり、豪族諸方に割據して自から封建の勢を成し、是迄土地を所有せし家族は小作人となり年貢を納め、公役を勤めて耕牧栽培に從事するやうになり、土地は少數家族たる諸侯の手に歸した。

之を我國の歷史に徵すれば、王朝の頃既に名門功臣に采邑を賜ひ、地租其他の貢稅を免ぜられた。斯の如く法網の外に立てる莊園が、王政の弛ぶに連れて、益廣く根帶を張りたる一方に、慓悍不逞の徒各地に蜂起し、近隣を押領して既に封建の實をなせるに、賴朝出でゝ其名を公にするに至つた。西洋に於ては、羅馬時代、戰役に從事したる將師に、征服地を與へたる慣習と、ゲルマニ人が一酋長を戴いて、己が君主と仰ぎたる慣習とが、結付いて封建制度を產出したのである。去り乍ら火藥の發明があつて、甲冑城壁效驗を殺ぎたる其上に、科學の應用は農工商の進歩を促がし、民權自由の說次第に其調子を高める爲、狹隘なる干涉一天張りの封建制度は、自から自滅することゝなつた。

第五　有限私有時代。右の如き事情で封建制度は倒れ、土地は庶民の私有となつたけれど、猶動產の如く、純然たる私有權の目的物でない。登記法、收田法等によりて、種々の制限を受けてをる。

第六　無限私有時代。進化の極には、土地は或は純然たる私有權の目的物となることがあるかも知れぬ。濠洲にては六七十年前既にニユー、サウス、ウエールスに於て採用せられたるトーレンス條例によりて、土地は全く動產のやうに、地劵證の授受のみによりて賣買せられてをる。是れ其例と見て差支はあるまい。

以上述べたる歷史的變遷によりて、之を觀れば土地は部落の共有より、家族、封建(小數の家族)個人の所有と變化して來た。去り乍ら土地の所有權は、各社會に於てそれ〳〵最都合よき者の手に渡るものであるから、時勢の變遷につれ、再び個人主義を脫化して毛色の變りたる部落共有若くば國有に立戾ることがないとも限らぬ。

(ろ)相續權。 相續權は所有權の延長とも見るべく、被相續者より云へば、其死後自己の財產を他人に與ふる權利にして、相續者より云へば、死者の財產を繼承する權利である。 相續權を認むるや否やに付ては、贊否兩樣の議論がある。 贊成論者は曰く、人の勤勉努力して蓄財する所以は、生前に於て自ら氣樂なる生活を營むのみならず、死後子孫の繁榮を希望するが爲であつて、若し其財產を子孫に傳ふることが出來なければ、何人も遊惰に耽り、一代限りに其儲けたる財產を浪費し盡すであらう。 これ國家の大損失である。 加之是迄榮華を極めたる家族は、親の死と共に路頭に迷ひ、社會上見るに忍びざる慘狀を呈するであらう。 然るに相續を許すことになれば先人の事業が其儘に繼續せられ、國民經濟の發達上から見ても有利であると主張する。

去り乍ら反對論者は曰く、人の世に生るゝや、何れも皆丸裸であつて、貧富の差別がないのに、相續を許すが爲に、或る者は生れ乍にして、巨萬の富を取得し、一擧手一投足の勞なくして豪奢を極むるのみか、生活上の刺戟なき爲に懶惰に流れ、或る者は相續すべき何等の財產もなく、拮据勉勵して猶生計を支持することも出來ず、前途に光明なく、落膽の結果、自暴自棄となり、國民經濟の發達を障害すること夥しきのみでなく、世人が自己の手腕によりて儲けたりと稱する財産も、其根源を洗へば文明社會の利器を利用したるが爲であつて、鐵道なく、郵便なく、電信なく、新聞なく、汽船なく、銀行なく、取引所なく、工場なき無人嶋若くば未開の荒野に獨棲するに於ては、決して斯の如き財産を作ることは出來ぬ。其日暮しの禽獸に近い生活を營まねばならぬから、社會の賜たる死者の財産は、當然社會にて收むべきものであつて、個人の私すべき物でない。斯る兩樣の議論はあるが、實際政策として行はるゝものは、其折衷説である。折衷説中にも色々ある。遺言なき場合には、其推定相續人を通常從兄弟位迄に止め、若しそれ以内の近親者がなければ、其財産は政府にて沒收すべしと云ふ「相續者制限説」或は血縁の遠近によりて金額に等差を立て、殘餘は總て國家に歸すべしと云ふ「相續額制限説」等もあるが、最廣く行はるゝものは、相續財産額の多きに隨うて税率を增加する「累進相續税説」である。

英國にては長子相續法行はるゝが爲、貧富の懸隔も甚しいけれど、佛國にては、平等分配法の結果、比較的に懸隔が小なりと云ふ。長子相續は財産を分割せぬから大事業の經營に適するけれども、相續者は富裕なるが爲に却て怠り、次男三男は失望の餘奮鬪心を滅ずる虞もある。併し平等分配も場合によりては、餘り財産が小さくなり過ぎて一般に生活難を來すこともある。而して其利害得失は歴史と國情とによつて異るものであるから、一概に斷言する譯にはゆかぬ。

第四　社會

國家的制度の中にて、最多く國民經濟の發達に影響を及ぼすものは、所有權と相續權であることは、前段既に縷述せし通りであるが、社會的制度も亦、國民經濟の發達に大なる關係を持つてをる。就中其最主なる者は分業と身分及び階級の分岐である。

(い)分業。分業とは仕事を多くの部分に分割し、其一部分づゝを分擔することを云ふのであるが、それには社會的分業と技術的分業の二種類がある。社會的分業とは經濟單位相互間の分業のことで、例へば機械製造業、造船業、呉服屋、銀行等の如く、國民經濟の一部分を分擔してをるが、各分業體は何れも皆獨立してをるから、其發達と共に經濟單位が増加し、交易組織が複雜となる。然るに技術的分業は經濟の分業であるから、如何に微細に分割されても經濟單位の數は毫も增加せぬ。故に交貿組織の上に直接の影響を及ぼすことはない。社會的分業は一に職業的分業とも稱し、技術的分業は又單に分業とも云ふ。分業は何れも皆大なる仕事の一部分であるから、反面より見れば「勞力合同」である。然るに勞力合同中には、多數の人が相協力して同一作業に從事する所謂「勞力集合」例へば數人力を合せて地曳網の綱を牽くが如き場合もある。是は分業でない。又一人にて數業を兼ぬる「兼業」もあるが、是も亦分業でない。故に「勞力合同」は悉く分業なりと云ふことは出來ぬ。

分業の發達は、(一)作業分割の損得と(二)作業分割の能否とによりて左右せらるゝものである。

(一)作業分割の損得。技術上から云へば如何に作業の分割が可能で有つても、經濟上不利益であれば分割は出來ぬ。例へば小資本で經營してをる米屋の如きは、會計係、仕入方、注文取、配達夫等を皆一人で兼ねてやつてをる。之を分割して專門に一部分宛を分擔せしむる爲に、多くの人を雇入れても引合はぬ。殊に農業に於ては、耕耘、種蒔、收納等皆其時期を異にしてをるから、手を分け業を配りて、各一事を專業とすれば、何れも皆其服務中の短期間を除き、一年の大半は手を空ふして徒食せなければならぬから到底採用することは出來ぬ。

(二)作業分割の能否。分業が如何程利益であるからと云ふても、繪畫、彫刻のやうに技術上分割の不可能なものは分割することはできぬ。

「分業の利害」は勞働者と、企業家と、社會一般の三方面より觀察せねばならぬ。

一、勞働者の立場より見れば(一)同一作業を繰返すから、熟練を増し、勞働の能率が高まる、(二)各人の技能性格に適當なる作業を選擇することができる、(三)作業が單純であるから、修業年限が短かくて、早く經濟上の獨立ができる三つの利益がある。然るに其反面には(一)作業に變化がないから、健康を害し心神が憂欝になる、(二)技能の發達が偏頗となるから、他に轉業すること六ケ敷く、經濟上の獨立を危くする、(三)作業が平易單純であるから、婦人や年少者も營利に使役せられ一家團欒の幸福を滅殺する三つの弊害がある。

二、企業家の立場より見れば(一)適所に適材を使用することができる、(二)各局部に適當なる專門の機械器具を使用することができる、(三)作業の性質が簡單であるから勞働者の雇傭選擇が容易である、(四)企業の經營は迅速となり、生產物は增加し、品質は改良せらるゝ四つの利益がある。是に反して他の一面には(一)各自專門となり其供給が益限局せらるゝから、一定の消費者の購買力に依賴するの度が愈加はる(二)原料品や機械等の供給を數多の他業者に仰ぐ必要があるから、生產上他に依賴する度が愈々甚しく、爲に企業の獨立を減せらるゝ缺點がある。

三、社會一般の上より見れば、(一)生產物の種類と分量とは增加し、品質は改良せられ、物價は低廉となる、(二)獨立業者の數が增加する利益があるが、(一)經濟組織が複雜となるから、往々生產の權衡を失ひ、恐慌を惹起する虞がある、(二)諸業間の關係が密接になるから、經濟界の神經が過敏となり一局部に起つた變動が、忽ち全般に波及する弊害がある。

右の樣に分業には利益もあれば弊害もあるが、然し成丈け其弊害を豫防し、利益の點を助長することを勗めねばならぬ。何となれば分業を除いては到底、經濟界の進步を望むことは出來ぬからである。

(ろ)身分及び階級の分岐。分業の發達と共に、士農工商等の職業の區別を生じた。

之を身分の別と云ふ。各家何れも其職業を世々にし、親より子に傳へ、子より孫に讓り、權力、地位、名望等が固定的性質を帶ぶるに至り、茲に門地の尊卑が現はれて來た。此社會上に於ける上下の別を稱して階級の別と云ふ。偖此區別は職業の外、人種、權勢等種々の原因より發生し來りたれども、近世自由主義の發達と共に、大抵皆破壞し去られ、財産の多少を以て階級別の標準となすに至り、一世を擧げて貧富の二階級に別るゝこととゝなつた。勿論今日と雖も、智德及び職業の性質等が、幾分か階級別の標準とならぬではないが、上下の區別を生ずる最大なる勢力が財産となつたから、貧民對富豪の問題が一層騷がしくなつた次第である。

第五　國民性

國民經濟の發達上に影響する國民性は、經濟行爲の動機、智識、及び技術の三種に分たるゝ。

一、經濟行爲の動機。經濟行爲の動機中最有力なる者は利己心である。人は此利己心の强弱によりて或は勵み或は懶ける。生活上の心配なき熱帶地方の住民が、餘り勉强しないのは、利己心の衝動が少い爲である。然し經濟行爲の動機は、利己心丈けではない。共同の利益を謀らんとする公共心も亦、一動機に外ならぬ。進化論にては、公共心は利己心より分化したるものであると説くが、其由來は兎も角も、現在利己心の外に、共同心の有ることは疑ふの餘地がない。此共同心の强弱が、國民經濟の消長の上に至大の影響を及ぼすことは、歷史の證明するところである。德義心がなければ經濟は發達せぬ。倫理が經濟に深い關係を有することは總論に於ても說いておいた。

二、智識。智識の高下が經濟發達の上に大關係を有する事は、多辯を費さずして明かである。パプア人と巴里人、生蕃人と東京人の智識の相違を察し、且つ其生活狀態を比較すれば、智識が如何に經濟に關係の深いかゞ分かる。各種の科學が經濟の上に、直接間接に勢力を及ぼすことは、前にも述べた通りである。本邦で云へば、日清戰爭後は蒸汽熱、日露戰爭後は電氣熱、歐洲戰爭後は化學熱の時代であると云はれてをる。經濟の發達變遷と共に、其應用さるべき科學も漸次變化する。英國では近年農業勞働者の不足、賃銀騰貴の結果ダイナマイトを用ゐて畑を耕やす風習が次第に弘まる傾向がある。

三、技術。　技術とは凡て吾人の心的作用を成べく完全に實現せしむる方法を指すのであるが、生産、經營、交易の各方面に亘りて、經濟上に應用せらるゝものである。今其生産上に應用せらるゝ形式を擧ぐれば

(一)原料を節約する上に於て、技術は次の如き作用がある。

(い)少量の原料、若くば廉價の原料にて、所望の結果を收めしむること。

經驗ある火夫が少量の石炭にて、所要の熱量を發生するが如き、巧妙なる技師がパルプにて糸を紡ぎ、硬化大豆油とマーガリンとを混じて人造牛酪を作り、其他安價の原料を以て諸種の代用品を製造するが如きは其例である。

(ろ)効果多き原料を以て効果少き原料に代ふること。

鋼鐵にニッケル、カーボン、タングステン、若くばモリブデンを鎔和して其硬度を増し、一滴の味の素にて料理に風味をつけるが如きは此類である。

(は)廢物と有害物とを利用すること。

戰時中獨逸にては、芥溜に捨てゝある果實の種子を集めて油を取り、古靴下を解き糸を作つて編直した。又洗ひ捨てた石鹼水の內から、石鹼の原料を回收して、再

び實用に供する等の事は、毎度聞くところであるが、我國でも鰒の毒素を採つて、治療用に試みてをる。用ゐやうによつては、廢物でも有害物でも相應に役に立つ。

(二)生產力を增加する上に於て、技術は次の如き作用がある。

(い)人力に代へて成可く機械器具を使用せしむること。

世界で一番手車で糸を紡ぐ事の上手な印度人でさへ、一封度の綿を百二十哩の糸に延べ得るのみであるのに、機械にて紡げば之を二百哩に延べることができる。費用の點から云ふても、人力は馬力よりも五倍、蒸汽力よりも四十倍の費用がかゝるとシエフレーは云ふてをる。機械を用ふれば、生產物の分量は增加し、品質は改良せられ、且つよく均一となり、生產費は減じ、物價は低廉となり、且つ大事業が容易に經營せられる。

(ろ)熟練勞働者を以て不熟練勞働者に代ふること。

技術が進步すれば、熟練勞働者の數が增加するから、次第に不熟練勞働者に代らしむることができる。

(は)分業合力等を採用し、且つ生產の秩序を整美することができる。

分業、合力(卽ち勞力合同)等が產業上に於て、偉力を發揮することは、前に述べた通りであるが、生產に秩序を立て、工場を整美すれば、作業が敏活に行はれ、生產能率が增加する。

第三講　本邦の根本的經濟問題

(一)食料問題。日本の領土面積は世界陸地の二百三分の一あるけれども、山國であるから平地が少ない。現に耕作されてをる部分は、全面積の僅に一割五分位である。それだから一家平均の耕作面積は壹町歩位に過ぎぬ。之を露獨の約三町歩、英佛の約四町歩、米國の約五十町歩に比較すれば、非常な相違と云はねばならぬ。年々增加する約七十萬の人口は如何にして支持して行くか。過去十年間に內地の人口は五千萬人から五千六百萬人となり、一割二分の增加であるに、而かも此間に、既耕地面積は五分の增加を、米產額は四分の增加を示したるに過ぎない。此は國家の運命に關する根本的の大問題である。飜て各國の增加する人口を送る所の植民地を調べて見るに、英吉利が丁度本國の百倍、和蘭が七十倍、葡萄牙が二十倍、佛蘭西が十五倍に當る面積の植民地を持つてをる。獨逸は本國の五倍に當る植民地を持つて居たけれども、今は全部委任統治となつて了つた。こんな風に諸外國では、廣大な植民地を持つてをるが日本には殆どない。朝鮮や臺灣はあるけれども、餘り多くの人口を收容する餘裕がない。併し猶本土に百三十萬町歩、北海道に七十萬町歩、合計二百萬町歩の開墾見込地が殘つてをるから、之を開墾するがよい。且又朝鮮の河川に堤防を作り、耕作法を改良すれば、一千萬石位米產額を增加することが出來る見込であるから此も實施するがよからう。滿洲では日露戰爭後、始めて水田を開いたが、氣候の關係上、長春以北は米作に適せぬ。去り乍ら長春以南に約五十萬町歩程の水田に適した土地があるから、これも日本から往つて作ることにするがよいと思ふ。現に我國は年々多量の外米を輸入し、平時に於ても食料問題には頭腦を惱してをる。一朝不幸にして外國と戰端でも開くことになれば、早速食料に困まる。だから若しそんな事件が起れば、直ちに耕地の振替へにて一時の急を凌ぐ工夫をせなければならぬ。現在桑畠が約五十三萬町歩あるから、其内四十萬町歩程、麥畠に振替ふれば、約五百萬石の收穫がある。よく世間ではよつて、刺戟された大なるものがあつた。 即ち自由貿易論となり、無干渉放任(Lais--seg -Faire)主義の經濟學説となつた。

斯くして大工場は自由に小工場を壓倒して、少數の大資本家は獨りその富を集め、遂には資本の大小によりて、生存競爭の勝敗をトし得るやうになつたので、玆に株式會社を生じ、トラスト(Trusts)を生じ、斯くして專賣(Monopolies)の發達となつた。然し依然として唱へられてゐる標語は「放任せよ世界は自から廻轉せん」(Laissog Fa-ire et p.sser; le mon.e va de lui-même)と云ふものであつて、この標語の下に於いて自主的小工業者は變じて勞働者に伍するの止むなきに至つたのである。 そしてこの趨勢は唯に工業上に於けるのみならず、農業に於いても商業に於いても見られる特色となり、從來の家内工業、小農業、貨幣交易、個人企業、個人勞働は變じて、工場工業大農業、信用交易、組合企業、職工團、勞働となり、愈々その規模を大にした。 之を稱して産業革命と云ふのである。 是に於いて資本家及勞働者の副生階級が漸く發生して、同業組合、資本家組合等の團體が次第に起つて、勞働條件の問題、失業問題、同盟罷工、非溫情主義の問題、工場閉鎖、恐慌、農業工業組織、村落生活の都會化、都市の人口集中、住宅不足等の種々なる新問題が生ずるやうに成つたのである。

經濟問題は卽ち生活問題で、生活問題は生活の困難、主として貧窮より來る問題である。再言すれば、經濟問題の起點をなすものは貧窮であつて、この貧窮に關聯して、財產權問題、租税問題、奢侈問題、物價問題及勞働問題等が起り得るのである。

第二節　貧窮問題

然しながら、現今の勞働問題を單なる經濟的生活問題と考へて了ふ事は出來ない。勞働問題は一面に於いて人格權の問題をも含み、社會組織の問題にも關係するものであるからである。

先づこの經濟問題の端緒たる貧窮の問題より考へて見なければならぬ。

河上肇博士はその著、貧乏物語に於いて、貧乏を三通りに分けてゐられる。第一が金持に對して謂ふ所の相對的貧乏で、第二は救恤を絕對に必要とする極貧で、第三は只肉體のことのみを眼中に置いて、此肉體の自然的發達を維持するに足るだけの物を、假に吾々の生存に必要な物と看做し、それだけの物を持ち得ぬ程度の狀態を普通謂はれてゐる所の貧窮としてゐる。

元來貧窮と云ふことは心的の感じである、それ故にこれを廣義に解釋すれば人間がその有してゐる慾望を滿足せしむる事が出來ない時には、缺乏の感じが起る、これが卽ち貧窮の感じの源泉をなすものである。 それ故に百萬長者にも貧窮がある譯であり又路傍破衣の乞*食にもその者の心的狀態によつては、或は貧窮者でないことになる。

*昔或國の王樣が、その富とその權勢とに於いて、四隣を壓して居るにも拘らず、常に不足を感じ、不滿を訴へて、快々として樂しまなかつた。 そしてこの病氣はどの侍醫もどの侍醫も直すことが出來ない、それで王樣當時は名醫の評判の高かつた醫者を召して、自分の病氣を直してくれ、若し直すことが出來なければ、其方の命を貰ふとまで申渡した。

そこで名醫は私の申上げる藥が手に入るならば必ず御病氣を御直し申しますと答つた。

王樣は自分の富力と權勢とではどんな藥も手に入れることが出來るに相違ない、どんな高價の品なりとも申出ろと申された。

名醫はさほど高價な品でもありませんが、唯だ心のどん底から滿足してゐる人のシヤツを黑燒にして御吞になる時には直ちに御全快になりますと申上げた。

王樣は直ちに四方に人を遣して、心から滿足してゐる人を御求になつたが誰一人、心から滿足してゐる人がゐなかつた。使者も求め疲れて歸路につくと、途中に一人の乞食が路傍に寢てゐた。使者は常談半分に、定めし滿足な生活をしてゐるであらうと問ふた。所がその乞食は微笑しながら起き直つて、ハイ私は心の眞底から滿足してゐます、百萬長者の金殿玉樓でも、この蒼空のやうに高い美くしい天井ではあるまい、寢るに百花咲き亂れてゐる若草の褥があり、掛けるに櫻花の吹雪がある、夜は電燈に優る數百倍の名月がある、私の生活には何等の不足もなく、私の生命は露ほどの不滿を感じてゐないと答へたので使者は大に嬉んで、どうかお前のシャツとこの新しい上等のシャツとを交換して貰いたいと申込んだ。乞食は再び微笑を漏して折角ですが、私には破れた上衣一枚の外に破れたシャツすら着てゐないと答へた。

又その貧窮は單に物質的のみならず、肉體的にも、精神的にも、貧窮がある筈である、卽ち人が社會に於いて占めてゐる地位に相當と認められる丈けの必要品を滿足に消費し、使用することの出來ない場合には、この狀態を貧窮と云ふのである。

然しながら社會問題として問題となる貧窮は、極貧及び肉體の自然的發達を維持するだけの物を持ち得ぬ者、換言すれば其社會の最低生活標準以下及びこれに近似してゐる者である。

ローンツリー氏はこの最低生活の標準を定むる項目を、

一、食物
二、家賃
三、衣服、燈火、燃料等の家事雜品

としてゐる。

第一、食物はアトワータ教授及ノエル・バトン博士の研究によれば、人間は少くとも一日に三千五百カロリー（一キログラム即我二百六十七匁の水を攝氏一度丈け高むるに必要なる熱量を一カロリーと云ふ）のエネルギーと、百廿五瓦のプロテイン（人體組織の物質）を作る丈けの滋養物を吸收せねばならぬ。これを英國に於いて、パン、牛乳及スープで、其費用を計算すると、戰前（一九一一年）で、大人一週間分が三志（我一圓四十六錢四厘）、子供が二志三片（我一圓三錢六厘）に相當するのである。

第二、家賃は學理的に計算するのは困難であつて、實際的に貧民家賃の平均よりして、ローンツリー氏の調査決定したのによれば、英國ヨーク市に於いては次の家賃を以つて標準としてゐる。

間數　　家賃（一週間に付き）

一　一志七片（六十四錢二厘）
二　二志六片（一圓十錢八厘）
三　三志六片（一圓五十九錢六厘）
四　四志七片（二圓十錢六厘）
五　五志九片（二圓六十三錢八厘）

第三　家事雜品は衣服、燃料燈火等で、生活必需品の內、食物と家とを除いた物である。ローンツリー氏のヨーク市調査によれば、男子は一ケ年に付き二十六志十二圓六十八錢八厘）女子は同じく二十六志、子供は二十二志の衣服代が必要缺ぐ可からざるものである。又燃料としては夏に一週間に付き、百封度の石炭一袋（一志三片）、冬に二袋と計算してゐる。其他の雜費を加へ其の家族の數によつて次の如き表を示してゐる、

家族	食物	家賃	其他事の家雜費	總計
男子一人	三志	一志六片	二志六片	七志
女子一人	三志		二志六片	七志
夫婦	六志	二志六片	三志二片	十一志八片
夫婦と子供一人	八志三片		三志九片	十四志六片

同　子供二人	十志六片	四志	四志四片	十八志十片
同　子供三人	十二志九片		四志十一片	廿一志八片
同　子供四人	十五志	五志六片	五志六片	二十六志
同　子供五人	十七志三片		六志一片	廿八志十片
同　子供八人	二十四志		七志十片	卅七志四片

次に米國に於ける最低生活費の標準は、ハンター氏によれば、兩親と三人の子供とで一ヶ年四百六十弗となり。紐育統計局の發表によれば一ヶ年五百二十弗となるのである。然るに我日本に於いてはその標準は遥に低く、東京市は一ヶ月家賃三圓以下月收二十圓以下の者を以つて、貧民となし社會政策學會が大正三年調査發表した所によると、東京に於いて、子供三人の普通家族が十七圓の收入で尙二圓二十八錢の負債が生ずる。

この最低生活費の標準、即ちこの金額丈けでは一服の煙草も喫めず、新聞書籍をも購ひ、子供を敎育する餘力がない、若し家に一人でも病人が出た時には救恤を必要とする者となるのである、この標準は地方により、時によつて異なるのであるが、これを統計して線を以つて表し、この線以下の收入の者は極貧者であり、この線の上にあつて且つ近い者は貧窮者である。この最低生活費標準の線を名づけて貧乏線(Poorline)とも云ふのである。

以上は收入卽ち物質的に貧窮の如何なるものなるかを明にせんとしたのであるが此處に觀過すべからざるものは貧窮者たるの感念である。或る學者はこれを貧窮者たるの自覺と說いてゐるが、中には自己が決して貧窮者でないと云ふ、卽ち理性に於いて否定して居りながら、情に於いて、貧窮者の一人であることを肯定してゐる者がある。所謂貧民の中には相當、否、所謂中產階級なりと自負してゐる者よりも、遙に多くの收入を有して居りながら、其社會に於いては眞の貧窮者と同じき地位を占め、同じき效果を社會に及ぼしてゐる多くの者があるのである。之に反して古來から「武士は食はねど高楊子」と或は「渴しても盜泉の水は飮まず」と云ふが如く、假令その收入は貧乏線に近く困難してゐながらも、自己の貧民たるを肯せず貧民と伍し、貧民として行動することを潔としない者*がある。そしてこの感念は主として日常從事する家業、或は住居する地域によつて左右せられることが大である。

＊大正八年米暴動の結果、布施米或は特別廉賣をした時に、實際は所謂貧民よりも窮してゐても、下級月給取の細君が風呂敷を以て一升の米を買ひに行くことが出來なかつた。そこに中產階級だと云ふ自負心がある。然るに中にはこの下級月給取よりも數倍の收入ある勞働者の女房が此時だとばかりに廉賣米の買溜をする、自分等はどうせい日雇人だ、勞働者だ、貧乏人だと、自分で自分の耳へこの言葉を浴せて理性を滅却さしてゐる。

次にこの貧窮者をその原因よりして、必然的の者と、然らざる者とに分けることが出來る。その原因が個人的にはその一家の生計の基礎をなす父兄の疾病、死、不具、老衰、低能、發狂、或は無敎育、又は家族の過多による者が前者であり。怠惰、飮酒、賭博、奢侈、女色、貯蓄心の缺乏、濫費等によるものは後者である。

その社會的原因は、その社會裡にある以上、主として必然的のものであつて、機械工業卽ち大工場、大農制の發達、人口の都市集注、天災地變、政府の惡政、租稅の重加、戰爭の頻發、失業、利子、手數料口錢の重複或は高率、低廉なる賃銀、物價及家賃の騰貴等に存してゐる。

斯くの如くして、產業の發達と富の激增とは一般國民に均等なる幸福を齎さずして、徒らに自由競爭と、資本家生産とは富は富を集めて、益々富み、貧は貧に陥りて益々窮し、茲に貧富の甚しき懸隔を生じたのである。

元來貧といひ、富といふ、之れ共に幾分比較的の事實であつて、兩者の懸隔は貧富兩者の増大によりて生じ、或は兩者の内その一の増大によつて生ずるので、近世此問題の原因をなすものは貧の増大ではなく、寧ろ富の増大に由るものであると論ぜられてゐる。

第三節　財産權の問題

茲に富者の財産に對して疑問の矢を放ち、既に一六七九年、英國に於いて人身保護令 (Habeascorpus act) となり、一六八八年、名譽革命に於ける權利宣言 (Declaration of aights) となり、就中ロックの學説によりて刺戟され、次いで一七七六年アダムスミスの富國論となり自由貿易、自由農業、自由工業の唱道となり、更に佛國に流れてモンテスキユーの法律原論(F'esprit deslais. 1748)となり、ルソーの民約論(Le Contrt social. 1762)となり、同じく敎育論 (Emile. 1762) となつた自由放任、Laisseg alleg lasseg faire (= Letgo, let alone) の叫びは大なる反對の聲を惹起したのである。

此の反對の響音こそ社會主義の絶叫である。

社會主義者は思ひらく、現代社會の病弊に根底を與ふるものは私有財產の制度である、即ち私有財產制がなければ、最も激烈なる經濟的の自由競爭は衰へる、隨つて貧富の差異は消滅する。　それ故に人類の幸福を致さうとするならば、自由競爭と私有財產制度とを二大條件とする現今の社會制度を破壞して、生產は自由競爭に代ゆるに官業或る意味に於ては豫算的生產を以つてし、一方私有財產制も之を廢して國有とする所の新社會を打ち立てなければならぬ。

若し現今の社會狀態とこの趨勢とに委して置くならば、世界の資本は遂には二三の資本家に集つて、其他の人類は總て勞働者となるのである、この私有財產制を除し去る時には、現今の社會問題の大半は消失して了ふと論じてゐる。

又無政府共產主義者はより一層猛烈にこの私有財產制に反對して、プルドン(Proudhon)の「私有財產とは何ぞや」(Qnest-ce que la propriété? = was ist Eigentnm?) は共產主義者の聖典《バイブル》とさい考へられてゐる。

プルドンは、「何人にも屬せざる物品は先づ之を獲得することによつて其人の所有物となる」と云ふ經濟學法律學上の財產所有權說は誤りである、其の理由は如何に人口が增大しても、地球の面積は決してこれに相伴ふて增加しない、一定不變である、そうして見ると「何人にも屬せざる物品は先づこれを獲得することによつて其人の所有物となる」と云ふことも是認するならば、地球上の有限なる財產は悉く占有されて後世に生れて來る者は全く財產が無くなる理由である。世界の始めに於て地球が何人の所有でも無く、神樣によつて地球が創造せられたものとすれば、永久に地球は神の所有物である。それ故に地球は神が人類に自由に賦與したものであつて、吾人人類は自己の勞働によつて生產したるもののみを所有することが出來るけれども、土地の如きは元より共有財產たる可きであつて、道路などがその好適例である。尙又土地を自由に利用するには勞働要具を何時にても勝手自由に使用せしめねばならぬ。それ故に私有財產は其本源に於いて盜品である。又私有財產を有する者は何等の生產行爲をもなさずして、他人の勞働の結果を消費し、其の生產物の價値を勞作によつて正當に決定せらるゝ額より、地主、或は資本家に利得を取らるゝ所から、其の利得だけ生產物は眞の價値より騰貴せねばならぬと私有財産制を否認してより、此問題は脈々として今日に及んでゐる。

※「私有財産制とは何ぞや」は一八四〇年にベサンソンアカデミーで書いた懸賞論文であつて、"Qu'est-ce que la propriété?" と云ふ問に對して、"La propriété C'est la vol"（私有財産は贓品なり）と答へたものである。然し乍ら彼は全然の共産主義を唱へた者ではない。彼は私有財産主義が、強優者が弱劣者の生産を盗むと同じく、共産主義は弱劣者が強優者の生産を盗むものである。即ち私有制度に於いては各人の體力、智力、境遇、運命、遺産、勞力等によつて、不公平不平等が起り、共産制度に於いては各人の才能、勞力は凡庸化し、各人の心意を折壓して了ふから、土地及勞働要具を共産制とし、勞働によりて得たものを私有制とすると論じてゐる。この説には色々不完全の所があるがそれは思想問題の章に讓ることにする。

第四節　租税問題と奢侈物價問題

この私有財産權が最上だと云ふ説と、否や、共産でなければならぬと云ふ論との中間を行かんとする者が、此に租税問題を呼び起して來た。殊に土地、土地の中でも特に市街地の如きはその土地を所有する者が、その土地に對して何等の勞力をも加へず、何等の思慮をも費さないで、交通の關係、人口の集注等の社會的原因によつて、地價は騰貴し、隨つて地代は騰貴して、巨額の富を得るやうになる。或は又今迄土百姓で僅の土地を持つてゐたのが、其の地方に鐵道なり、電車なりが敷かれた所から、住宅地とし、或は商業地として最好の地となり、農業を廢して宅地とし、これを貸與して農耕時代の收入より數倍、甚だしきは數十倍を取るやうになる。又或者が家屋を所有してゐた所が、其の家の前が電車の終點となつた所からその家は造作賣と云ふ名義で其の住宅權を數千圓で賣却し、そして依然相當の家賃を取つてゐる。これは明に所有者自己の勞力又は智力に由るものでなくつて、大部分社會的の原因によるのであるから、不當利得である、それ故にせめてこの不當利得でも、如何にして社會へ廻收するか、其の一つ手段手續として租税に由つてこれを實現しやうとする。

即ち累進的に富者には重く、貧者には輕く租税を課すやうに、又は奢侈品は主として富豪の消費し使用する物であるから、奢侈品には重税をかけ、同じい自動車でも荷物運搬車或は商業用は車税が安く、自家用は高くする。獵銃にした所で職業とする者には安く、娯樂家には高い。

或は最近の如く所謂成金稅としての戰時利得稅とか、遊興稅とかを課して富豪より多く取り、貧窮者より少くしてこの隔絕を調和し減少せしめんとするの論議がある。又稅金を色々と分けて取るのは宜くない單稅にしなければならぬなど色々の問題を含むでゐる。

この租稅問題と表裏してゐる問題に奢侈問題がある。或論者は現今の人類が有してゐる資本(勞力を加へた土地、加工した自然力卽ち水力電氣等をも含む)と費してゐる勞力とで、地球全體の人類を相當高い程度の生活をなさしめるに充分である。然に世界の各國が各々その人口の過半數以上を貧乏線附近に持つてゐて、地球上には永久に天國の降り來ることもなく、理想社會の實現することもない、貧の無間地獄に陷つて、葱の枯葉すら差し延べてくれる女神さいないのは一體どうした事であるか、これは第一に社會の一部分の者が飽くなき奢侈をして、この奢侈品を生產する爲に、資本も勞力も生活物資を生產する方から、掠奪されてゐるので生活物資は常に不足を生じ、隨つて貧民を續出せしめるのである。要するに奢侈は社會の反面に於いて、貧民を生んでゐるのであると大體述べてゐる。

奢侈の增進は他方に於いて、風俗の廢頽、犯罪の問題等をも惹き起し、又轉じて物價の問題と變じて來る。物價問題は通貨の問題と大なる關係を有し、他方生活難の問題とも密關して、經濟學上興味ある問題である。殊に最近歐洲に於ける各國は、その物價に於いて急激の騰貴をなし、吾日本もこの大影響を蒙つて、繫索を斷れた氣球の如く、上昇してゐる。その原因をなすものに、人口の增加、都市人口の集注、生活狀態の向上、奢侈の增進、通貨の膨脹、信用證劵の濫發、通貨流動の速度及回數の激增、投機、生產額の減少等であつて、殊に生活必要品の騰貴はその生活の基礎を脅し、生活の不安は人を驅つて思想の惡化に趣かしめる。

物價の騰貴中、其の主位を占むるものは主要食糧品、日本に於いては米價の騰貴である。この米價が騰貴する時は必ず物品を盜む犯人多くなり、これに反比して人を傷害する犯人は少くなる、然るに米價が低下する時はこれと全く反對に物品を盜む犯人少くなり、人を傷害する犯人が多くなることは社會に於ける面白き函數の現象を有してゐるものである。

日本に於ける最近の米價は著しく奔騰し、一般物價との均衡を破つて經濟界をては中臣、及び忌部、又地方では大小の長官が皆祭祀に從事したのである。國造《クニノミヤツコ》、伴造《トモノミヤツコ》、君別《キミワケ》、縣主《アガタヌシ》、稻置《イナギ》などがそれであつた。

普通の神社に於て一般の人々と神との間をとりもつ事を職務として居つたのは、祝部《ハフリ》であつた。職員令義解《ショクインリョウギゲ》に祝部のことを說明して祝部は祭主のために贊辭する者なりとある。この外、古典には、神主《カムヌシ》或は齋主《イツキヌシ》といふ名稱が出て居るが、兩者とも同意義の稱呼で、神にイツキマツル主《ヌシ》といふ意義で、司祭を專門とする者の稱呼ではないと思ふ。元老宗臣が勅命を受けて神主となり、又時に臨んでは、天皇親しく神主となり給ふたこともあるのである。詳細は判らないけれども要するに行政上の職務には關係なく專ら祭祀のことに從事した者は齋王と祝部とであつた。

次に注意しなければならぬ事は司祭者の身體を淸淨にすることである。もとより身體だけの淸淨ではない、身體の淸淨から進んで精神の淸淨を必要としたことは勿論である。何れの宗敎に於ても靈肉の淸淨は神に接する最も重要な要素であるが我神道に於ては殊に歷史的、傳統的に非常に大切な意義があるのである。即ち神道に於て淸淨を重んずるのは、神代以來のことで、神に近づく時は常に其身心の清淨を必要としたのである。神代の昔伊邪那岐神が竺紫《ツクシ》日《ヒ》向《ムカ》之橘《ノタチバナ》小門《ノヲドノ》阿波《アハ》岐《キ》原《ハラ》の速瀬で身體を淸めて禊祓《ミソギハラヒ》をなし給ひしを始め、古事記、日本紀には沐浴齋戒して神に祈り、神を祭ると言ふことが屢々記載されて居るのである。されば專ら祭祀に從事する司祭者は殊の外、身心の潔白を必要としたのである。齋王《イツキワウ》を擇ぶには未だ嫁せざる皇女を卜定されるのであるが、齋王が齋宮に入り給ふまでにも幾多の祓の式を行はれたのである。

奈良東大寺の二月堂で、毎年二月に行はれる修二會《シユニエ》は南都に於て著明な修法の一で、奈良朝の昔から今に至つて尙行はれて居る。此修法の前業として神道の儀式がある。此修法の本法は十一面觀音悔過《ケクワ》の法といふ。而して其神道的儀式といふのは山下の一屋内に於て行はれるのであるが、本法を修する者等は、皆先づ此一屋に籠り、聖火を用ひ俗人と交通を斷ちて忌み淸めた食事をなし、紙衣紙帶を着し、豐島蓙《トヨシヤゴザ》を敷き、各自の座席は中臣祓をして淸め、他人をして坐せしめず、毎晩神名帳を讀み上げるのである。此儀式は七日間續く、其がすんでから始めて本法を修めるのである。こゝには只佛致の儀式に古神道の儀式が行はれて居ることに注意して置く。

司祭者の祭服についても清浄潔白といふことが非常に重んぜられた。延喜式大嘗祭の神服の條を見ても其の昔のさまが想像される。即ち祭服を調製するには、常に忌み清めた、場所材料、道具を使ひ、又其事に從事する人々も齋み清まつて作業すべきことが規定されて居る。

第四節　神人關係の文化史的觀察

何れの民族に於ても、其の民族の崇拜する神の神格といふものは、其の人民の有する文化の程度と密接な關係を持つて居るものである。或學者も其の民族の有する神は其の社會的及び政治的觀念の直接反影して居るものであるとも言つて居るが、要するに一民族の有する神の神格といふものは其の社會的背景から必然的に生れ來るもので、外來の神でも其の民族の信仰を受けて居るものは必ず其の社會的風俗や社會的理想によつて彩られるものである。

次に或民族が其の神に對する價値觀念は其の民族の文化の程度を知るべき標準と見ることが出來る。

さて當面の問題は、我が上代に於て我等の祖先が神道の諸神に對して如何なる態度を取つて居つたかといふことである。然しこの問題に入るに先き立つて、魔術と宗教の區別を知つて置く事が必要である。魔術は、萬有を機械的に解釋せんとするもので、神靈の力を崇拜すべき、超越的實在と認めることなく寧ろ手術を施し或は壓服することの出來るものと考へるのである。然るに宗教は普通の說では神が或人格的力によつて世界を支配して居るもの丶樣に理解されて居るのである。而て此神に供物を捧げ或は種々の儀式を神前で行ひなどして此神の人格的力の愛顧を受けんとするのである。卽ち神を自己の保護者にせんとするのである。

更に一歩を進めて魔術的態度と宗教的態度の區別を明かにしなければならぬ。社會的價値と言ふものは、或社會的の條件を持つて居なければ、其の價値は永續し難い。多くの宗教は皆この一般的根據の上に現はれるのである。然るに魔術に對する態度は個人的である。例へば他人を害せんとして神に願をかけ、其の害せんとする人の像を作つて其を神社の樹木などに打ち付け、釘で全身を打ち貫いて呪詛するの類である。近年まで行はれて居つた丑時參《ウシノトキマヰ》りといふのは、斯様なことをするのである。之に反して宗教的態度は、常に社會的價値によつて定まるもので、フレーザーの說では魔術は宗教の前驅であると主張して居るが、この說は多くの學者が反對して居る。蓋し魔術と宗教とは、よし其の間に類似點はあるとしても思想の系統を異にして居るのである。

さて我が上古に於ける神人關係を見るべき占法、誓、祝詞、其他種々の祭儀に於て魔術的思想からして神を壓服して自家の都合のよいやうに役立せやうとする思想は少しも無いのである。ひたすら神の聖旨に從はんことを是れ務めたのであつて、種々の占法は唯神の意思を知らんが爲めである。神を說き伏せやうと言ふやうな考へは認められない。要するに神の意思に從ふことは幸福のもとであると言ふ信仰に滿ちて居つたのである。これ卽ち社會的の要求であつたのである故に其の神人關係は當時に於ては、もとより宗教的關係であつたけれども、そこに又一種の理想なるものがあつた。卽ち其の神に求むる所が聽かれないからと言つて直ちに其の神を去つて省みないと言ふが如き態度には決して出ないのである。かゝる場合には、ひたすら自己の行爲を省みて其の行爲の誤れるを正し、神の欲し給ふ所を更に知らんとして種々の祭儀を行つたのであるから、そこに倫理的要素も認めることが出來る。

されば我が上代の神人關係は宗教的であり、而して既に倫理的要素を持つて居つたのである。

第三章　神道祭祀の根本觀念

第一章及び第二章に於て吾人は神道の起原を說明したのであるが、其の說明稍々多岐に亘りしため、祭祀の根本觀念を得るに不十分であつた事と信ずる。故に更に其の要旨を敷衍して祭祀の根本義を明かにして置くことは、今後の研究に必要であらうと思ふ。

既に明かであるやうに、我が國は、祖先崇拜の國である、そうして我が國民の祖先は皆神である。其の神々に天神《アマツカミ》と地祇《クニツカミ》との區別があつた。天孫に從ひ此の地に天《ア》降りたまひ、或は天孫と相前後して降り給ふた神々を天神と申し、天孫降臨の時既に久しく此地にあつて一地方を領有したまひし神々を地祇と申した。さて天神地祇のうちで中心の神と仰がれたまひしは、伊邪那岐、伊邪那美の二神である。天照大神は卽ち那岐、那美二神が天下の主たるべき神として生みたまひし神で、代々の天皇は卽ち天照大神の子孫である。故に代々の天皇が祖先として祭りたまふ此の大神は此國土に於て子孫を有したまへる天神地祇の間にあつて最も尊き中心の系統を繼ぎたまへる神である。それであるから、古來他の天神地祇も勿論祭られたのであるけれども、其の神々の恩澤は必ずしも國民全體に及んで居ない。之に反して天皇が天照大神を祀り給ふことは、豐《トヨ》葦《アシ》原《ハラ》瑞穗《ノミツホ》の國の創造主である那岐那美二神及び其の祖先である造化の三神を祭り給ふことにもなるのである。

この故に生を此の國土に受けて居る者は、皆代々の天皇を大祭主と仰ぎ、其の祭事のみてしろとして弓《ユ》弭《ハズ》、手《タナ》末《スヱ》の貢物を奉つて來たのである。毎年新穀の熟するとき國民は天皇を通じて天照大神が米種を吾々に與へ給ひしその神恩を奉謝し、國に大事のあるときも亦國民は天皇を通じ、天照大神に奉告して其の加護を祈る。何となれば天皇は天照大神の直系の子孫であるから大神は何人の祭よりも天皇の祭を受けることを最も喜びたまふべきことは洵に祖先崇拜の根本精神であるからである。而して天皇が祭祀を以て皇室の大事となしたまへる所以のものも亦實にこゝにあるのである。天皇が天照大神の大祭主たる關係を持つて國民に君臨し給ふ所に我が國體の尊嚴があるのである。皇室祭祀令制定の理由書にも此の關係が明瞭に述べてある。『神を敬するは祖先を尊ぶ所以、歷聖相承けて以て皇統を萬祀に垂れ、治教を億兆に敷く、報本反始の義を昭にするより先きなるは無し。蓋神人源を一にし、上下祖を同じくす。上其孝敬を盡して以て下を維繫するは卽ち寶祚を無疆に享け國體の尊嚴を固くするの道なればなり』。

古來天皇の祭り給ふ神は獨り天照大神に止まらない。八神及び天神地祇を同時に祭らせ給ふて居るのである。蓋し他の天神地祇は我が國家の經營に功績のあつた神々であるから天皇が親しく祭りたまふのである。されば其の神々にとつては、無上の光榮であると共に大いなる喜びである。其の子孫たるものも亦大いに光榮としなければならぬ。

然し、直接天皇の祖先を祭り給ふことは、もとより祭祀の主たるもので、八神及び其の他の天神地祇を祭りたまふのは祭事の從たるものである。故に伊勢の神宮及び宮中の賢所《カシコドコロ》の祭祀は、最も重要である。賢所は三種の神器の一つである八咫鏡の模造が奉安してある所で、神宮と同じく大神を祭り給ふ所である。次は代々の天皇の靈代《ミタマシロ》、皇妃及び皇親を祭り給ふ皇靈殿の祭祀で、最後に天神地祇の祭祀を神嘉殿にて行ひ給ふのである。此の順序は自から皇室祭祀事務に於て無文の典則であるといふことである。

此の關係は神宮及官國幣社の祭祀に關する制度の沿革について見ると更によく理解される。神宮は古來制度の上に於て、他の一般神社とは、全く其性質を異にして居る卽普通の神社の樣に位階品位《ホンイ》を受け給ふとは絕對にない。又神宮を內《ウチ》宮《ミヤ》と稱されるのは、內裏の義であるから全く他の神社と性質の異ふ點がよく判る。

さて神宮に於て大神を御祭りになるのは、單に其の神靈を祭り給ふ義ではない。漏れ承る所によると全く天照大神の現身《ウツシミ》の安臥したまへる御有樣に奉安してあるとの事で、寶鏡の外に、御衣、御枕、御靴等すべて然るべき場所に安置してあるといふ。此によつて大神の現身をお祭りになつて居ることがよく理解されるが、こは上代のまゝを今日に御傳へになつて居るものと思ふ。

現行の神宮官制に於て大宮司以下の職員は政府の任命する所であるが、その上に臨み祭祀を綜覽したまふ祭主は天皇の御親任された皇族か、又は公爵である。さて祭主は官制にあるけれども官吏ではない。故に一切內務大臣の命令を受けない。これ天皇の御名代として常に派し置かれる大《オホ》御《ミ》手《ナ》代《シロ》である。崇神天皇の御代に大神の祭祀を宮中から分離された時に豐鍬入姫命を御手代として齋《イツ》きまつらしめ給ふたのが此制度の起原である。然し此と同時に國家が神宮の奉祀に關係を持つて居るのは皇室の最大祭祀に對する國家の奉祀である。要するに神宮は皇室の延長であると同時に一般の臣民にも參拜を許されて居るのであるから此點に於て神社たる性質を備へて居る。卽ち神宮が我が祖先崇拜の中心である事實は、實に此間に磐石のそれにも勝り、嚴然として存在して居るのである。

伊勢神宮以外の神社は、すべて內務大臣の管轄に屬して居るが、其の中には、特に皇室の奉幣を受ける神社もある。此場合に於ける皇室の奉幣は、其の神社に對する特殊の優遇であつて、神宮の場合と趣が異ふ。而して一般神社の祭祀は、其の土地の氏子が重な祭主である。即ち其の地をうしはき給ふ神に對して氏子等が感恩の誠を致し、尙將來のために祈るのである。官國幣社にありては、其の地の地方官が最も重立つた代表者として其の神社の大祭には奉幣することになつて居る。此制度も現代に始まつたのでなく、長い歷史を持つて居る。即ち大寶延喜の制によつて神社行政の制度が成立して以來中央政府には神祇官といふ特別の官を置いて祭祀に關する事務を總覽せしめ、地方に於ける神社の祭祀は其の地方の國司をして直接其の事にあたらしめたのである。即ち國司が新らたに赴任した時は、國帳に記載されて居る神社を巡拜したのである。又後には管內の或神社を特定して鎭守神となし人民のために祭祀を執行するやうになつたのである。

さて官國幣社以下一般神社の祭祀も天照大神の祭祀と其の根本義に於ては異る所はないのである。即ち單に其の神靈を祭るといふ義ではなく、やはり其の神が現神のまゝにいますが如く奉祀する事が本領であるのである。此の根本義は各種の祭儀に於て明かに現はれて居る。嚴重に古式を遵守して居る神社にあつては日々三度の御食事として御饌《ミケ》を進奠する。又嚴島神社や國幣中社住吉神社の如きは毎年嚴かな儀式を執行して御衣を奉獻する。又其の地方に起つた重大なる事件は其地の氏神に報告する。近頃では入營除隊の靑年を一々其の氏神の寶前に奉告する事などは餘程廣く行はれて居る。又神幸式の際に祭神が神輿に移乘され或は神馬に乘り給ふ儀式なども古來全く現身のさまに模して執り行はれて居る。神社建築の樣式は餘程變化したものもあるが、大神宮は昔の皇居を模されたものと思はれる。又出雲大社の大社造りは全く太古の住宅に模したものである。要するに神道の儀式は全く祖先を崇拜する思想の形に現はれたもので昔ながらの樣式を保存し、古儀を存して居ることは、我が國體の歷史を語るもので記錄以上の記錄であつて、神社祭祀の根本親念の一部をなすものである。

祖先崇拜の形式は、多少異るものもあるが、其の原始時代に於ては、家長自からが祖先の祭祀を掌ることが、本義であるから其の供物は家長が撤下して家族に分配するやうな習慣も生れて來るのである。我が國で神社の撤下品を氏子に配付するのも此思想から生れたものと思ふ。然し祖先崇拜の根本觀念は、能ふ限り祖先の遺訓に添ふことである。即ち我が國に於ては國民全體が天照大神の神敕を奉じて國家の隆昌を計ることである。又地方に廣く散在して居る天神地祇の神社に對する其の氏子の態度は其の神々の加護によつて彼等の祖先が代々の天皇を助け奉つて我が國家の發達に貢献する所のあつたやうに今日も將來も天皇の御經倫を大いに助け奉る所がありたいといふ信念を以て崇敬することで、これが卽ち敬神思想の根本義である。

然るに神社の祭神のうちには、其の地方の民の祖神と認められない神も少からずある。又全く別の性質から發達したもので自然現象を神格化した神や拜物敎的由來の神なども少くない。かくの如き神を祭つた神社も長い歷史的發達によつて全く其の地の住民の祖神たる神格を得たものもある。又全く低級な自然宗敎的或は又婬祀邪敎の纔かに其の餘命を繫いで居るものもあるが此等は皆健全な宗敎及び社會敎育の進歩するに從ひ次第に其の影を隱すべき運命を持つて居るものであるから直ちに其神を葬り去らなくても社會の健全な發達さへ十分に講じて居るならば必ずしも恐るべきものではあるまい。

されば神社の本領はどこまでも祖先崇拜でその神々の神格は色々に表現され

て居るが、絶對的善神にまします天照大神の神德に化せられた善神であるといふ信仰を敬神思想の對象として居るのである。從つて神を祭るとともに自己の幸福、國家の隆盛、平隱をはじめ一般に攘災招福を祈るのである。

然しながら祭神に神饌《ミケ》、神衣《カムミソ》を供へ或は神前に歌舞音曲を奏して神意を慰めるのは、つまり兩親に仕へて其の肉體的享樂に不自由ならしむる程度の奉仕であつて、これだけでは、孝としても未だ全しとは言ひ得ぬ。天照大神の神敎に「此の鏡は專ら我が御魂を爲して我が前に拜する如くいつきまつれ」と仰せられて居るのはかゝる外形的奉仕のみを意味して居るのではない。天照大神が天石窟《アメノイハヤ》に隱れ給ひし時、八萬神々は種々《クサグサ》の幣帛を奉つて大いに神意を慰め奉つたのであるが、最後に須佐之男命の暴行に對して祓具《ハラヘツモノ》を科して其の罪を清めた。蓋し天照大神は其の父神、伊邪那岐命が、身禊《ミソギ》をして全く清まり給ひし後に始めて生れ給ひし神で、絶對に穢を忌み嫌ひ給ふ神であるのみでなく絶對的善神にましますことは須佐之男命の暴行と對立して明かに示されて居るのである即ち皇祖天照大神は穢と罪を最も忌み給ふ絶對的善神である。故に大神に奉仕するに當つて根本的に必要な態度は、罪穢を祓ひ淸めることである。これ卽ち神道祭祀の內面的要素である。而して神代卷の禊祓は神話の形によつて此の內面的要素を記述したものであるから神道の奧義を開くべき鍵はこゝに求めなければならぬ。故にこれを只一遍の說話傳說、敢へて重んずるに足ずとなし、輕々に看過することは出來ない。思ふに此の神話傳說は、我が建國當時、彼等の敬神思想を支配しつゝあつた觀念である。初めはそれを語り傳へたのを、後に神代卷に見るやうな形に於て記錄に留めたものと思ふ。故に此神話は歷史の思想的方面の記錄として最も重大視すべきものである。蓋し穢を忌み罪を祓ふことは神に對する信仰的態度としてのみ生れたのではない。元來日本《ヤマト》民族の最も忌み嫌つたものは、穢と罪とであつたのである。卽ち我等の祖先は、その社會的生活に於て日常これを重んじて來たのである。而してその美風が祖先を祭る態度となつて現はれて居るのである。故に吾人は穢惡を卻け、齋戒するを以て神道祭祀の原則であると言ふのである。此の原則を守らない祭祀は、たとへ形式は如何程立派であつても、祭祀の本義を沒却したぬけがらである。

されば、如何にすれば最もよく此理想を實現し得るかといふことは、古來官民の重大問題であつたのである。從つて此に關する種々の制度、神事、儀式其の他の風俗習慣が生れたのである。

大寶令によると、獨り祭事に奉仕する者だけでなく、百官有司皆齋戒する義務があつた。而して又同令によると大祀には三ヶ月の齋《イミ》をしたのである。齋には又散齋《アライミ》と致齋《マイミ》の別があつて散齋三ヶ月、致齋三日となつて居つた。後に散齋は一ヶ月に改められた。散齋は大忌《オホイミ》又は荒忌《アライミ》といひ、此期間諸司は平常の通り事務を執るが喪を弔ひ、病を問ひ、刑殺を判じ、罪人を決罰し、音樂を奏し、又穢惡の事に預る等の事はすべて禁せられて居る。致齋は小忌《ヲミ》又は眞忌《マイミ》といひ、此期間は一切自餘の事を斷ち、唯祭祀の事にのみ從事する。神職の齋戒に關する現行の內務省令もその淵源をこゝに發して居る。卽ち其の第一條に言ふ。「祭祀ニ奉仕シ又ハ參向スル者ハ大祭、中祭ニハ其ノ當日及前日小祭ニハ其ノ當日齋戒スヘシ」第二條に「齋戒中ニ在ル者ハ喪ニ與ル等其ノ他凡テ汚穢ニ觸ルルコトヲ得ズ」と。又祭祀令第六條には「喪ニ在ル者ハ祭祀ニ奉仕シ又ハ參列スルコトヲ得ス」とある。又各神社の

大日本最初の轉法輪

――大乘佛敎の道德的精神――

文學博士　村上專精

（一）序

轉法輪とは說敎のことである、而して印度に於ける最初の轉法輪は、釋迦嘗て成道したまへるや、まつ鹿野苑に趣き豫て、釋迦に隨身せし憍陳如等の五人のために苦集滅道の四諦の眞理なる所以を說かれたのが最初の轉法輪であるといふことはなりて居る。彼の華嚴經の如きは其の所說となれるも、是れは歷史上の事實としては暫く避けて置くのが至當であると思ふ、依て印度に於ける最初の轉法輪は鹿野苑に於ける說法にして、今傳へられし阿含經の如き卽ち是なりといふことになりて居るのだ。しかしながら今は印度の事を論するのでない、日本のことを語らんとするのだ。卽ち日本最初の轉法輪を語らんとするのである。日本最初の轉法輪とは申すまでもなく聖德太子の講經である。

太子が推古朝六年四月十五日書紀によれば推古朝十四年天皇の勅命を奉じ、宮中に於て勝鬘經を講じたまひしは實に日本最初の轉法輪である。是より先き佛敎の講義が無かつたとは言はれぬ、余は必す有つたことゝ想ふ。然りと雖も史乘文献徵すべきものがないのだ、文献の徵すべきものあるに依れは、推古朝六年を以て、勅命に依り、宮中に於て、イト嚴かなる御儀式の上に行はれし太子の講經を以て、日本最初の轉法輪と爲さゞるを得ぬのである。是を以て今此に日本最初の轉法輪と題したのは外でない、聖德太子に依て勝鬘經のことを少しく語らんとするのだ。

(三)　十大受と三大願

但し今此に勝鬘經全部を講ぜんとするのでない、本經全部は十四の章段を以て成れる一卷の文字であるが、其の中の第二と第三とに當る十大受章と三大願章とを略述し、以て大乘佛敎の道德的精神を語らんとする考である。勝鬘經とは具さに「勝鬘師子吼一乘大方便方廣經」と題命してある。即ち題目の如く本經は大乘中殊に一乘敎に屬すへきものにして、彼の法華や華嚴等と同等に位すべきものである大乘中第二級以下に降るべきものでないと謂つて可い、所謂如來藏緣起の旨を以て全部の本領となし、絕對的大眞理體上に立ち、何事も此の大眞理卽ち如來藏の立脚地よりして說破せんとするものである、しかしながら此の如きは畢竟理論に過がない、實行の方面をいへは、第二の十大受章と第三の三大願章とに示された、十受三願にありと謂ひたい。應用的道德は殊に此の十受三願の中に存すと申したい。吉藏の寶窟にも既に「十受三願明修菩薩行」と謂つてある。太子が嘗て勅命を奉し特に此の勝鬘經を講じたまひしも、聖意の存するところ恐くは又此の十受三願にあつたことであらう。

されは十受とは何ぞや、曰く十受とは十戒である、但し大乘の十戒にして小乘の十戒でない。不殺生、不偸盜、不邪婬、不妄語、不綺語、不惡口、不兩舌、無貪、不瞋、不邪見、の如きは小乘の十戒であるが、今は大乘の十戒にして小乘の十戒でない、大乘の十戒といふ中にも梵網經所說の十重禁とも違つて居る、これは勝鬘經に限る大乘の十戒と見て然るべきである。此の十戒は、小乘の十戒に比するに精神的なるのみならす、又頗る寬を意義を有つて居る、殆んど無限の意義が含まれて居ると申してよい。而も之を吾等日常生活の上に應用して考ふるに、一一皆頗る適切な心得事である、宜しく十戒の一一に就いて靜に考慮して見るがよい。

さて三大願とは十戒に就いて起れるものである、十戒の中にも積極的行爲の意義なきにあらざれども、凡そ戒といふ名稱は消極的なる止惡の意義にして積極的なる作善の意義でない、而して願といふは作善の意義卽ち積極的意義の名稱である。故に十大受の戒に對して次に三大願を置いたものと見える、されは如何なる願なりや其は次に至りて知るべきだ

(三) 十大受章の大意

イ 第一受

經曰、世尊我從今日、乃至菩提、於所受戒、不起犯心、

(譯)世尊よ我れ今日以後佛陀の地位に到達するまて、嘗て受くる所の戒律に於て誓つて犯心を起さず。

是れ卽ち小乘戒と大乘戒との相違を示した經文である、言ひ換れは形式的小乘戒の上に更に大乘戒の精神を加へたのだ、凡そ小乘戒なるものは形式的であるが、今

や之を形式的ならしめずして精神的ならしめ、已に受くる所の不殺生戒又は不偸盗戒等に於て唯之を犯さざるのみならず、之を犯さんとする心をも決して起さぬといふのである。かくの如きは言ふべくして行なひ難きことのやうであるが、若し夫れ大乘の敎義を信ずることの深きに達すれは、又必すしも難きにあらざる所以がわかるのだ。

ロ　第二受

經曰、世尊我從今日、乃至菩提、於諸尊長、不起慢心、

(譯)世尊よ我れ今日以後佛陀の地位に到達するまでは決して諸の長者に向つて慢心を起さず

吾人の道德上長者を尊重するといふことは最も大切なことである、明治天皇が「恭儉己を持す」と宣へさせられたのも、畢竟長者を尊重し慢心を起さぬやうにせよとの叡慮であると拜察せねはならぬ。

然るに近來漸く此の美風の頽たれ來る傾向頗る著しきやうに思はれてならぬのは眞に憂慮の至りである。彼の孟子が「長者の爲めに枝を折るが如きは能はざ

るにあらず爲さざるなり」と謂つた。いかにもさうだ。不能にあらずして不爲である。然るに世上最大多數の者を見るに不爲の人である、そこで之を不爲の人たらしめずして、必爲の人たらしめんとするのが大乘戒である。時に太子は言ふ所の「尊長者を釋して「三處爲尊兄秩爲長」と申された、卽ち君父師の三處を以て尊となし、兄又は姉の如く、凡べて年長者を呼んで長とすといふ意である。いかにも凡そ社會の秩序は此に於て始めて見ることが出來るのだ。

八　第三受

經曰、世尊我從今日乃至菩提、於諸衆生、不起恚心

(譯)世尊よ我れ今日以後佛陀の地位に到るまで必ず諸の生物界に於て瞋恚の心を起さず

吾人の道德上妨害となるべきもの少なからず、尋ね來れば隨分其數多いことであるが、就中瞋恚卽ち怒り腹立つほど恐るべき妨害者はあるまい。世間の諺にも「笑ふ門には福來る」といふことがある、余はこれと共に「笑ふ門には道德來る」と謂つてよいと思ふ。又之に反し「怒る門には百鬼群り集る」と謂つて然ることだ。凡そ人

怒る時は、彼の酒に醉へるが如く顏色、目付、言語、動作等すへて變更し來り、正意此に失するを以てあらゆる罪惡即ち反道德的行爲は期せずして此に勃發し來れるは、誠に以て諍ふべからざる事實である。故に華嚴經の中（第三十四卷）には

起二一瞋恚一者一切惡中無レ過二此惡一（乃至）我不レ見レ有二一惡法出一過二菩薩一瞋恚心一

と說いてある。又龍樹の智度論の中――には

殺レ瞋則安穩、殺レ瞋則無憂、瞋爲二毒之根一、瞋滅二一切善一

と謂つてあるが如何にもさうだ。是に由て今之を第二受となし、盡未來際いかなる事故に遭遇するも已れ誓つて瞋恚を起さぬといふことの受戒である、即ち誓約をなすのだ。于時太子は第二第三に就き三解を設けられた、其の中第三解に依ると、凡そ尊長は敬を以て對すべき所なるに却て慢を以てするや其の罪大なり、又下卑は慈を以て向ふべき所なるに却て瞋を以てするは不可なり。故に第二第三殊に其の過失の大なるものを擧くといふのである（第一解第二解は略す）

二　第四受

經曰、世尊我從今日乃至菩提於他身色及外衆具不起嫉心

(譯)世尊よ我れ今日以後佛陀の地位は到るまで他の身色又は衆具の上に於て嫉み心を起さず

凡そ佛敎には小乘といはず又大乘といはず、慈。悲。喜。捨。の四無量心といふのを以て道德の要領としてある。此の事は彼の聲聞たる者と雖も彼れ等行爲の必要條件としてある、況や菩薩たるものに於てをや。十地經を見れば、十地の菩薩いづれも此の四無量心を以て道德的行爲の必要條件として數へてある。依て寶窟には此の十大受の第三第四第五を以て彼の四無量心に配當し、第三受に「不起恚心」とあるは慈悲二無量の合說なりとし、第四受の「不起嫉心」は喜無量なり、第五受の「不起慳心」は捨無量なりとしてある。いかにもさう考へて然るべきことのやうに思はれる。さて經文と「他身色」とあるは、容貌風彩の衆に勝さつて秀逸なるを見て、自ら不快に感じ、己が醜陋なるを恥づるのみならず、他の秀て、美麗なるを喜ばずして、彼れを嫉視するが如き事が往々之あるのだ、かくの如き事は男子には希れなるべきも、女子にありては古來隨分有りがちのことになつて居る。「外衆具」とは居宅衣服其の他の所有品要するに所持の財產全部に通じ、他の富裕なるを見て自ら之を喜ばず却て之を嫉み、自ら快々として樂まざるが如きことは、人情として珍らしからぬことである。がしかし道德上より之をいへば誠に恥づべき醜態である、今大乘の菩薩として固より有るべからざることだ。大乘の菩薩は、彼の父母が愛子の容貌の秀美なるを見、又は衣服等の調へるのを見て喜悦するが如く、自ら大に快感を惹起すべきである、これが即ち喜無量といふものだ。若し他に之を缺乏するを見れば、自らのものを與へんとて、此に苦心するのが大乘の菩薩である。第四受此の意を以て見るべし

ホ　第五受

經曰、世尊我從今日、乃至菩提、於内外法、不起慳心

(譯)世尊よ我れ今日以後佛陀と成るに到るまで、何等のものに對するも、決して慳心を起さず、求むる者あれば一切之を施與すべし

太子の疏に第四第五を辨別し「言於他不起嫉於自不起慳」と申してある、又吉藏は四無量の中の無量に當るとして之を辨じてある孰れにしても慳吝の弊なからしめんとするための精神的受戒が此の第五受である。彼の老子が道德經の中に道

德の三寶を說き、慈を以て第一となし、儉を以て第二となすが如き。又論語の中に「夫子溫良恭儉讓以得之」と言へるが如き、御勅語の中に「恭儉己を持す」と宣べたまへるが如きは、孰れも道德上節儉の必要なるを語つたものであるが。今言ふ所の慳は吝嗇のことにして儉と慳とは唯其の音韻の相通ずるのみならず、事實に於て又彼此相似たるものなりと雖も、若し道德上之を批判すれば正反對のものである、凡そ自分のためには贅澤を極めつゝ他のためには少しの支出も吝みて與へざるが如きは慳である、又自分のためには出來る丈の節儉を守りつゝ、公共のため他を益することゝなれば何等の物も之を施して吝しまざるが如きは儉である、されば儉は順道德の價値を有すと雖も慳は反道德の罪過を有するものである。然り而して今や道德と相容れざる反道德の慳吝過失を根本的に避けんとするのである老子は「儒故純廣」と謂つた、實に儉にあらざれば廣く世を救ひ他を助くることは出來ぬ、故に儉は至つて必要なことであるが、其の反對に慳は道德上實に許すべからざるものである。

第六受へ

經曰、世尊我從今日、乃至菩提、不自爲己受畜財物、凡有所受、悉爲成熟貧苦衆生

(譯)世尊よ我れ今日以後佛陀と成るまで、自分の爲めとては少しも財物を受畜せず、凡そ受くる所あれば皆悉く之を貧苦の者に與へて其の所志を遂げしめん

如上の五受は自律自制、卽ち自己を制するにあり、依て之を攝律儀戒といふあらゆる自律自制を此の五種の中に攝め盡すのである。又自下の四受は對他的行爲を制するのだ、語を換へて言ふと前は自利にして後は利他である、故に之を合して攝衆生戒といふ。凡そ他の衆生に對する行爲の要は、唯此の四種を以て攝することが出來るといふのだ。蓋し吾人が他に對する行爲の要、一言以て之を蔽へは拔苦與樂の四字に存すと謂て可い、而して拔苦の業を呼んで慈と言ひ、與樂の行を呼んで悲といふ、故に自下の四受は概して之をいはば慈悲の行爲を要期するにあるのだ其の中第六は文面の如く自己の爲めには決し畜財せず、若し受くべき理由の存するあれば、必ず之を受けざるにあらず、之を受くることありと雖も、自己の爲めにあらずして、他の貧苦の者を救助し、引いて又彼れを道德の方面に進ましめんといふのである。

ト　第七受

經曰、我從今日、乃至菩提、不自爲己行四攝法、爲一切衆生故、以無愛染心、無厭足心、無罣礙心、攝受衆生、

(譯)世尊よ我れ今日以後佛陀と成るに到るまで、自利を目的に他を救ふが如きことを爲さず、純ら利他を目的にイト淨き心を以て他を救ふべし

文に四攝法とあるは、布施と愛語と利行と同事と、之を合して大乘菩薩僧の四攝法といふ、凡そ人を攝するには此の四を以てすべきてある、此の四を以てすれば、如何なるものと雖も其の人に歸服せざるを得ぬ事になつて來る、それも只かの人氣取りにやるのではない、眞實心の誠心よりするのだ。　喩へは老いたる父母又は祖父母等が、愛子又は愛孫に對する子孫の望むも、又よし望まざるも、父母の方に於て必要と認めたるものは、必す之を施すが如きは即ち布施である。　又種々柔和な愛らしき語を以て、彼れに遇し、あら〳〵しき語を使はざるが如きは即ち愛語である。　或は衞生上に關し、又は敎育上に關し、すべて子孫のためになること、其の身を益し又其の心を益することを施行するが如きは即ち利行である。　世には七十八十

の年を向へし老婆が、乳兒の心を慰めんとて、或は唱歌に、或は笛に、又は球を投げるなど、卽ち嬰兒の業を爲して倦まざる者がある、是れ卽ち同事行である、今利他を以て本旨となす行爲を四種に分別し、四攝法といへる趣きは、此の老たる父母又は祖父母等の所作を以て推察すべきである。凡そ斯の如き業を爲す老父母等の意中を察するに、自已の爲めにせんとする心は少しも無いのだ、唯一概に子を思ふ慈愛心の爲すところである。大乘菩薩の所爲亦此の精神と相似たるものあるのだ。否、此れよりも尙ほ勝れたる淸淨の慈悲心より起り來れる働作たらんことを今此に要期するのである

予　第八受

經曰、世尊我從今日、乃至菩提、若見孤獨幽繫疾病種々厄難困苦衆生、終不暫捨必欲安穩、以義饒益、令脫衆苦、然後乃捨、

(譯)世尊よ我れ今日以後佛陀と成るに至るまで、若し老て子なく、幼にして父なく、或は牢獄に幽閉の難を被り、或は疾病の厄難に罹れる者の如き、あらゆる世の不幸者を見れば、暫時も之を捨つることなく之を救助し安穩の地位に到らしめ、彼

れが萬苦を離るゝを見て後に之を捨つべし

前の六七は與樂の方に屬する慈に就いたもの、今此の八と九とは、拔苦の方に屬する悲に就いて說いたものである、それに就き彼の火といふものは、マッチの火でも、又臘燭の火でも、大火小火の隔てなく、又燃料の何物たるに係はらずして、必ず卑き處よりして高き處に向つて上らんとするものだ、之が火の性質である。之に反して水は、河水にあれ、海水にあれ、又清水にあれ、濁水にあれ、凡べての水は必ず高處よりして下處に向ひ降らけとするものである、これが水としての性質といはねばなるまい。斯の如く同じ人の心でも、智といふものは益々高きに向つて進まんとするものであるが慈といふものは之に反し愈々益々卑き處に向つて降らんとするものである。語を換へて之をいはゞ、善人よりも惡人に向ひ、樂者よりも苦者に向つて、下だり來るものである、若し一度人の不幸人の苦痛を認むることあるや、いづくまでもそれに附いて離れ得ざるものが慈と稱するものゝ倣ひである。然らざれば慈といふべきものでない。今此の第八受は、要するに苦しめる者を見れば彼れが全然其の苦を解脫するに至るまで、彼れに就いてエ、離れぬといふのである彼れが苦を解脱するに至るまではいつまでも之を扶助し誘導し、最後の目的たる成佛の地位にまで進ましめざれば止まぬといふ廣大の慈心を發起するのが第八受の戒法である。

り　第九受

經曰、世尊我從今日、乃至菩提、若攝養衆惡律儀及諸犯戒、終不棄捨、我得力時、於彼々處、見此衆生應折伏者、而折伏之、應攝受者、而攝受之、何以故也以折伏攝受故、令法久住、法、法久住者天人充滿、惡道減少、能於如來所轉法輪、而得隨轉、見是利故取救攝不捨（譯世尊よ我れ今日以後佛陀の地位に登るまで、若し殺生等の惡事を爲しと憚る所なき者を見るや、或は折伏して化すべき者は之を折伏し、或は直ちに攝受すべき者は直ちに之を攝受し、其の宜しきに隨ふべし、斯くすれば惡人減退し善人增加し來りて、茲に自ら佛法の世に住して滅せざる利益あらん（以上意譯）

太子辯して、前の第八は拔苦の果を明し、第九は拔苦の因を明かすと申された。如何にも第八受は病苦又は貧苦の果を救はんとするにあり、而して今此の第九受は要するに惡人をして善人たらしめんといふにあり。即ち惡事のみありて善事なき者を説諭し、翻つて善事を爲さしめんとするにあるのだ。されば太子の申さるゝが如く、第九は拔苦の因を明かすのである、凡そ廢惡修善は、佛教理想として必ず將來の苦を免れ相當の樂を得る所以であるが、今や委しき説明は之を略することにした。

又　第十受

經曰、世尊我從今日、乃至菩提、攝受正法、終不忘失(下略)

(譯)世尊よ我れ今日以後佛陀と成るに至るまで正法を攝受して終に忘失せず(下略)

此の中攝受正法の四字、是此の第十受中の眼目である。否、十大受全體の歸するところ此の攝受正法の四字に在るのだ、否、獨り十大受のみならず、次の三大願も要、唯此の攝受正法をして完全に圓滿ならしめんとするにあるのだ。否、獨り十大受並に三大願のみならず、自下十二の章段に分かれたる經説全部の、基礎となり又歸結するところも、畢竟此の攝受正法の四字にありと謂つて然るべき譯があるのだ。然るに此の攝受正法を、通俗的に、又簡易に説明することは頗る困難である、故に次に別項を設くることにした。

于時前述の三聚淨戒、卽ち一切の戒を三類となす時は、此の第十受を以て攝善法戒に配當することになつて居る、凡そ大乘の菩薩として善を求めぬといふことは固よりあるべきことでない、必ず一切の善を求むべきは無論である。そこで今一切の善を求めざる弊に反し、萬善を求むる基礎的精神を此に告白して「攝受正法修不忘失」と謂つたのである

(四) 三大願の大意

經曰、(前略)以此善根、於一切生、得正法智、是名第一願、我得正法智已、以無厭心、爲衆生說、是名第二願、我於攝受正法、捨身命財、護持正法、是名第三願(下略)

(譯)此の善根を以て一切の生に於て正法智を得ん、是を第一願となす。我れ正法智を得已れは、無厭心を以て衆生の爲めに之を說かん、是を第二願となす。我れ攝受正法に於て身命財を捨てゝ正法を護持せん、是を第三願となす

是に由て此を觀るに、三大願といふと雖も一の攝受正法にあること明白である。故に次の經文に「菩薩所有恆沙諸願、一切皆入二一大願中一、所謂攝受正法、攝受正法、眞爲

大願」と謂つてある。第一第二願の中に正法智とあるは「攝受正法の智と見て然るべきことだ、而して此の中第三願に至りて「我於攝受正法捨身命財」と謂つてある、是れ讀者の最も注意すべき眼目である。次下の經文に至りて「又若攝受正法善男子善女人、爲「攝受正法」捨」三種分、何等爲」三、謂身命財等」と謂つてある。而して太子の御疏に、「捨身謂自放爲」奴、捨命爲」人取」死」と申してあるが、吾人倩々之を顧ふに我が聖德太子御一生の行蹟は、本經所説の攝受正法の實現なりと伺ひ奉らざるを得ぬのである。太子は實に捨身したまひた、太子は實に捨命したまひた、太子は捨財したまいた、我が太子が捨身捨命捨財の犧牲者となりて、國家萬世の基礎を御開きになつた效業は眞に偉大である、而して其の偉大なる御事業の基礎となれるもの、卽ち根本的原因となれるものは、實に本經所説の攝受正法にあると伺ひ奉らざるを得ぬのである。

（五）　十大受三大願の合論

前述の如く十大受とは大乘特殊の十戒を受くるにあるのだ、而して其の十大受が攝律儀戒と攝衆生戒と攝善法戒との三類に攝すとすれば、十大受は卽ち三大受である、又三戒であると謂つてよいのだ。而して三戒の要は攝受正法にあるのだ、三戒の目的が攝受正法にありと謂つて可なると共に、又三戒の基礎が此の攝受正法にありと謂つて不可あることなしだ、獨り三戒のみならず、三大願も亦其の歸するところは此の攝受正法にあるのだ、願は希望である、されば何等の希望を懷ける願なるか、曰く前に記すところの經文分明に攝受正法の人たらんことを希望するのだ、己れまづ攝受正法の人とならんことを希望し、己れと共に餘他の人も同じく攝受正法の人たらしめんとして、世に廣く之を宣傳し、此の攝受正法を世に維持せんがためには、身命財の三を捨てゝも敢て恐れず、又之を慳まずといふのが、三大願である、然らば其の歸するところ一の攝受正法にありといはねばなるまい。是に於て説明を要すべきは攝受正法何ぞやの問題である

此の攝受正法に就ては吉藏の寶窟上末七三に古人の二解を擧げ、後ち之を合して以て吉藏の自義としてある。卽ち一は布施持戒忍辱禪定智慧の六度を以て攝受正法とする説、二は諸法實相の理を以て正法となし、之を客觀的に詠むるにあらず主觀的に吾物となすところを攝受となす説である、吉藏は之を合せ取りて、前者は

行に屬し、後者は理に屬す、然るに理も行も共に正法なれば其の一に偏すべからずといふのが吉藏の考である。又太子は菩薩十地の中に於て八地以上の菩薩になれば、一念の中に備さに萬行を修する自在力あり、七地以前は未だ此の所に到達せす、故に八地以上の菩薩の境界を攝受正法といふと申された（御疏）。即ち吉藏は文字上の理解である、太子は實際の人に就いて之を配釋せられたのである、必しも矛盾せる説でない。しかしながら、斯の如きは餘りに專門的にして、門外の人として瞭解に苦しむ處なきにしもあらずである、依て今や通俗的私解を試むることにした。

抑正法とは何ぞや、文字上之を解釋すれば邪法に對する語である。非法に對し、不正に對し、眞正なるものを呼んで正法と謂ったのである。究竟的眞理の命名である。されば何者乎究竟的眞理なるか、此の問題に至りては、佛教の常例として言論以上のものとなし、一切の言語文字の容易に指示すべきものでない。又常人の容易に認識すべきものでない、然らざれば究竟的眞理といふべきものでないとしてある、畢竟認識以上のものである、言論以上のものである。凡人の前にありては不可思議のもの卽ち不可解のものであるといふより外に何等の言葉もあることなし、若し敢て之をいはゞ實相である、眞理である、絕對である、無限である。寂靜である、一心である、かく千言萬語之を改むる事あるも畢竟不可說の上の可說である。然るに此の如き大眞理を唯理解するのみに止まらして、實際的に體達し、徹底的に大悟し、精神的に彼れと我れと合同一致し、其の間一髮の境界線と雖も之を容るべき餘地なきに至るのが、所謂成佛にして佛敎の本領又實に此に存するのだ。語を換へて之をいはゞ彼の正法を以て我が物となすに至るのだ、それが攝受正法である。此の攝受正法の外形に實現せし行爲こそ所謂大乘菩薩の大行である。

今思ふに我が聖德太子は實に攝受正法の人であつた、攝受正法の實現者であつた、太子が天王寺を創し、敬田院の外に、悲田院治療院施藥院を興し、可憐の不幸者を救はれしは、十大受の中の第六第七第八第九を合したる攝衆生戒の實行者である。又太子が四十九歲の最後まで血肉の關係といはゞ伯母に當らせらるゝ推古帝を眞個天皇として奉載し無二の忠節を盡くしたまい、又横暴なる馬子の如き者に對して、敢て怒らず、諄々として彼れを善誘せられしは十大受中の不起慢心不起恚心の實行者である。或は三經を講じ、又之を註して世に施し、或は法隆四天等の諸寺を造營せられしは、第十受の攝善法戒の實行である。法華經の講義に對する賞與として天星より播磨の地を賜はるや其の全部を法隆寺の資財となしたまへるが如き、其の他佛敎の信仰を基礎となし、國家萬世の經營を百般の上に施したまい、孜々汲々奮勵努力、遂に四十九の年を以て最後となし長逝したまへるが如きは、全く身を國家の奴となし身命財の三を捨てたまへる所といはねばならぬ。思へば太子は大乘佛敎の實行者である、殊に勝鬘經の實行者である。

大日本最初の轉法輪(終)

淨土宗西山派の安心

西山專門學校長　三浦貫道

一

淨土宗西山派は、現今では淨土宗西山光明寺派、禪林寺派、深草派と三派に分れて有るが、光明寺、禪林寺は同じ西谷派で有つて、敎義の上に些の差違も無い、若し西谷派を以て深草流に比ぶるならば、敎相取扱に就いて、二尊一致と二致の爭ひが有るのであるが、それとても氷炭相容れぬと云ふ樣な爭ひではなくて、結極は西山證空上人の敎義思想信仰の流を傳ふる西山の一派である。

西山派も淨土宗と稱する以上は、法然上人を元祖とし崇むる事は勿論であるが、敎義の相傳、思想信仰の繼承に至つては、鎭西派即ち今の單稱の淨土宗と同じではない。

現今に於て法然上人の敎義を傳ふる者が、西山と鎭西と眞宗の三流だとするならば、それらの教義を比較して、理の長ずる所に隨つて、如來の眞實義を宣傳すべきであるが、今はそれを作すべき場合ではないから、且くさしひかゆるとして、三流の皆認めて往生の業なりとする念佛、卽ち南無阿彌陀佛の六字の名號に就て、約するに三つの異れる主義がある、往生の業は但信口稱で有る、數の多少は問ふ所でないが、稱ふるだけの努力は之を要するとする者、之を稱名主義とす(一)、次に名號には不可思議の力有つて、一切衆生を攝取して往生極樂を得せしむる、故に名號の不可思議力を信ずる者は、往生の業立ちどころに辨すと爲す者、之を信心爲本主義とす(二)、又次に凡そ衆生の極樂に往生することを得る所以は、阿彌陀如來おわしまして平等に攝取したまふが故で有る、故に阿彌陀如來我れを攝取したまふと信する者は、卽ち直に彼の佛に攝取せらる、攝取卽ち往生で有るとする者、之を佛體卽行主義とす、西山一派は卽ち此の主義を奉ずる者である。

二

西山の佛體卽行主義の安心を語らんとするに、そも〳〵安心とは、未來世に處する死後の想定か、現世に處する生前の安定かゝ第一着の問題であるが、世人は押し並べて淨土宗の安心をば、未來世に處する死後の想定とし取り扱つて居るやうである、最も元祖御一代の敎化はそれであるやうに見えてある、法然上人行狀畫圖廿一に見ゆる「いけらば念佛の功つもり、しなば淨土へまいりなん、とてもかくても此身には、思ひわづらふ事ぞなき」の如き、その趣きが能く知られて有る、選擇本願念佛集の題下に「往生之業念佛ニハ爲レ先ト」と標傍して有り、同く末章に至りて「正定之業者ト卽チ是レ稱二スルナリ佛名一ヲ稱レスレバ名ヲ必得レル生スルコトヲ依テル二佛本願一ニ故ノ」と謂ふて有り、最後に善導の觀經疏の尊むべき所以を讃して「貧道昔披二閲シ茲典一ヲ粗識二リテ素意一ヲ之捨二テ餘行一ヲ而歸二ス念佛一ニ自レリ其已來至二リ于今日一ニ自行化他唯縡二トス念佛一ヲ」と述懷せられてあるなど、口に六字の名號を稱ふる事が極樂に往生するの業にてあるべきは、阿彌陀如來の本願が之を保障する、故に唯稱名に依つてのみ人は死後を往生極樂と想定して安心すべきであると言ふ未來世敎なることは爭はれぬかと思はれるが、是の如きは時代の思潮か厭世的で有つた影響にても有るのか、佛體卽行主義の西山上人にも娑婆の厭ふべく、淨土の欣ふべき敎示はある(五段鈔)しかしながら稱名主義を取てひたすら死後の往生を願はれたと見ゆる元祖にも「人の手より物を得んずるにすでに得たるらんと、いまだ得ざるといづれが勝るべき、源空はすでに得たる心地にて念佛は申すなり」(法然上人行狀畫圖廿二)と語られてあり、鎌倉の二品の禪尼へ遣はされた語の中に「今生の財寶ともしからん人をば力を加へさせ給ふべし、もしすこしも念佛に心をかけ候はん人をば、いよいよ御すゝめ候べし、これも阿彌陀如來の本願の、みやづかひと思食候ふべし」(法然上人行狀畫圖廿五)と有るなど、いかにも深意ありげに聞ゆる、すでに得たる心地にて念佛は申すと仰せらるるは、何を得たる心地であらふ、それは「往生を得た」といふ意であるが、往生には即便當得二種の往生があるのだから、元祖が得たと仰つしやるは所謂即便往生で「往生は決定せり」の思ひであると取る人も有るが、西山派にては即便當得を別の往生とは取らぬ、是はひとりの人が往生と言ふ事を得るに就て、其始と終りとを言ふたので有つて、始から言へば即便往生であり、終り即ち命終の時から言へば、當得往生である、それであるから、往生を得たと云ふ以上、それは死後に對する生前の豫約的決定ではなくて、往生其物が得らるるのであらねばならぬ、但だ語は取りやうである、今のやうに取れば、彼の鎌倉の禪尼に遣はされた語の中に、一面稱名念佛を勸め、他面利他同情の行を勸めて、以て阿彌陀如來の本願のみやづかいと思食候ふべしと仰せらるゝは、往生を得んが爲の行業努力ではなくて、已にして往生は得たる上の感謝の活動である、然らば往生とはそも何であるか、御經に「如彈《クニ》指《ノ》頃《ノ》往生《ス》彼國《ニ》生《シ》彼國《ニ》已《リテ》見《ル》佛《ノ》色身《ノ》衆相具足《スルテ》」と說いたのはそも〳〵何を意味するか、此の疑問を解する所以のものが、卽ち西山の佛體卽行主義である。

三

極樂に往生すると言ふ事を、死後の事として取扱ふたのは、前節に出だした經文を主として、無量壽經もそうであれば、阿彌陀經も亦そうである、しかしながら觀經は、但だ前節に出だすが如き說ばかりではなく、韋提希夫人なる現實の人が切實に往生極樂を求めた事實が載せられてあるから、其事實に就いて、所謂往生極樂の實際何であるかを考ふるのが、往生極樂の何であるかを考ふるに最も適切な方法で有つて、而も亦提徑である。

觀經序分の禁父緣、禁母緣、厭苦緣の如き、人生悲慘の極みに陷つて、心愁憂し、身焦悴し、婉轉として悶へ、懊惱遣る瀨なき韋提希夫人は、圖らざりき世尊の來趣を被つて「唯願《クハ》世尊爲《ニ》我廣《ク》說《キタマヘ》無《キ》憂惱處《チ》我《レ》當《ニ》往生《ス》」と請した、高祖善導此文を判して「通請《シテ》所《ス》求《チ》」

と爲された、一身の自由を褫はれ、水食を絶たれて、但だ死を待つばかりの韋提希夫人が死後の生に於て憂惱無かれと怖ふは人情の自然と謂ふべく、而もそれを求むるに明確なる批判選擇を缺いて、漫然「無憂惱處」と言ふた、如何にも「通請所求」である、彼れ韋提希は、放光現國の奇瑞を見た後「我今樂生極樂世界阿彌陀佛處」と自ら所求を選擇した、高祖善導此文を判して「別選所求」と爲された、是の如く、彼の夫人の往生極樂を求めた、それはこれに由つて死後の安樂を想定したので有る、然らば彼れは其求むるが如く結果を得たかと言ふに、彼れの得た結果は、實に次の如くで有る、曰はく「時韋提希與五百侍女聞佛正說應時卽見極樂世界廣長之相得見佛身及二菩薩心生歡喜歎未曾有廓然大悟得無生忍」と、死後の往生を求めた其結果は、現身に其求むる所の淨土を見、佛菩薩を見て廓然として大悟し無生忍を得たと言ふのである、廓然大悟と言ひ、無生忍を得ると言ひ、これ若し聖道門の菩薩の行位で有るならば、隨分の高位ででも有り、又容易に達し得べきでは無いが、それが他力に依つて、甚だたやすく但だ佛の敎を聞くだけにて得らるるのが、此無量壽觀經が他の諸經に同じからざる所以で、又淨土宗の他宗に異る所以で有る。

高祖善導は如上の「廓然大悟《トシテ》得《シ》二無生忍《タリ》一」を「韋提《ノ》得《ル》忍《ハ》出《テ》在《リ》二第七觀《ノ》初《ニ》一」と(觀經玄義分)沙汰された、經文の面では彼の文は、得益分と謂ふて十六觀の後、流通分の前に一段挾んで有るが即ち其得忍は、事實第七觀の初に在ると言ふのが今師善導の卓見で有る、然らば第七觀の初にどんな事が有つたかと言ふと、經文の面では、「說《キ》二是語《ヲ》一時《ニ》無量壽佛住《シタマフ》二立空中《ニ》一」の句と「時《ニ》韋提希見《上リ》二無量壽佛《ヲ》一已《リテ》接《シテ》レ足《ヲ》作《ス》レ禮《ヲ》」と言ふのとであるが、前の句を高祖善導の釋に合せて見ると、彼の廓然大悟得無生忍が即徃生で有つて、死後極樂に生れて樂を得るといふは、現生に於て得る廓然大悟得無生忍を、死後に引き延ばしたのであることが知られる、まづ經釋の文を合せて見やう。

說是語時、　一明《ニハ》下告《ス》二勸《スル》二人《ニ》一時《ヲ》上也

無量壽佛、　二明《ニハ》下彌陀應《シテ》レ聲《ニ》即現《シテ》證《セシムルコトヲ》中得《ヲ》往生《ヲ》上

住立空中、　三明《ニハ》下彌陀在《リテ》レ空《ニ》而立《ツコトハ》但使《ムルコトヲ》レ廻心正念《ニシテ》願《スレハ》レ生《セント》二我國《ニ》一立即得《ルコトヲ》上レ生也

此御釋文に就て、一の釋は二三の順序さへわかればよいとして「無量壽佛住《シタマフ》二立空中《ニ》一」と有るを、二明彌陀、三明彌陀と意義を分けて釋せられた點に目を着けねばならぬ、二明彌陀の御釋文に「應《シテ》レ聲《ニ》」とある聲は、文字の面では、世尊が「除《ク》二苦惱《ヲ》一法」(第七觀ノ初)

を説かんと宜ふた聲で有るが、「除《ケ》二苦惱一法《ヲ》」とは第七觀には限らない、十六觀のすべてがそれで有るのだから、是の聲に應じて阿彌陀佛の空中に現れたまふは、先に引いて辨じたる得益分の文の如く、韋提希夫人から言へば、佛の正説卽ち十六觀なる法を聞いて阿彌陀佛を見奉つたので有る、されば今の御釋文の如く、佛の現れたまふ意を言へば「證二得《セシム》往生《ヲ》一」で有つて、見奉ることを得た韋提希夫人から言へば「廓然大《トシナ》悟《シ》得二無生忍《ヲ》一」で有る、それであるから三明彌陀の御釋は「但使《シ》下廻《ム》心正念《ニシテ》願《スレバ》生二我國《セントカ》一立《ニ》卽《ロニ》得《セ》上生《スルコトヲ》」と有る「立卽《ロニ》得《セシム》生《スルコトヲ》」と言へる「立《ロ》」と言ふ詞に意を置いて思はねばならぬ、往生と言ふ事が、かならず文字の通りに、又世人の普通思ふて居るやうに、臨終の來迎を待つて、此に死して、彼に往き生るるものならば「立卽《ロニ》得生《スルコトヲ》」とは言へぬはづである、西山上人は二明彌陀の御釋の證得往生の義を解せられて、「今韋提、眼前に弘願の體を見て、攝取不捨の光顯れぬれば、往生疑ひなきを證得といふ」と云はれ、三明彌陀の御釋の「立卽得生」の義を解せられて、命を捨てずと雖、觀門、弘願に歸する謂を得つれば、往生に於て決定しぬ、臨終の往生更に不審なし、之を指して立卽得生と言ふ」と云はれた、(定善觀門義四第七觀ノ下)此解釋を以て經文に溯れば「往生疑ひなき」と言ひ「往生に於て決定しぬ」と言ふは卽便往生にして「臨終の往生不審なし」と言ふは當得往生であることは言ふまでもないが、之は且く往生と言ふ事を經文の通りに取扱ふたので有ることを領解せねばならぬ、「命を捨てずと雖」と有るに由つて、御經に說いて有る當得往生、それは死後を待つまでもなく、現世に於て阿彌陀如來を信仰し、彼の佛の衆生を攝取したまへることを領解したならば、それが卽ち證得往生で有つて、卽便往生がそれであるのは言ふまでもなく、當得往生とて是事の無限に延長するより外はないので有る。

此義に就いて更に少しく辨じたいのは、西山上人の「觀門弘願に歸す」と言ふ語で有る、觀門と言へば、普通は觀(止觀、觀行など)の實行を意味するが、西山上人の所謂觀門は「諸佛如來《ニ》有《リテ》二異方便《ノ》一令《ム》二汝《テシテ》得《テ》レ見《ルコトヲ》一」(觀經)の意味で、無量壽觀經の十六觀は、卽ち弘願を說いた佛(釋尊)語である、然るに其說き方は、普通の觀と同じい點も有る、それ故に觀の名が存するので有るが、其實實行すべしと敎へたのでは無い「聞《キテ》二佛《ノ》正說《ヲ》一應《シテ》レ時卽見二極樂世界廣《ノ》長之相《ヲ》一」「得レ見《ルコトヲ》二佛身及二菩薩《ヲ》一」でたゞ聞くばかりにて見佛(觀成)の結果が得られる、然らば讀むのも聞くと同じいから、此御經は讀めば卽ち見佛の結果が得られるのである、次に弘願と言ふは西山上人の語に「今韋提眼前に弘願の體を見て攝取不捨の光顯れぬれば」(再出)と有るので阿彌陀佛をば弘願と申し奉ることが知られやう、然らば釋尊が阿彌陀佛を說いた所が觀門であつて、其觀門に阿彌陀佛の說き顯はされたまふ所が弘願であるのである、之に由つて觀門弘願は能詮所詮だとも言ふ、然るに所詮なる阿彌陀佛は、之を客觀に認むる場合と、心中の表象として見る場合とがある、前の場合を觀門、弘願を顯すと言ひ、後の場合を觀門、弘願に歸すると言ふ、卽ち前の場合の弘願は阿彌陀佛にして、後の場合の弘願は南無阿彌陀佛である、而して是の二つの場合有る所以は、釋尊の觀門を說かれたるは、我等衆生の前に阿彌陀佛を顯すので有つて、我等衆生が、佛語觀門の致を聞くのは、卽ち觀門、弘願に歸するのであるからである。

阿彌陀佛は四十八願を成就したまひて、一切衆生を攝取したまふ佛陀であるから、我等衆生の彼の佛に攝取せらるゝことは、稱へて後の事でないのは言ふまでもなく、又信じて後の事でもない、言を換へて我等衆生の彼の佛に攝取せらるゝことは、稱ふるが故で無いのは勿論、又信ずるが故でもない「弘願の體を見て攝取不捨の光顯れぬれば往生疑ひなきを證得と云ふ」(再出)で、攝取されたから攝取されたと信ずるのである、斯くて信ずる方が南無、信せらるゝ方が阿彌陀佛、信ずる南無の心には、信せらるゝ阿彌陀佛の表象が必ず有る、「佛と行者と一つにして離れざる所を攝取不捨と申すなり」(西山上人女院御書)「往生とは佛の御心と我心と一に成りあひたる處を云ひけるなり」又「往生は只南無阿彌陀佛の外に又求むべきにあらず」(西山上人安心鈔)など仰せられて、所謂他力教の徹底、無條件の救濟を宣傳せられた、往生なる語に、且く普通の意義を許して「行」が其正因であるとするならば、阿彌陀佛が四十八願を成就したまふた事、それが卽我等の爲には往生の行である、是の故に佛體卽行で有つて、弘願の體なる阿彌陀佛を見奉る事が、稱ふるまでもなく、旣にして南無阿彌陀佛であり、又實に往生其ものである。

さて阿彌陀佛を見奉る、卽ち見佛すると言ふに就いて、前來旣に言ひ盡したつもりではあるが、此無量壽觀經に依つてする見佛は、唯識觀、眞如觀、實相觀又は觀心、又は理觀と謂ふやうな、左樣なむつかしい修行ではなくて、散漫な凡夫の心に、些の禪定的修養を要せず、聞法領解の下に、直に見佛の體驗が得らるゝのであるといふ事

を誤解してはならぬ

四

然らば稱名の行は、何の爲に之を勸むるのであるか、先に元祖の語を引いて、既にして往生を得たる上の感謝の活動であると言ふことを一言して置いたが、西山上人は「世間の苦樂俱に聲に顯れて、心の底を示すが如し、今佛に歸命する志極まれば、其思ひを聲に顯すべし、況んや名は必體を召す、彌陀弘願の體に歸せば、彼の佛の名號を唱へて、三業俱に他無き謂れを顯すべき也」(觀念觀門義二)と言はれた、如何にも苦みある時は、苦き聲が出る、樂みある時は、樂き聲が出る、之は何人にも自然の心理でゞもあり、又生理でゞも有らふ、佛語觀門の敎を聞いて、弘願の體なる阿彌陀如來を見奉り、彼の佛の光明に攝取されて、生に處しても、死に處しても、精神的に安定を得たるものが、其安定卽ち安心を、現世生活の上に具體化して、感謝をもし、趣味をも覺へ、向上もし、發展もするの第一歩が、卽ち稱名念佛の聲なのである、元祖が「往生之業《ニハ》念佛《ヲ》爲レ先《ト》」と勸められたのも、かならず斯の意味の稱名にて有らねばならぬ、高祖善導は「專依《リテ》二往生經《ニ》一行《スル》レ行者《ヲ》是名《ツク》二正行《ト》一」と言ふて、讀誦、觀察、禮拜、稱名、讚歎供養の五種の正行を分類し、之を更に正定業と助業の二種に約束せられた（散善義）元祖が「欲《セハ》レ修《セント》ニ於正行一《ヲ》正助二業中《ノ》猶《ニハ》傍ニ於《ニシ》助業一選《チ》應《シテシ》レ專《ニス》ニ正定一正《ヲ》定之業者《トハ》即《チ》是《レ》稱ニ佛名一《スルナリ》」と廢《チ》立されたのは、畢竟するに高祖善導の範を越へないが、西山上人は助業とは顯業なり南無阿彌陀佛と顯すなり（安心鈔取意）と言ふて、六字の名號に於て、眞に正定業と稱すべきは、佛體即行の義邊にして稱ふればはや既に助業たるべき義を闡明された「我等衆生は貪瞋のおもひふかしと雖、阿彌陀佛は貪瞋の衆生の行體なるが故に、歸命して往生す愚痴の心まどへりと雖、阿彌陀佛は愚痴の衆生の行體なるが故に、稱念して往生す」（女院御書）で南無阿彌陀佛と稱ふる事が正定業にてあるのではない、南無阿彌陀佛が正定業にて有る故に、之を稱ふるのである。

無量壽經に說いた阿彌陀佛の本願は「至心信樂《ニ》欲《シテ》レ生《シテ》ニ我國《セント》一乃至十念若《セン》不《ニ》レ生者《シハ》不《セ》レ取ニ《ラ》正覺《チ》一」と言ふので有つて、之を信、行に分くれば、至心信樂《ニ》欲《シテ》レ生《シテ》ニ我國《セント》一と言ふのが信で、乃至十念が行である、然るに斯の信の方を、同じく觀經に「願《セハ》レ生《セント》ニ彼國一者發《ニ》ニ三種《スベシ》心《ノ》一即《チ》便往生何《ス》等爲《チカ》レ三一《ト》者至誠心二《ハ》者深心三《ハ》者廻向發願心具《ナリスル》ニ三心一者必《ハ》生《チ》ニ彼國《スノ》一《ニ》」と說いたのだと言ふことは、人皆の言ふ所で有るが、然らば乃至十念の行は、强て必要では無い、必要缺くべからざるものは、至心信樂欲生の信、卽ち至誠、深、廻向發願の三心であるといふ事が、此經文を讀んだゞけでも知られる。或は下品上生十惡の人、下品下生五逆の人、これらは稱名念佛に由つて死後極樂に往生するといふ者も有らふ。御經の文面が、一往はその樣にも見へるが、三心は九品に通じて皆有らねばならぬと言ふのが高祖善導の卓見である。之は淨土門の人たちの更に異義なきところだ。西山上人は「三心と分別すれども、歸命の一心と極まる」（五段鈔）と言ひ、又「三心とは詮は只阿彌陀の願力に乘する心の一すじに定めて、佛を憑む心の起る時に、彼の佛の我等が心の內に入りて、顯れまします處を念佛往生とはいふなり」（安心鈔）と言はれて有る。

三心は經文の上では、みづから發すべき、一種の修行で有る樣に見へて有つて、高祖善導の御釋の上でも、至誠心を眞實心とし、深心を深く信ずる心とし、廻向發願心を過去及び今生に修する所の一切の善を廻向して、彼國に往生せんと發願す（散善義）とせられた分ならば、人々みづから發すべきで有るが、子細に其意を酌み取つて見ると、佛體卽行の謂れを知つて、成る程とか、ありがたいとか、一念、信心が起つたら、それが卽ち三心である「往生とは佛の御心と我心と一つに成りあひたる處を言ひけるなり」(再出)「往生は南無阿彌陀佛の外に又求むべきにあらず」(再出)で、佛と我と結合して一體に成つた處を、我等の心的現象の上に認めたものが所謂三心なのである、この故に西山上人は「故上人御房(元祖)の申されしは、三心とて事の目出度は、其名をだにも知らぬ人なれども、信ずれば、自然に具するものにて侍るなり」(女院御書)と言ふて、三は歸命阿彌陀佛の一心、卽南無(歸命)阿彌陀佛にて有ることを主張されて有る、斯の南無阿彌陀佛こそ、眞に正定業である、若し稱ふれば、他の讀誦、觀察、禮拜等と同じく、三業隨一の行で有るから助業である。

五

觀經に說かれた九品の人の中に就いて、下品上生十惡の人、下品下生五逆の人、それらの人が、一聲十聲の稱名に因つて、極樂に往生する所以の何であるかは、前來述ぶる所の敎義に依つて、其の稱ふるが故でなく、佛體卽行なるが故だといふこともおのづから知られる、元祖が聖道門を捨てゝ淨土門に入り、雜行を捨てゝ正行を取り、助業を傍にして正定業を專らにすべしと廢立を爲し、晩年には阿彌陀經を讀むさへ廢して、一向專念の行者と成られたのは、經文の上で言へば、下品上生及び下品下生の意を取つたものと爲すべきであるが、其實は佛の攝取を被むつて、身心の安定を得たる感謝の聲で有つた、而も此聲が、稱名正行とて、五種正行の一つだとされるのは、南無阿彌陀佛卽三心なるが故で有る、換言すれば佛體卽行なるが故だ、五種正行の本文を見るに、一心專讀誦、一心專注思想觀察、一心專禮、一心專稱、一心專讃歎供養と、各一心專の三字が冠らせて有るが、此一心專の三字こそ、南無阿彌陀佛卽三心卽一心で有る、されば六字の名號も、鸚鵡の人まねの樣に、たゞ稱へたばかりならば、藥師や地藏の名號を稱へても同じことで、一種の雜行であるところが元祖の勸められた稱名は、「其名をだに知らぬ人なれども、信ずれば自然に(三心)具する」(再出)といふ程の一心專稱であるから正行であるのである、之と同じ道理で、三部經を讀んだとて一心專で無ければ雜行である、又阿彌陀如來を觀察するとしても此一心專の意を以てするので無ければ、雜行である、又阿彌陀如來を禮拜するにしても、讃歎供養を致すにしても、此一心專の意が無かつたなれば雜行である、西山上人は散善義觀門義に觀門、弘願に歸するの道理を領解しての行なれば、法華經を讀まふが、華嚴經を讀まふが、三部經を讀むのと同じ讀誦正行で有るといふ意味のことを沙汰されて有る、他の四種の行も皆推して知るべきで有る。

世人多くは他力といふ語に拘泥して、称名は他力、其餘の行は皆自力で、他力は正行自力は雑行といふ様に考へて居るが、称名も自分の口で、自分の聲で称へた以上はやはり自力ではないか、それが正行と成つて他力の行だと言はるゝ所以は、前來述ぶるが如くである、然らば五種正行の正行たる意義の徹底する時、其人は何を爲しても、それが正行でゝもあり、助業でゞもある、自らの努力として、それを以て往生浄土を得んとするならば、それは難行でゝもあり又雑行でゞも有るので有るが、今言ふ助業は、之を以て極楽に往生しやうと言ふのではない、佛の攝取を被むつた感謝の活動、往生を得させて貰ふた報恩の行爲である「九品の業を人に随ひて、堪へぬべき程に御勧め候ふべし」(法然上人行状畫圖廿五)で有つて、人々の異る行爲も正行としての價値は同等である、長者の萬燈貧者の一燈と云ふが如くだ、西山上人は「強軟は膚に觸れて之を知る、念佛の行は、三業に行じて、須く難行か易行かと知るべし」(秘訣集十二)と言はれて有る、茲に念佛の行と言ふは、三心即南無阿彌陀佛の正定業を、身、口、意三業の助業に顯すのであるが、強軟は膚に觸れて之を知る、で、現身に念佛三昧(見佛)の體驗を得て、歡喜踊躍の生活が爲し得らるれば、眞に往生極樂で有つて、菜摘み、水酌の業から、茶の湯生け花のたのしみ、狂言綺語の遊戲までが三業さながら南無阿彌陀佛を顯すの助業である。

地方資料

編者との協議の上、収録しないことになりました。
(不二出版)

教化資料

○世界の鐵道線路の長さ

英吉利での全延長は二萬三千七百哩、北米合衆國は二十五萬九千七百哩、加奈陀は三萬八千八百七十九哩、佛蘭西は三萬二千三十哩、獨逸は三萬七千八百九十四哩、白耳義は六千四百六十五哩、瑞典は八千九百八十四哩等で日本は八千三百六十四哩である。この統計は大體最近のものである。

○東西俚諺

□同　情

逆運の時の友は最善なり。（英國）

貧しき者に施すは神に貸すなり。（逸獨、和蘭）

情は人の爲めならず。（日本）

愛は劍なくして王國を統治す。（英國）

情に向ふ刄なし。（日本）

困窮は相棒を愛す。（英國）

同病相ひ憐む。（日本）

□富

千金の子は市に死せず。（支那）

金持が法律を破り貧乏人が罰せられる。（西班牙）

身上が出來れば他人も集まる貧乏すれば親類も離れる。（日本）

逆運の時は二十人の中で一人の友もなし。（英國）

北風は穀物を害せず、貧人は明友を有せず。（西班牙）

金持は苦勞多し。（日本）

品物皆無で心配皆無。（英國）

金持は馬鹿も利口に見える。（日本）

不義にして富むは浮雲の如し。（支那）

富を持續して貧しき生活を營むものは黃金を背負つて薊《あざみ》を食ふ驢馬の如し。（英國）

富豪は其の財産の奴隷なり。（タミル）

□貧　乏

金がなければ怖れなし。(獨逸)
富は心配を仕込む貧乏は氣樂なり。(丁抹)
食はず貧樂。(日本)
貧人は凡て愚人に見える。(英國)
貧の盗みに戀の歌。(日本)
神は貧乏人を助け富者は自ら助く。(蘇格蘭)

○色の表示する心理

色は不思議に人間の心裡状態に強い關係を有するものである。色が腦に働く結果は直ちに肉體にまでも影響を及ぼすことになる。これは單り高等動物と稱する人間のみならず、下等動物にも此の通りの影響を及ぼすものである。赤は活動的な威勢のよい色である。引込み思案の色でない、どしどし持ちかけて突き進んで行く色である。人の氣を荒だてる色である。眞紅に憤つたといふのは單に憤つた顏が充血したといふ事實の説明ばかりではない、憤怒といふ事實を抽象的に形容する好辭句である。西洋で激しい戰爭を形容して reb war といふ卽ち直譯すれば「赤い戰ひ」といふ意味になる。其他赤旗、赤信號、赤鬼など何れも物騒を意味する。更に否むべからざる顯著なる例を擧ぐれば、牡牛の眼前に赤い女傘か毛布類を出すと牛の氣はすぐに荒くなつて來る。黄色は厭忌又は嘔氣の色である。藍は失望落膽、沈重引込み思案等の色である。ヘリオトロープ花色の如紫の白いもの、ラヴエンダーの如き灰色青色は女性の色で如何にも多感な物に感動しやすい色である。綠は安靜を意味し心の焦だつのを安める色である。

○犯罪の一等國

米國刑事學者の調査に依ると、一九一六年中市俄古市の謀殺犯が百〇五件であつたのに對し、倫敦のは僅かに九件であつた。而して市俄古は倫敦の約三分の一人口しかないから其の比例は倫敦の謀殺被害者一人に對して市俄古は三十五人の割合である。兎に角市俄古は世界に於ける有數な犯罪都市だが一九一七年並に一九一八年の紐育も倫敦より殺人犯の多き事六倍に及んで居る費府はクエーカーの都とされて居るグラスゴーと略其大きさを同じくして居るにも拘らず、實に殺人犯件數は後者の三十八件に對して二百八十一件であつた、聖路易はリヴアープルと人口を同じくして居るが殺人は八倍も多い。所謂「薔薇の都」羅府でさへも倫敦より犯罪數の多いこと二倍である。又强盜及び窃盜の數も米國の都市は英國の都市に比して遙に多く市俄古の如きは一八一九年には實に三千四百件あつた、斯く犯罪の多い原因は主として米國の人口が人種的に雜多である事に基因する。倫敦に住む外人數は全人口の三分に過ぎぬが紐育は四割一分に及んでゐる。而して米國各地にある異人種中最も多數居るのは黑奴とスラヴ人である而して犯人の多くは此等劣等人種の中に發見せらると。

○女子青年團

內務省の調査によれば全國各府縣下の女子青年團は現在約六千三百六十餘の團體と五十九萬六千六百三十餘名の團員があり、平均一府縣百三十五團體、一團體平均九十四人の割合で之等の女子青年團の重なる事業は、

學力補習會、講演會、風紀改善、社會奉仕、軍人家族慰問、處女新聞雜誌發行、副業品展覽會、常識養成、廢物利用法研究、慈善事業、貯金奬勵家事講習會其他土地に適する各般の事業數千の多きに達して居る。

○婚姻と離婚

日本全國最近の統計によると、婚姻總數四十五萬四百七十八件、離婚總數五萬六千八十四件だ。勿論此の中に內緣の離合は含まれて居ない。

○英國の人口

キングランド及ウェルスの人口は一九二〇年の十、十一、十二の三月間に十三萬六千百七十七人の增加を見た。出生者數二十二萬九千八百六十七人。同年一、二、三の三月間より四萬一千二百十五人減少して居る。幼兒の死亡率出生千人に對する六十五人。平均以下千分の三十六である。又住宅拂底にも拘らず、結婚者數二十一萬七千三百三十六人。七、八、九の三月間に於ける、結婚者數よりも七萬九千三十四人の增加であつた。

○舌と人の性質

西洋人は舌の形や働きに依つて此人が如何な性質の人であるとか、如何なる運命を持つ人とかを判斷して居るが決して誤る事がないさうな、御參考までに、

長舌の人は快活然かも勇氣に富む
短舌の人は內氣で僞善の性を有す
廣舌の人は多辯
狹舌の人は利己主義若しくは排他主義の人
長廣舌の人は物事に倦み易く大事を成さず
短廣舌の人は虛言を弄し大言壯語を好む

○眼球の取り替

維也納生物眼科學會は會員コッパニー氏の興味深い眼球の取替へ方法を發表した。次に擧げるのは同氏實驗の結果得た創意の槪要である、鼷鼠や魚類の眼球を拔かれたら、自然の美しい色彩を失つてドス黑い色になるが、魚類は他の魚の眼を繰拔いてそれに入れると再び元の色になる。だから成長し切つた魚などは眼球を取り替へても視力を有するものとの結論が出來る、蛙を試驗して見ても同じ事が立證される、卽ち人が蠅や蟲などを殺して盲目の蛙に新しい眼を入れると、蛙の眼は光や機械的反射に對して直に感應して視力の活動を

始める。そこで氏は温血動物を實驗して眼を拔かれた鼠の兩眼に他の鼠の兩眼を入れ替へると網膜や神經が再び活動し始める、コルマーク教授は檢微鏡で試驗して見たが、此新しい入眼が完全に元の眼のやうになり、新神經は舊生命を漸次復活すると言つて居る。然し是が可能なのは單に眼球が入れられた場合に限るのであつて、少しでも遲れると血管は死んで終つて替玉が利かなくなる、專門の醫者連殊に第一流の眼科醫として有名なモーラー教授なども、研究實驗の結果コツパニー氏の創意を眞理であると言つて居る。而して此眼球入替へが人間にも應用されたなら、人類の不幸が著しく減ずる事だらう。何故ならば死刑の宣告を受けた罪人の眼が善良なる盲者に入替得らるゝし、又或種類の犯罪人には眼を拔き取る刑に處して、其眼球を利用し、一方には斯くして犯罪人を入獄せしめなかつたなら、國家の監獄費は大に節減されるのである。

○婦人の嗜好

芝居、こんにやく、いも、たこ、なんきん、は昔から女の好きなものとして云ひ囃やされてゐるが最近或る人が約一千名の婦人に就て、其嗜好物の投票を集めた處、着物九百八十八、芝居七百二十八、食事百五十八、旅行五十八、貯金三十人といふ結果だつたさうな。

○藥用せらるゝ昆蟲

蚊―西洋では頭の禿げた部分に蚊をすり込むと毛の成長を促進せしめると云はれて居る。尚睫毛のない人、薄い人等はこれをやると非常に効果があると云はれて居る。實際蚊の體中に何か毛を生せしむるものがあるのか、それは未だ分らぬが、兎に角面白いことだ。

蟻―ペルシヤの藥局方では、古代に興奮劑として潰した蟻二分とアルコール三分で浸出したものを用ひて居る。又壞血病治劑、癩病、痛風、中氣リユーマチス等に蟻から製せられた藥は効能があると云はれて居る。是等色々の病氣に効果のある成分は蟻酸と云はれて居る弱性の劇藥である。獨逸の一地方では蟻を藥用にする事に、面白い習慣があるが、それはリユーマチス患者が、必ず蟻の巢の中に其の患部を入れて蟻に刺さしめると云ふ事である。これは獨逸の醫者が研究の結果蟻酸の効果であることを見出した。

蜂―蜂の藥用としての効果は、幼虫は燒いて小兒疸に、蠟は膏藥原料に、密は甘味劑、冷止めに巢は黑燒として冷止めに、密蜂に刺されるとリユーマチスに、全く何から何まで効能がある。我國では大同年間から藥用とされて來て居る。

密蜂に好んで患者が刺されると云ふことは前述の獨逸の蟻の例とよく似て居る。蜂がさす時痛いのは蟻酸を分泌する爲であつて、西洋でもこれを藥用とすること、日本と同樣であるが、蜂の粉末は毛生藥として使用されるさうだ。この他虱は黃疸の藥に、南京虫は蛇等にかまれた時にその毒を中和するとよいと云はれて居る。

○德義に關する格言

君子は義を以て集り小人の友は利を以て集り利散すれば友情亡ぶ。(歐陽修)

恒產なくして恒心あるものは惟士のみ能くするを爲す。

身には襤褸を着ても心の富は捨てぬ。

君子は貪らざるを以て寶とす。

雜　　錄

□**第四卷正誤**　本講習錄第四卷講義中左の通り正誤す。

『經濟學說と實際問題』

40頁　6行「人口は二、四、八、十、十六、三十二」は「人口は二、四、八、十六、三十二」の誤

教化講習錄概要

□課目並に講師□

課目	講師
歐洲近代文藝思潮	文學博士 金子馬治先生
大戰後の世界現勢	ドクトル、オフ フイロソフイー 長瀬鳳輔先生
社會問題と思想問題	文學士 赤神良讓先生
社會教育	文部省社會教育課長 乘杉嘉壽先生
思想の變遷と流行語の研究	文學博士 藤岡勝二先生
兒童心理の應用	東洋大學教授 高島平三郎先生
經濟學説と實際問題	慶應義塾教授 清水靜文先生
實用論理	東洋大學學長 境野黄洋先生
佛教文化の特徴	文學博士 椎尾辨匡先生
我國の政治と佛教	文學博士 村上專精先生
現代思想と佛教	ドクトル、オフ フイロソフイー 渡邊海旭先生
思想の表現と聽衆の心理	加藤咄堂先生
社會事業概説	內務事務官 齋藤樹先生
自治民政と佛教	加藤咄堂先生
我國の文化と神道	津田敬武先生
佛教各宗の安心	各宗諸大家

帝室博物館
祭祀神祇部主任

其他隨時課外講義として最近科學の進步幷に敎化に適切なる講演を揭げ且つ每卷敎化資料を添ゆ

□會員特典

特典　會費三ケ月分以上前納者に對しては質問券を送附し、講義科目に就き隨時質問の便を得せしむ

□期間並に紙數

每月一回(一日發行)、紙數二百頁內外、各科講義に長短ありと雖、全部十二冊を以て完結す

□本講習錄の五大特色

一、專門知識を通俗化し平易なる說述を以て民衆敎化に好資料を提供するは本講習錄の特色なり。
一、敎化傳道に從事する宗敎家諸君に斷えず新なる敎材話材を供給するは本講習錄の特色なり。
一、社會を敎化し民衆を指導する人々に常に思潮の推移を知らしむるは本講習錄の特色なり。
一、各方面に於ける現代大家の執筆を請ひ讀者をして親しく其敎を受くるの感あらしむるは本講習錄の特色なり。
一、質疑應答の欄を置き讀者をして其難解の個所に對して隨意に質問せしむるも亦本講習錄の特色なり。

本講習錄購讀上の注意

△會費御送付の節は「新規」若くは「繼續」と御記入ありたし
△會員住所氏名は間違を生じ易きが故に最も明瞭に記載されたし

會費	
一ケ月分	金壹圓
三ケ月分	金貳圓九十錢
六ケ月分	金五圓五拾錢
一ケ年分	金拾圓五拾錢

△會費は前金のこと、送金は振替にて新修養社へ御拂込を乞ふ、集金郵便を差出す時は手數料金拾錢を加ふ
△中途加入者にも第一卷より送付す

大正十年十月廿八日印刷
大正十年十一月一日發行

東京府豊多摩郡代々幡村代々木百八番地
編輯兼發行人　加藤熊一郎

東京市神田區三崎町三丁目一番地
印刷人　百目木智璉

東京市神田區三崎町三丁目一番地
印刷所　株式會社共榮舍

東京市麻布區飯倉町五丁目四拾四番地
發行所　新修養社
電話芝二二七四番
振替東京八二二六四番

この部分は、原本の状態により収録できませんでした。（不二出版）

何人

佛敎の根本は此中にこ

佛敎の極意を容易に

加藤咄堂先生著（第十版）

大乘佛敎大綱

本書は平易簡明に何人にも解し易く、百個の問答を設けて説き明したのであります、初めに大乘佛敎の發達を論じて非佛敎の問題に及び、先づ倶舍或實等の小乘佛敎の梗概を示し法相三論の如き權大乘に入り圖を擧げ表を示して其敎義を説き進んで天台、眞言華嚴の極意を示して其發達に入り禪宗を示しては曹洞臨濟黄檗の異同に入り淨土を説いては融通念佛、淨土眞宗、の敎義並に發達を示したる近來無比の研究資料たり

菊版全一册
定價金七十五錢
送料金六錢

姉妹篇たる兩書は本誌愛讀諸君の必讀すべき珍書

加藤咄堂先生著（第十四版）

大乘佛敎百話

菊版全一册
定價金六十五錢
送料金六錢

本書は大乘敎の大意を何人にも解し易く談話體に綴られたるものにて第一章に於て佛敎の何物たるを説き併せて敎主の傳記大小乘の別を示し第二章第三章には善惡の標準を示し第四章には涅槃の因緣、生死輪廻、三世因果、自力空佛の理を説き第五章には三國の佛敎々理系統を示し外敎との比較を説き卷末に佛敎研究の順序を説き必要なる書籍を示し猶靈魂問答淨土問答を論説して最後に佛敎々理の系統を説きたる等是非一讀せざるべからざるの珍書なり。

東京市麻布區飯倉町五丁目

森江本店

振替口座東京三七二番

現代知識

敎化講習録

第六巻

現代智識 教化講習錄 (第六卷目次)

兒童心理の應用……(一―一六)……東洋大學教授 高島平三郎
經濟學說と實際問題……(六五―九六)……慶應義塾大學教授 淸水靜文
自治民政と佛教……(八一―九六)…… 加藤咄堂
歐洲近代文藝思潮……(六九―八四)……文學博士 金子馬治
社會教育……(八一―九六)……文部省社會教育課長 文學士 乘杉嘉壽
社會問題と思想問題……(六九―八四)……帝國大學助手 文學士 赤神良讓
大戰後の世界現勢……(六九―八四)……ドクトル・オブ フイロソフイー 長瀨鳳輔
日本の文化と神道……(八一―九六)……帝室博物館 祭祀神祇部主任 津田敬武
社會事業槪說……(四九―六四)……內務事務官 齋藤樹
眞言宗の安心……(一―一三)……豐山大學學長 富田斅純
課外講義 日本教育史上に及ぼせる佛教の勢力……(一―二四)……文學士 橫山健堂
地方資料(二五―三〇)……教化資料……(三一―三四)……雜錄……(三四)……

兒童心理の應用

東洋大學教授　高島平三郎

緒論

人生過程　人生は一の過程である。過程 Process とは常に進行してゆく所の經過そのものである。人生は生の初より死の終に至るまで絶えず進んでゐる一の連續である。然るに其の連續は、一直線に平坦に進んでゆくものではなくて其の間に定期的に變化が現はれて來る。其の變化を大別すれば三時期となる。即ち第一は身心が次第に發達上昇してゆく發達期、第二は發達期に於て到達した狀態を一定期間保存する所の平衡期、而して第三は發達した時の反對に漸次下降衰退してゆく衰替期である。此の發達期を兒童期と稱し、平衡期を壯年期、衰替期を老年期と稱する。

斯く三つの定型的に人生の進んで來ることは、必しも科學上から分けたのではない。何れの國民も夙に此の事實に注意してゐたので、少しく文化の進んだ國では、此の三大時期には色々の社會的儀式を行つて、其の無事なる經過を祝し、或は更に前途の幸福を祝したのである。例へば、我國では、元服や還曆の祝宴の如きである。斯ることは、科學上から來たのではない、經驗上から各國民の間に行はれてゐた事實である。此の如く、人生に於ける定型的に移り變る時期が人間にとつて大切の時期であるといふことは、夙に一般國民の間に認められてゐたのであるが、是等各期の間の推移年齡に就いては、各時代、各民族によつて、色々考が違つてゐる、のみならず今日科學上から學者が研究しても、容易に一定しない。是を敎育上から見れば、發達期と衰替期とを成るべく短くし、平衡期即ち活動の時代を成るべく延長しようといふことが理想となるのである。併し一般の原則として、準備を少くして活動を長くするといふことは不可能であつて、高等な動物ほど兒童期は長くなつてをり、人類に至つて最も長いのであるから、科學上から見れば、兒童期を短くすることは困難である、縱令出來るやうでも、それは吾々の敎育法や訓練法の上に止まるのである。併し壯年期を長くして老年期を短くすることは隨分可能である。現に日本民族はアングロサクソン民族に比べて早老と認められてゐるが是を壯年期を一層長くしようといふことは、學校並に社會の敎育によつて成し得ることである。さて今日科學上から認められてゐるのは、一般文明人に於て、發達期は男では二十二三乃至二十五歲、女は之より稍や早くして二十一二乃至二十三歲頃まで續くのである。而して老衰の始期は五十五乃至六十歲頃に來る。一般人よりも勢力の卓越した所の偉人にあつては七十・八十までも老衰しない。兒童を硏究する半面の目的は、卽ち準備期に合理的の敎育を施して、時期の短縮は不可能であるゆえ質に於て之と同樣の效果を收め而して勢力保存の期を長くしようといふ點に存するのである。

兒童期　人生は上述の如く大體に三分される。然らば發育の時期たる兒童期は、同一狀態を保ちつゝ進行するかといふに、決してさうでない。同じく兒童期にあつても、人生の全體と同じやうに律動的に變化があるのである。壯年期や老年期に於ても亦同じである。恰も大波の面に小波のある如く、大なる律動的變化には更に小なる律動的變化を載せて進み、而して大體に於て兒童期には上昇的傾向をとるのである。故に兒童期は其の小なる律動的變化によつて更に若干の小時期に劃することが出來る。併し此の區分もまた學者によつて一定してゐない。吾人は、古今色々の學者の說を參照し、尙ほ日本兒童の身體及び精神の發育狀態を參考して、胎兒期・嬰兒期・幼兒期・少年(少女)期・青年(處女)期の五期に分類した。此の區分は科學上相當の根據を有するものであつて、一般に此の區分の行はれんことを希望する所である。

さて胎兒期 Prenatal とは、受胎の初めから出生の時までをいふので、更に二つに區分される。前期を胚子期と稱し、未だ人間としての形態を具へるに至らない時代である。後期を成形期と稱し、人間の形態が出來てから出生までを含む。成形期は受胎後三乃至四箇月に始まる。併し此の遲速は個人によつて幾分不同があるので、唯大體上四箇月を境として前後兩期に分つに過ぎないのである。

嬰兒期 Infancy とは、出生から滿三年までを含み、其の中、滿一年までを嬰兒前期とし、滿一年から三年に至るまでを嬰兒後期と稱する。出生から三年までを嬰兒期と稱するのは、元來嬰といふ字は、物を抱える意味を有するので、それで幼な子の抱えて歩くことの出來る間をいふたのである。又英語で「インファンシー」と稱したのは、物の言へぬこと卽ち言葉の分らぬといふ意味から出たのである。

幼兒期 Childhood とは、滿三年から滿十年までを稱し、滿七年を境として之を更に前期と後期とに區分する。前期は卽ち幼稚園時代、後期は尋常小學四年までに當る。此の時期までは未だ男女の區別が第二次的特徵の上に現はれてゐない。第二次的特徵とは、身體發育の上に男女の形態的差異の現はれたのをいふので、第一次的特徵卽ち男女の生れながらの生理的差異に續く所の語である。

少年(少女)期 Boyhood and GirLhood とは、滿十年から滿十五年までの稱で、之を前期卽ち十二年までと、後期卽ち其の後とに分つ。少年期と稱すれば少女期をも含むのであるが、普通には少年少女と稱せられてゐる。是は此の時期にはもはや男女の第二次的特徵が明かになつてくるからである。

青年(處女)期 Youth and Virgin とは、滿十五年から成熟卽ち二十五年までを總稱し、科學上では單に青年期 Adolescence と稱する。此の時期は科學が一層進步してくると少くとも四期位に細別されるであらうが、今日では滿十八年を境として前後の二期に區別されるに過ぎない。

兒童學　さて兒童期を上述の如く細別して、是等各時期に於ける兒童の身體及び精神の構成・機能・發育並に病理を研究するのは兒童學である。兒童學 Paidology といふ名稱は、一八九三年、米國のオスカー、クリスマン Oscar Chrisman 氏が創製したもので、其の組織は一八九六年に發表された。兒童研究 Child-Study と稱せられるものは、兒童學と範圍を同じうするもので、歷史上其の名稱の成立が古い。それから兒童學は獨立せる一科學的體系の組織を豫想するが、兒童研究は必ずしも科學的統合を要求しないと見ることが出來よう。更に兒童心理學 Child-PsyChology。とは、兒童學及び兒童研究よりも範圍狹く、且つ獨立科學といふ立場から見て異つてゐる。卽ち兒童學は獨立の一科學であつて、其の範圍は兒童の生理・心理及び病理を含むけれども、兒童心理學は、心理學の一部門で、兒童の心理だけを取扱ふものであるゆゑ、判然と區別される。故に兒童の心理の研究は、心理學から見れば兒童心理學と稱すべきも、兒童學から見れば心理的兒童學 Psycho-Paidology と稱すべきである（クラパラード氏）。

兒童と人生　兒童と人生との關係を見るには先づ本能の意義を研究して見ねばならぬ。本能は之を大別すれば、自己保存の本能と種族維持の本能との二となる。前者に屬するものには、自體を維持する爲の營養本能と、自體を安全に保護する爲の防禦本能とがある。後者は卽ち生殖本能が主になつてゐる。人類の有する是等の本能の中で、何が最後の目的となつてゐるかといふに、それは種族の維持である。吾人の限りある時間と限りある空間とに立てる小さな我は、個體的其物よりも種の保存を最後の目的とすることに於て人生に最も深い意味を生じてくる。人は誰しも生命を惜む。犯罪人が死刑になる時は、壁に自分の名を書いて置くとか、又は刻んで置くとかいふやうなことをする。罪を犯して死に處せられるやうな者が、何の爲に名を保存したいか。是は誰にも不死又は永久を希求する所の强い衝動があるからである。人間の斯る衝動は、色々のことに現はれてくるが、生殖本能は其の中の主なる現はれである。生殖本能はやがて愛情の起源であり、美術・哲學・宗教の起源であるが、其の目的とする所は種の保存である。此の種の保存は、唯子孫の存續によつてのみ遂げられる。故に人生は兒童によつて意義を有してき、兒童によつて我の永久の存續が實現されるのである。人生に生殖本能の存する所以は、唯兒童によつてのみ之を說明することが出來る。而して此生殖本能からは、色々の人生の現象が說明される。死の問題の如きは其の一例である。抑々死は動物の如何なる階級から始まつてゐるかを硏究するのは、生物學上の興味ある問題であるが、玆にはそれを說くの餘裕はないから略するとして唯死は何故にあるかといふに、生物の發達の爲に存するのである。卽ち世界の環境は刻々變化してゆくのに、個體が其の環境に適應しゆく能力は微々たるものである。そこで適當の時に死が來て、新たに生じた個體が其の環境に適應し、或はそれを自己に適するやうにしてゆくのである、此の如く死は、次代の子孫を發達させてゆく爲にあるのである。人間に愛情の存することも亦生殖本能によつて說明することが出來る。人生の最大問題たる戀愛も、其の根本義は深い人生の要求から來てゐるのであるが、多くの人はそれを知らずして唯自然の絲遊 Gassaner のまに〳〵異性相牽いてゐるのである。

次には自我の不滅である。人間には自殺を欲するやうな病的狀態は除いて、正常としては誰しも不死を希ふ衝動がある。此の衝動は、自ら明かに意識される時もあるが、本人には明かに意識されてゐない場合もある。併し一般人に斯る衝動の存することは確かである。それは現在の個人に存するのみならず、民族の精神にも存したので、是は神話•傳說•宗敎の根本に不死の觀念が橫はつてゐるのでもわかる、多くの宗敎の根抵には、たとへ生命は無くなるとも眞の我の死ではないといふ考が橫はつてゐる。佛敎の阿彌陀佛といふ言葉は卽ち無量壽大覺者を意味し、吾人の理想として憧憬する所である。傳說や神話の中にも未來の話や不死の觀念がはいつてゐる。是等は皆人間の根本的要求から成立つてゐるのである。然るに今日は科學が進步し、哲學が發達してきて、昔の神話傳說や宗敎では滿足しなくなり、隨つて如何にして人生不滅の欲求を滿足せしめるかといふことが大問題となつてゐる。物質不滅の原理によつて、形態こそ變化すれ我は不滅であると說く人がある。社會的不滅の說をなして、此の小さな我は肉體と共に滅びても、在世中に遺した自分の活動は、社會的我として滅せぬと思惟する人もある。又事業的不滅の説もある。 吉田松陰が獄中から妹へ送つた手紙には、此の觀念が含まつてゐる併し上述の如き自我不滅の見解は、抽象的に流れて、具體的に眞に自我の不滅を吾人に強い觀念として與へないので人に滿足を與へ慰安を與へることは出來ない。然るに玆に子孫の永久の存續といふことは、確かに具體的に吾人に不滅の觀念を與へることが出來る。 抑々今日の我に就いて考へて見ると、我は時間的にも空間的にも大我の一部分を爲すものである。 社會的不滅を說明する際にも述べたやうに、此の小さな我は、社會といふ大きな有機體の中の唯一部を占めてゐる。それと共に、今の我は過去の何處から起つて來たか、佛敎の語を藉りて言へば、無始以來の子孫によつて現在の我は實現してゐるのである。 其の無始の過去は所謂Xで、有史以前である。 それから今日の多くの子孫が出來てゐるので、其の關係を示せば次の如くである。

X……………A————B……………Y

Xは無始の過去、點線は有史以前の祖先、實線は有史以來の祖先、Aは有史以來の祖先の劈頭、Bは現在の我、BY間の點線は未來の子孫である。 斯く見て來ると、我は獨立した自我であると同時に、無始の祖先から無限の子孫への連續の一部であることが分る。此に於てか我といふものの責任の大なることが明かになる。吾人の祖先崇拜及兒童保護の觀念は、つまり人生不滅の要求から發してゐるのである。かく考察して來ると、子孫を有する我は永遠に不滅である。眞の具體的自我は、子孫の斷絕によつて盡きる。されば我は、我一己の現在のみを考へて行爲することなく、常に子孫の連續といふことに責任を感じて一身を持すべきである。

次に吾人の理想は子孫によつてよく實現することが出來る。凡そ理想とは、現在の狀態に滿足せぬゆゑ、現在よりも善き考を作つて、其の考を自己の頭に置き、それに向つて突進してゆかうとする所の目標である。されば理想は、時々刻々に實現される性質のものであり、隨つて實現されると共に現實となつてしまふ。此の現實は既に理想ではない。其の現實にならぬ主觀的要素が理想の理想たる主要點である。そこで理想が高尚になればなるほど其の全體は一代に實現され得なくなる。死に至るまで憧れ進んで、而も遂に自己は之を現實に味はふことは出來ぬ。然らば何者がそれを實現するかといへば、次代の我、卽ち子供である。子孫によつて續いて實現されてゆくのである。今日の社會の進歩は、現代人の祖先の理想が、其の子孫たる現代人によつて實現されてゆく過程を示すものである。他方にまた、吾人の今日有する理想は、次から次と時代を逐ふて吾人の子孫によつて實現されてゆくであらう。此の如く考へるときは、兒童は親達の理想を實現してゆく所のものである。

上述の如く、兒童と人生とは離るべからざる深い關係を有するものであつて、兒童によつて眞の人生の價値が增される所以となるのである。

兒童と國家　國家は、之を維持してゆく所の力と、又それを發達させてゆく所の力との兩面を具へてをらねばならぬ。然らば之を維持するには何によるかといふに、生產と軍備とによる。生產の乏しい國家は到底之を維持することが出來ないと共に、軍備卽ち防禦力の不十分な國家は、國民を保護し生產を發達させることは出來ない。此の生產と防禦とは兒童殊に兒童期の終から青年期の者に大に俟たなければならぬ。一國の青年にして、國家の生產を圖り防禦を十分にするの力がないならば、其の國家は必ず傾くであらう。ラテン民族殊にフランス國民が、如何に兒童生産率の減少、死産率の増加を國家問題として憂へてゐるかを見れば、此のことが一層痛切に感ぜられるであらう。政治家でも、實業家でも、苟も國家を思ふ者は、未來の民族に重きを置かねばならぬ。然らざれば、國家の發達は勿論のこと、其の維持すら困難となるであらう。元來發達といふことは、吾人現在の文化を其の儘に子孫に傳へるのみでは、到底望まれないのみでなく、却つて衰退する虞がある。故に發達させるには、吾人以上の子孫を造らねばならぬ。吾人の同年齢の頃に比して、餘程優れた所の身心を有する兒童を造らねばならぬ。要するに、國家の發達進歩は、次代の國民たる兒童の如何によつて決せられるのである。

現時、兒童保護運動は世界的の運動となつてゐる。我國に於ても社會事業の一部として之が漸く盛になつてきたが、歐米諸國では既に餘程發達してゐる。兒童保護會を組織して實際に保護の實を擧げ、少年裁判所を設けて少年犯罪を特殊の標準にて取扱ひ、或は乳兒や異常兒や幼年勞働者を保護し、官民一致を以て進んでゐる。此の如く兒童保護事業の勃興してきたのは何故であるか。其の理由は極めて明白である。卽ち民族と民族との生存競爭に打勝つて其の民族の繁榮を圖るには、兒童保護が根本となるゆゑである。さて概言すれば、國民には回顧的(過去)のものと望遠的(未來)のものとがある。前者は主として過去に生き、古風を尙ぶ。尙古は一面に於ては美德ではあるが、それに偏すれば化石的國民となり、老人の跋扈する國家となる處がある。子孫の敎育を捨てゝ唯老人の鼻息を窺ふやうなことにもなる。支那の二十四孝の中には、親を養はむが爲に子供を生埋にして金の釜を掘り出したなどといふ例がある。が、斯る不道理のことが道德として稱揚されるやうでは、國は到底維持されない。然るに後者卽ち望前的國民は、徒らに回顧せず、常に將來を望んで未來子孫の爲を圖つてゆく。アングロサクソン民族やゲルマン民族は、世界に最も雄飛してゐる民族であるが、彼等が如何に兒童保護・兒童敎育及び兒童の硏究に努めてゐるかは、事實に現はれてゐる。故に今後我が國民も、親たる者は、老後も獨立して子供の扶養を受けぬといふ考を以て出立せねばならぬ。決して親を粗末にせよといふのではない、親自ら斯る覺悟を有し且つそれを實行せよといふのである。

個體發生と系統發生　今日吾人が兒童學に於て兒童の發育並に本性を硏究し

て、或る原理原則を發見しようと努めてゐるのは、個體發生と系統發生との比較に基礎を置いてゐるのである。

個體發生 Antogenese とは、生物學に於て、一個の生物が發生から成熟するまでの發育過程をいふのである。例へば、人間が受精細胞から始まつて、胎兒期・嬰兒期・幼兒期・少年期を經、青年期の終に於て成熟して成人となるまでの發育過程をいふ。系統發生 Phylogenese とは、或る生物の一群が、其の祖先と目せられる最下等の生物から現在の生物に達するまでの進化過程をいふのである。例へば、人類が、最下等の單細胞動物から次第に動物の階級を經て現在の人類に達するまでの進化過程をいふ。さて一個の生物が一代の間に生殖細胞から或者にまで發育して來る所の個體發生と、生物進化の過程たる系統發生と比較してみると、其の間に頗る密接の並行があつて、個體發生は系統發生の要約反復に外ならぬことが知られる。隨つて全生物中其の進化の最も高い所の人類は、其の道途に當れる全動物進化系統を反復するわけである。個體發生は系統發生を要約反復するといふ此の原理を、約說原理 Theory of Recapitulation と稱する。吾々兒童學者は、かく個體發生と系統發生との比較によつて種々の原理を見出してゆかうと努めてゐるのである。故に若しも此の根本原理が誤つてゐるならば、吾々今後の研究方針も亦改めねばならぬのである。そこで今茲に兩發生の間に存する關係を、具體的に明かにしてみよう。

總て生物の初めは、アミーバと同じやうに、單細胞から成つてゐる。細胞には、若し範型細胞ありと假定すれば、外部に膜があり、其の中に原形質と稱する流動體が充滿し、原形質に圍繞されて核といふものがある。實際には、動物細胞には膜を有しないのが多い。此の原形質は細胞の營養を司り、核は細胞の生命の存する所で、生殖を司る。人類も其の發生の初めは、生殖細胞であるゆゑ、一般細胞と同樣の體制を有する。是等の事實は、細胞の發見竝に研究の進歩して來た結果、明かになつたので、今から七十餘年前までは、人間は恰も重ね達磨の樣に卵の中に折り疊まつてはひつてゐるのが、漸次に展開して人間となるのであると信じてゐた學者もあつたのである。然るにドイツのカール　エルンスト　ベール Karl Ernst Baere 氏が、一八二七年に、初めて人類の卵子を發見した。此の卵子は精子によつて受胎する。其の受精卵は卵子と同じく單細胞であるが、漸次に二・四・八・十六・三十二……個と米食を排斥して麥飯を奬勵する者もあるけれども、此は考へものである。麥を作るにも矢張り地面がいる。稻田を麥畑に變更すれば收穫高が減少する。米は平均一反步に一石八斗程出來るが、麥は一石四斗足らず產するのみであるから、麥を作るのは却て損である。一朝緩急ある時の食料問題から考へても、酒は官營にする必要がある。年々三百七八十萬石酒に潰す玄米中、二百萬石位食料米に振向くれば大に一時の急を緩和することができる。食料は一日無くても生活ができぬから、それを貯藏する大都會の倉庫位は爆彈に耐ふる樣に建築して置かねば安心は出來ぬ。

(二)經濟組織を變更する必要がある。同じ材料にても、其用ゐ方、組合せ鹽梅によりて結果に著しき相違が起る。等しく炭素でありながら、原子の結付き具合によりて石炭ともなり、金剛石ともなるではないか。天地間の森羅萬象も、皆是れ所詮は、百足らずの原素の結合に過ぎぬ。否な恐らく電子の一元が萬物の實相であらう。組織が良く立つてゐなければ、單に何等の效能がないのみでなく、却て有害無益の惡結果を生ずる樣になる。一國の經濟も亦此道理の外に出ぬ。經濟單位の組合せ具合によりて國運が隆盛ともなるし、衰微もする。經濟單位と云へば種々雜多で、一々枚擧するゝことの出來ぬ程、紛糾錯綜してゐて、皆な何れも蜘蛛の巢の如く、互に相連絡してをるけれども、通俗的に概括すれば、農工商の三つとなることは、今更云ふ迄もない。而して經濟の此三大部門の調和が、甘く取れてゐなければ、國としての經濟的發達は覺束ない。ところが一國經濟部門の釣合を定むるには、唯其國の氣候、地形、地質、面積及人口等のみを標準とすることは出來ない。諸外國との經濟的關係も見ねばならぬし軍事上、外交上の事柄にも注意せねばならぬ。一口に云へば其國情と環境とに依て定むるの外はない。然るによく考へて見れば、商と工とは殆ど無限に發展させることが出來る。資本と勞力さへあれば、何程でも擴張されるが、農業は左樣には行かぬ。農業をやるには是非とも地面が必要である。無論耕作法を改良して產額を增加することは出來るが、是には自から限があつて人口の增加する割合に增加する事は困難である。去れば農業の發展には地面が必要となるが、地面は有限であるから、是非とも我經濟部門の割合を定むるには、先つ我國の耕作し得べき面積に相應する丈の農民を差引き、剩餘の人口は悉く、之を工と商と移住との方面に向けねばならぬ。卽ち國民中農業に從事すべき戶口の概數を定めたる後でなければ、經濟政策の大本は論せられぬ筈である。それで先づ農業の狀態を硏究して見やう。寬永十三年の鎖國條令は旣に溢れつゝある大和民族を內に壓迫して、人口過度の稠密を來し、封建の餘弊は土着の農民をして、益土地と離るべからざる關係を生じ、土地を讓り渡すは祖先の位牌に對し最も重大なる不敬にして、家族と共に傳はり來りたる田畠は、專ら家族に屬すべきものにして、家產の番人として相續したる戶主は土地を賣買處分する權能なき、往古の家族制度を夢みつゝあるではないか。それで農業が引合ふが引合ふまいが、今日食つてさへ行ければ、一向平氣である。故に格外の小農組織となつて仕舞つたのである。世界の小農場たる獨逸の農民ですら、猶我が農民の三倍に當る土地を耕してゐる。我が農業の不利益なるは此點から見ても推測ができる。尤も我國の耕作物は歐米のそれと種類が異るから、歐米程廣き面積を耕す譯にはゆかぬ。田八反步、畑七反步合せて一町五反步が一家の適當なる耕作面積であると某博士は云ふが、列强の釣合から見ても少くとも、二町步以下では足るまい。今假に二町步を適當としても、猶目下我國の農民は一家平均約一町歩を耕すのみであるから、至農家約五百五十萬戸の半數即ち約二百七十萬戸は現在の耕作地を去らねばならぬ。此内幾分は朝鮮、臺灣、北海道、樺太等に移住し、新に田畠を開墾して農業に從事することが出來るとしても、殘る大部分は矢張り、商工業なり、水產業なりに移らねばならぬ。猶餘れる分は滿蒙地方に移住するがよいと思ふ。滿洲丈でも、其面積が六萬四千七百方里あるから、丁度朝鮮を除いた本邦領土の二倍餘に當る。內地とは異なり土地が平坦であるから、農業を營むには非常に都合がよい。加之此廣い處女地に人口は僅に千九百萬位しきや居らないから植民をなすには無上の好適地と云はねばならぬ。唯冬季の氣候が少し寒いが住へぬことはない。又東內蒙古には牧場に適した土地が澤山あるから、天賦の牧人たる蒙古人を手先に使つて牛馬なり緬羊なりを牧ふがよい。此處で牧畜業をやるには智識の無い蒙古人丈に任せて置く譯には行かぬ。濠洲なり、亞爾然丁なり米國なり歐洲なりに研究生を派遣して充分に牧畜法と產物の製造處理法とを習得せしめ、之をして蒙古人監督の任に當らしめねばならぬ。此事業が發達しさへすれば、單に獸肉や皮革の供給を充分にすることが出來るのみでなく、內地に皆無なる羊毛の供給をも受けることができる。我國の經濟的に發展すべき土地としては滿蒙より良き土地を他に見出すことは出來なからう。それで我國の經濟政策も亦內地の貧弱なる農業から商工業なり、水產業なり、滿蒙移民なりに轉業することを助ける方針を取つて進まねばならぬ。此轉業が進行すると共に、生活の標準も高まり、國力も發展する。我國に於ては商工業者に比して農民の數が多過ぎる。多過ぎるから、利益がない。利益がないから、弗々商工業に移りつゝあるではないか。然れば我國の經濟をして順調の發達を遂げしむるには、是非共農民の數を減じて商工業なり植民なりに向はしむる政策を採らねばならぬ。之を根本の方針として一切枝葉の政策を講ずる必要がある。

(三)衣服の原料と樣式問題。古代に於て我國民が衣服の原料として用ゐたものは、主として楮と麻である。楮は今日では抄紙の原料に使用してゐるが、太古に在ては其纖維を續ぎ合せて麻同樣に織物を製した。冬着としては、綿のない時代であるから、中に尾花などを入れて用ゐた。關東に麻と楮を植えたのは、太玉命の遠孫に當る天富命である。丁度神武天皇の即位の第五年に總國（今の千葉縣）に、麻と穀とを植ゑたのが始りである。「好き麻の生ずる所を總國《フサクニ》と云ひ、好き穀《カヂ》の生ずる所を結《ユウ》城《キ》と云ふ」と史に見えてをるが、穀とは楮の義にして、結城は木棉城《ユウキ》なるべし。古語拾遺岩戸隱の條に天日鷲の神に穀木を種て白和幣《シラニギテ》を作らしむる事がある。こゝに穀木とは楮樹のことにして、往昔は楮皮を晒して製したるものを木棉《ユウ》と稱し、之を糸として織りしものを白栲《シロタヘ》と云ひ、又麻皮を晒し其糸にて織りたるものを麤栲《アラタヘ》と云つた。麻の原産地は中央及西部西細亞であるのに、それが神代からの衣服の原料となつてをるのみでなく、米の事を印度の方言では Vrihi と云ふが、此語は二千七八百年前に編纂されたマヌの法典にも既に出てをる。又亞富汗語にては Urushi. と云ひ、我國の粳《ウルチ》と云ふ語は此方面から來てをることが分かる。加之米は印度地方の原產物であつて、今日でも野生の稻がある。衣食は如何なる原人にも必要で一日も缺くことの出來ぬ必要品である。こんな事から考へてみれば、何だか大和民族の發祥地は此方面に關係のあるらしい。

右に述ぶる樣に、大和民族が着用した衣服の最初の原料は麻と楮であつて、生糸は日用品でない。桓武天皇の延暦十八年に、天竺人(錫蘭島人)が棉種を持つて三河國に漂着して以來、棉の耕作が廣がり、次第に衣服に使用さるゝ樣になつた。棉種舶來の濫觴は大日本史卷二百四十三に詳しく出てをる。

現下棉の産地は地球上約北位四十度と南位三十度の間に散在してをるが、原産地は二箇所らしい。一つは亞米利加にして、一つは印度である。コロンブスが亞米利加を發見した當時、印甸は棉の耕作を手廣くやつて居た。其範圍を云へば、北はニユーメキシコより南はブラジルに至り、東は西印度諸島より西はペルーに亘つてをつた。現下米國産の大部分は Upland cotton であるが、これは大方印度から傳はつたものであらう。歷山大王が印度を征服した時、棉を印度から地中海沿岸の歐洲に移植したと言ひ傳へてをる。

世界的の商品として棉を産出する國は北米合衆國が第一で、次は印度、次は埃及である。支那の如きは多量の棉を産出するけれども、多くは内地用である。我國にて使用する棉は主として印度産で、年々多額を輸入する。畢竟日本は生糸を北米合衆國に賣り、綿を印度から買ふて着物としてをる。平時は何でもないが、生活の必要品を全部外國に仰でをると云ふことは、一旦緩急あつた場合に忽ち困る。綿は衣服の原料となるばかりでなく、軍需品として必要缺ぐべからざるものである。此度の歐洲大戰爭に於て、獨逸は非常に綿の缺乏に苦んだ。紙を製造する原料のパルプにて糸を作り、布を織つて衣服の資料に供した。此目的で二十ばかりの會社が出來た位である。それだから我國も若し外國と戰端でも開くことになれば、早速綿には困るであらうと思はれる。併し綿は食料品程大切ではない。日本人は着物を澤山拵へて持つてをる習慣があるから、獨逸程は困らぬ。二年や三年位綿の輸入がなくても、古い物で何とか凌がつくであらう。内地は綿の耕作に適しない。綿の實が熟するのは二百十日頃であるが、暴風は非常に綿を害するから收穫が少ない。併し新領土朝鮮は此暴風帶を外れてをるのみでなく、氣候や地質が綿作に適してをるので、印度産に劣らぬ位な優等品が出來るから、或程度迄は朝鮮にて耕作するがよからうと思ふ。前にも述ぶる通り綿は食料品程大切ではないから、食料を産する土地を綿の耕作に振替へる事も考へものである。それで食料に餘り影響のない程度に綿を耕作したらよからうと思ふ。

綿に次で必要なのは羊毛である。歐洲戰爭中は我國も羊毛には非常に困つた。羊毛の仕出國が輸出を禁止した爲、我國の毛織物は非常に騰貴した。羊毛も軍需品として必要缺くべからざる物であるから、是も或程度迄は我が勢力範圍内で作る計劃を立てるがよからう。五百五十萬戶の農家一戶平均四頭宛の緬羊を飼ふとすれば、全國にて二千二百萬頭となるから、可なり多量の羊毛が取れる。無論我國の羊毛は品質が劣等であるけれども、防寒用とするには差支はない。加之老羊を賭り皮と肉との供給を增すことができるから、頗る都合が宜しい。一體日本人は生命を繫ぐ食物は食つて居るが仕事をする食物は食つて居ないと云ふ評がある、日本の勞働者は歐米の勞働者と比ぶれば、元來體力が弱い。露西亞の兵が大きなシャベルを持つて一日に八時間土を掘るのと、日本の兵が小さいシャベルで五時間掘るのと、其疲勞の程度が等しいと云ふ。時間の上から云ふても既に八と五との相違がある。是に體力の差異を加ふれば、我國の勞働者は歐米人の半分位しきや仕事ができぬ。其上に現下では技術が拙いと來てをる。其能率の低いのは當然である。我國民にはもつと滋養物を食はしむる必要がある。此點から云ふても緬羊の飼養は奬勵せねばならぬ。前にも述べた通り一奮發して東內蒙古に大牧場を開くがよからう。

衣服の原料に對する考慮は勿論必要であるが、其樣式に對する注意も亦怠てはならぬ。生存競爭が激烈になるに連れ、中流以上の事務服は大抵洋服となり、職人の服裝は、從來法被に股引であつたのが、近頃は洋服を着る者が殖えて來た。是は已を得ない變化である。袂の附いた着物を纏ふては仕事が出來ぬ。幕末の武士が悠長となり、因循となつたのも、服裝の影響を受けた事が少くないと思ふ。殊に日本婦人の服裝は唯裝飾品で實用に適しない。婦人服としては、朝鮮服の上衣をも少し長くした物が一番適して居る樣に思はれるが、併し衣服は氣候風土によつて異なるべきものであるから、一概には云へない。中等學校に通ふ男女生徒の兩者を比較し、男生徒よりも、女生徒の方が、身體の發育が好良である。是は全く男生徒は洋服を着け、女生徒は和服を着ける結果だと云ふ洋服反對論者もあるが、兩者發育の差異を全々衣服のみに歸するのは誤りであらう。何となれば、此時代には同じ和服を着て居ても、女の方が發育の早いのが生理上の定則である。去り乍ら洋服は一體寒國の着物であつて、暖國向でないから、我國にては、外觀も惡しくない特種の樣式を發明する必要があらう。

概して日本人は餘り多くの着物を貯へて置く習慣がある。これは場所塞ぎとなるばかりでなく、非常に不經濟である。西洋人などは必要以外の物は拵へない。嫁入の時に着も切れぬ丈け、着物を持つて行くのは止すがよい。是れ單に流行《ハヤ》り廢《スタ》りとなる恐があるのみでなく、蟲干の手數、火災盜難の患、金利等の損がある。同じ事なら、公債か地面で持つて行つた方が大に得である。こんな見えを張る習慣は止めるがよい。

(四)鐵及石炭問題。鐵と石炭とは現代文明の二大要素とも云ふべきものであつて、英國の繁榮も、北米合衆國の隆盛も此二者に負ふところが少くない。

(い)鐵。人類社會發達の順序を大別して石器時代、銅器時代、鐵器時代の三つとなすが普通である。現下は鐵器時代で、鐵が無ければ何事も出來ぬ。鐵道も汽船も、機械類も、武器も皆な鐵が基礎材料となつてをる。此大切な鐵を人類が用ゐ出したのは、僅に三千三百年此方で、其以前は銅器時代と云ふて、人類は鐵の製法を知らず、銅を用ゐてゐた。昔希臘の盛なりし頃ですら、銅よりも鐵の方が高價であつたと云ふ位で、ラシードモンでは鐵本位の貨幣を使用してゐた。併し鐵の製法が段々巧者になつて其價も下落し、一般に廣く用ゐらるゝ樣になつた。一九一五年に於ける世界銑鐵の總産額は約六千五百萬噸で、其約半額は北米合衆國の産出に係る。英吉利、獨逸なども、合衆國に次ぐ產鐵國であるが、此點に於ては、日本は實に心細い、歐洲大戰爭中には、外國から鐵が來なくなつたので大に困却した。現下我國の內地及其勢力圈內に於て產する鐵は、約百萬許で、迚ても足らないから、年々多量の輸入を見る次第である。大正七年には、約三億一千萬圓、大正八年には約二億五千萬圓程輸入してをる。滿洲鞍山站の製鐵業は鐵價下落の爲、經營難に陷つて居る樣であるが、併し八幡製鐵所の原料たる太冶の鐵鑛の平均五十パーセントの含鐵分ある鑛石に比較すれば、劣等ではあるけれども、猶ほ三十乃至四十パーセントの含鐵分がある。佛蘭西ベルダンの東方に當る產鐵地の鑛石は二十乃至三十パーセントの含鐵分を有するのみであるのに、猶引合ふて居たから、鞍山站の製鐵業が引合はぬことはあるまいと思ふ。是が引合ふことになれば、鑛脈が三十哩も續いて原料が豐富であるから、將來有望と云ふべきであるが、米國の競爭が激しいから如何であらうか、頗る憂慮に堪へない次第である。

銑鐵からは約八割五分の鋼鐵が得られる勘定である。內地のみでも、一ケ年に約十萬噸位の古鐵が出る。一旦有事の時には支那の太冶からも、三十餘萬噸の銑鐵を輸入することができるけれども、それ位の事では如何ともすることは出來ない。兎角鐵の問題は國民安危の繫る重大問題であることを常に念頭に置いて研究を怠つてはならぬ。

(ろ)石炭。西洋人はマルコポロの東洋旅行記を讀んで始めて石炭の燃料になることを知つた。マルコポロは伊太利ベネチャの商人で、今を去ること六百有餘年前忽必烈の時代、元朝に仕へてゐた人である。其文に曰く、「支那には黑き石があるが、赤くなつて火熱が長く續く」と、是は卽ち石炭を指すので、支那にては古代から石炭を使用して居た。滿洲の煙臺炭坑の如きは、千有餘年前、高勾麗人が開掘したものである。

一九一六年に於ける世界の石炭産額は約十二億七千五百萬噸にして、約半額は北米合衆國の産である。現下我國の石炭産額は一ケ年約三千萬噸で英國の十分の一に過ぎない。英國や戰前の獨逸に於ては、鐵と石炭の産地が比較的に近いので、大に製鐵業が發達した。大倉組と支那人とが合辦で經營してをる滿洲の本溪湖煤鐵有限公司も鐵と石炭の産地が近いので非常に好都合であるが、分量が少いので大した事はない。八幡の製鐵所の原料は支那の太冶から來る。此鑛石には平均五十パーセントの鐵分を含んでをる。一噸の鑛石を鎔すに二噸の石炭が入る。だから鐵鑛の産地まで石炭を運ぶよりも、石炭の産地まで鐵鑛を持つて來た方が、半分の運賃で濟む譯だから、九州炭の産地に近い八幡に製鐵所を置いた次第である。併し日本の石炭は將來五六十年位で大概掘り盡すとのことであるから、如何にも心細い。何とかして石炭に代る動力を使用せねばならぬ。我國は幸に日本海方面を除く外、海水干滿の差が多いから、海水電氣を起すに便利である。それで汽車も電車に代へ、蒸汽力を動力とする工場には、總て電力を使用し、點燈も一切海水電氣によることにせば、頗る經濟である。且又事業によつては、風車を用ゐた方が便利である。こんな風に電力を使用すれば石炭は少くとも餘り心配するに及ばぬ。

一體日本人は機械を使ふ事が下手である。歐洲大戰中獨逸が沈設する機械水雷を取除く爲に、英國では常に二千隻位の汽船や、石油發動機船を使用して居たが、是に用ゐる海員は大概漁夫から徵發した。海軍士官が漁夫を招集して三週間敎育を施せば、直ちに役に立つとの事である。平常彼の漁夫等は汽船や發動機船で漁業を營んで居るのと、幼少の頃から機械を取扱ひつけてをるから、こんな風に早速間に合ふのである。我國の漁夫なれば、一年位の敎育では迚ても役に立ちさうもない。列國の將來は軍事と云はず、經濟と云はず、悉く機械の競爭である。機械を使ふ事が巧者でなければ優勝者たることは出來ぬ。佛蘭西の飛行將校が云ふには、日本人は氣短かで餘り勝手に機械を動かさうとするから故障が起つて墜落するのである。或程度までは、機械の自然の運轉に從ふ樣に意掛けねばならぬと注意したことがある。これは實に尤な話で、馬でさへ勝手に乘らうとすれば、却て過を生ずる。危險なる道を行く時には、却て馬の步むが儘に放任して置いた方が安全だとは馬術家の言ふところである。本邦人を機械に馴染ましむるには、子供の玩具も機械仕掛の物を多く作り、研究者の爲には、任意に出入して勝手に試驗の出來る機械陳列場等を設立する必要があらうと思ふ。

(五)時間問題。 無始の過去より無終の未來に亘り、六合無邊の內容を有し、森羅萬象は其間に生滅し、縱横として上下として此內に包まれざるはなく、永久の宿題となつて、片時も學者の腦裡を離れないものは、實に時間と空間の二大問題であつて、兩者の間毫も輕重はない。 去り乍ら一般普通の人々には、獨り空間の觀念のみが盛であつて、時間の考の乏しいのは實に不思議である。 試に汽車に乘つて近在に旅行すれば、纔か十分か二十分の其間に、早や一種異樣の感に打たれ、忽ち境遇の激變せるが如くに覺ゆるけれども、一年二年は夢の間とやら、月日は何時か知らぬ間に立去り、子供は成長して三十となり四十となつても、慈母の心には露ばかりの變化だになく、名前の呼び樣から飲食衣服の世話に至るまで、毫も昔の驕兒《だだつこ》時代に異なることのないのは誰しも知らるゝところであらう。 然らば場所の變化を感じ、時間の經過に無頓着であるのは、人間固有の持前であらうか。 此特性は我國民に殊に著しいから、次に聊か研究してみやう。

一體田舍にては、時間を勘定の内に容れない習慣が行はれ、直段に僅計の相違があれば、貴重なる暇を潰し、態々遠方に出懸けて迄も、物を買ふが如き頓間なる事をなす者がある。「紺屋の明後日」は違約の代名詞であつて、得意先に何程迷惑を掛けても一向平氣である。殊に一刻千金敏活に立働くべき商人を見るに、其取引の仕振如何にも悠長であつて、「商は寢てせよ」てふ未開時代の諺を、金科玉條と心得るものが、瑣細の事に駈引をなして時間を潰し、最規律正しく勤むべき職務に在りながら煙草と雜談に時を遷すは事務員仲間の通弊である。併し、是は我國民丈に固有の天性であつて、永久脱することの出來ない陋習ではない。それは全く野蠻の遺風であつて、文明に赴くに連れ、漸次に改まるべきものである。其證據には、東印度諸島に住んでをる蠻族の中には、眠つてをる其間にも、妻子に始終飮食物を口に注込ませ、所謂眠食に時なき者もある。

又某氏が商用の爲、數朝鮮沿岸の僻地に寄航し、土人と懇意になつたところが、其後は行く度毎に、一切稼穡を打棄て、船側に來り長き煙管を啣へながら、茫然として終日を過したと云ふ。然るに飜て歐米文明諸國を見れば、農工商の實業より、舞踏遊山の娯樂に至るまで時間を定め、會社員等が出勤する折には、途中毫も横目を振らず、宛も運動會場の競走者の如く駆足にて急ぎ、事務室には一般に椅子を用ゐず立續にて事務を執る、其敏活なる擧動を見れば、如何にも氣忙しく氣違染んで居るけれども、是れ皆な進歩の結果であつて、免るゝことのできない天下の大勢である。單に實業の方面ばかりでなく、危機一髪を爭ふ戰場に於ても同樣であつて、昔は身分ある者が敵に出合へば、必ず我こそは何處其處の戰場に於て、斯々の功名を揚げた、何の某の末孫であると名乘を揚げ、或は戰ふ前に連歌を詠んだ者さへある。去れど今日の戰場に於て、斯樣に間拔た眞似をすれば、忽ち彈丸に倒るゝに極つてをる。西哲の言に曰く、時は金なりと、去れど時は金よりも貴く、金にて買ふことの出來ない智識、否な世に取換のない生命其物である。然らば如何にして此貴重なる時間を利用したらばよいか。是れ只だ眠食の時間を守り、仕事に向へば全力を注ぐより外に途はない。蓋し人の身體は時計の仕掛よりも一層微妙なる組織を持つてをる。時計ですら妄に其針を動かせば内部の機械に狂が生ずる。眠食の時間を守らなければ、身體を害ふは當然である。而して氣力を一事に集注すると否とは、恰も同じ力を加へ、掌にて物を打つと、錐にて衝くと、其效果に於て大差あるが如く、一點に集まる力は非常に強く、世の大事業は大抵此手段に依て成就せられる時間を守るは個人としても、大切であるが、團體に於ては特に其必要を認むる。大勢の間にては、時間に極りがなければ、事を共にすることはできぬ。人々相互間の信用の破るゝのも亦、時を違ふるに基因する場合が多い。

若し仕事に臨んで愚圖つく爲に、一時間に五分時間を浪費するものとせば、一日八時間の勞働時間中には、四十分時を失ふ勘定となる。然るに全國には、生產力を有する者、即ち十五歲以上六十歲以下の壯年者が、千八百五百八十六人の割合であるから、全人口五千六百萬人中には、三千二百八十一萬六千人の壯年者がある。而して此三千二百餘萬人が、五分間宛失ふ其時間を、一年中に積り上ぐれば、實に八億餘萬日となり是に一日の平均賃銀を壹圓五拾錢と見て乘ずれば、約拾貳億圓となり、之を人生一代の勞働日にて割れば、實に拾餘萬人の生命となり、最新式の戰鬪艦を買ふも猶五拾萬噸となる。何と大なる損失ではないか。多少の償金を取つたからとて雀躍するにも及ぶまい。壹萬餘人の自殺者を出したからとて狼狽するにも當るまい。 無數の生命と、無量の金額とは暗々裡に消え失せつゝあるではないか。

人は皆な我國の天産物の少いのと、資本の乏しいのを憂ひてをるけれども、僅々五分間の儉約は、豐年と凶歳に於ける農産物の差額よりも多く、實に國庫の總歳入に匹敵せんとしてをるではないか。 時間の價値も亦大なりと云はざるを得ぬ。

(六)虚禮を廢して勤勉なれ。 冠婚葬祭に虚儀虚禮の多きは皆なよく人の知るところである。 世間にはろくに知りもせぬ人の葬式に行く人があるが、其心情を忖度すれば其處に行きて知人に遇ひ、商賣上の相談をするとか、或は世間體を飾る爲であらう。 即ち彼の人は彼の死者迄をも知つてゐたのか、實に附合の廣い人であると言はれたいが爲である。 心から其死者に同情して行く者は極めて少ない。 實に馬鹿氣切てをる。 又年始廻りの如きも廢して貰ひたい。 近頃は廻禮が馬鹿氣て居るから、名刺交換會を行ふが宜しいと云ふて、實際やつて居る連中もある。 年末多忙の疲勞を休息すべき三ヶ日を戸毎に廻りて、人の顏も見えない三方の上に名刺を載せて來る程下らぬものはない。 それで近頃は賀正名刺配達請負業さへ出來た。何と處禮の極ではないか。正月の三ケ日間は年末の疲勞を息め、一年の謀を立てる爲、旅行をするか、左なくば、内に引籠て居て靜思するがよい。

小家族の家で戸々別々に炊事をすることも、亦不經濟である。簡易食堂に食ひに行くか、配達させる方法を取れば、大分手數が省ける。而して其省けた時間に働けば、國民經濟はそれ丈發達する譯である。

國々の習慣によつて、女の働くところと、働かぬところがある。國内の人口は等しくても、女の働く國はそれ丈勞働の總量が多い譯である。獨逸の女は英吉利の女よりも餘計に働く。併し此度の戰爭に於て人手の不足せる爲、英吉利の女も大に働いたが、是が長く續くかどうかは疑問である。琉球は昔から女は働き男は怠けると云ふので有名であるが、近頃は男もよく働く樣になつた。琉球の女は實によく働く。十四貫位な砂糖樽を頭の上に戴き、手放しで坂道を上下して居る。朝鮮では男女共稼である。野でも内でも共に働いて居る。併し餘り力が這入つて居ない。遊び半分に仕事をして居る樣に見受けられる。支那では比較的に女は働かぬ。彼の纒足を見ても仕事に不適當なことが分かる。我國でも女學校に行く時は健康であつた娘が他家に嫁てから、病身になる者が多い。是は長火鉢の側に坐り頤で人を使ふ罰である。兎に角女ももつと働いて貰ひたい。働けば身體も丈夫になり、經濟も發達する。

勞働は神聖であるから、働いたからとて耻かしいことはないのに、働くのを下品と考ふる習慣が我國にはまだ大分行はれて居る。英吉利の子供に「君は御母さんから靴を穿かせて貰ふさうではないか」と云へば大抵皆な憤りたる口吻にて「僕は人の厄介にはなりません、獨りで穿きます」と答へる。是が英吉利の强味である。然るに日本の子供は召使に靴を穿かせて貰ひ、自分はさも上流社會の者であると云はん計りの面持にて得意がつてをる。召使が坊つちやま、奥樣と敬語を用ゐなかつた爲に、御拂ひ箱になつた者も澤山ある。これは全く支那流の虚禮から來てをる。北京大學の外國雇敎授が參考書の這入つた鞄を自分で提げて行けば、彼は小人であると支那人から輕蔑せられ、供に持たせ、尊大に構へて歩けば、彼は大人であると尊敬せられるとの事である。此習慣が我國に入込んで來て居るから容易に抜けない。

(七)石油問題。電燈の使用弘まるに連れて燈火用としての石油に對する需要は減少しつゝあれど、工場、自動車、飛行機、及船舶用としては、其需要日一日に增加する傾向がある。現下の世界に在ては、石油は立國上必要缺くべからざる一要素となつた。戰時中英國にては、石油不足せる爲、止を得ず自動車に瓦斯發動機を使用する者さへ出來た。其體裁が如何にも無恰好で、大きな瓦斯の袋を自動車の蓋の上に載せて用を足した位である。石油は斯くの如く大切な物ではあるが、我國には如何にも少ない。其主產地は越後であつて、井を掘つて取つてをる。然し水とは違ひ、何程でも汲取れる物ではない。石油は地中の空洞内に溜つてをるものであるから、其處にある丈の分量を汲取つて仕舞へば最早や出ない。それで又新しい場所を見付けて掘らねばならぬ。石油を掘るのは實に面倒である。こんな面倒を見て掘つても年產額僅に二百萬石内外で迚ても足ないから、毎年三千餘萬圓づゝ外國から輸入する次第である。此輸入額の約七分の六は米國仕出で、殘り約七分の一が蘭領印度から來るのである。我國も是では實に困る。何か石油に代る物を發明することを常に忘れてはならぬ。

(八)最近工業の趨勢。 日清戰爭後本邦の工業は非常なる發達の氣運に向つた。宛も波斯戰爭後の希臘の如く列强が眠れる虎として恐怖したる支那を、豆粒の如き日本が打破つたので我國民は一般に自覺心が起つて來た。 此氣運が一面に於て工業上に現はれ、人皆蒸汽蒸汽と稱して蒸汽使用の熱度が非常に高まつた。 日露戰爭後は、此蒸汽熱が一變して電氣熱となり、一も電氣二も電氣と、電氣の功能が稱道せらるゝ樣になつた。 ところが今回の歐洲戰爭中より化學熱が一般に勃興し、國際競爭は兵戰と云はず、商戰と云はず、皆化學工業の優劣によりて極る。 化學工業の優劣は研究室内の試驗管の結果に因ると云はるゝ樣になつた。 獨逸が少數の小弱國を率ゐ、世界の二十數箇國を相手として、よく四箇年半の大戰を繼續することが出來たのは、全く獨逸の組織統一と化學工業とに基くものであることが分つた。 聯合國側では戰爭になれば、獨逸は直に硝石に困るであらうと想像して居たが、此想像が見事に裏切られた。 獨逸では空氣中から窒素を取つて、硝石代用品を製造した。 棉花に苦むであらうと豫期して居たところが、製紙原料のパルプから糸を製造して織物を作つた。 護謨製タイヤーの代りに彈力性の鋼鐵も用ゐた。電氣用銅線の代りに鋼鐵の合金をも使つた。窮すれば通ずる。苦しさ紛れに種々の發明があつた。元來獨逸では諸種の工場に些少の變更を加ふれば、直に軍需品の製造に使用することが出來る樣に設計してあつた。染料工場は大抵火藥の製造所に使用された。山陽道の網干に在るセルロイド製造所の機械は獨逸製であるが、大戰半途にそれで無煙火藥の製造が出來ることが分り、露國からの注文品を作ることになつた。獨逸の化學と組織は實に進歩したものである。列國が何と騷いでも、染料や、レンズは獨逸品に及ばぬ。戰時中獨逸に負けぬ物を拵へやうと努力したが、中々まだ及ばぬ。獨逸の强かつた大原因の一は確かに其進歩したる化學工業である。學者が今後列國の競爭は試驗管の競爭であると云ふのも過言ではない。我國も是非化學工業の獨立を圖りたいものである。現下我國に於ては大學及高等學校程度の化學工業關係の學校卒業者に、藥學科を出で化學工業に從事しつゝある者を加へて、其總數僅に四千餘人しきやないが、米國にては高等專門の化學教育を受けた者が、約三萬人もある。我國の化學教育の振はぬのは實に寒心に堪へぬ。是では到底列國と競爭は出來ぬ。勿論化學教育を施すには、莫大なる費用がかゝるから國家の施設に待つより外途はない。私立では迚ても隆盛に赴く氣遣はない。歐洲諸國では大抵歳出の一割位を敎育費に投じて居るのに、我國は僅に三分内外を費やすに過ぎない。

國家はもつと思切つて工業敎育殊に化學敎育に費用をかけて人材を養成せねばならぬ。

(九)産業は系統と組織を貴ぶ。總て事業は何業に拘らず、系統が立ち、組織がついてゐなければ、能率が揚らぬ。近頃は原料品の生産から完成品の仕上げに至るまで、悉く一手にて經營した方が好結果を收むるやうになつた。若し原料品の生産者と、運送業者と、完成品の生産者とが別人であれば、何れの部分に故障が起つても他の兩者は仕事が出來ぬ。それで米國のグリー氏の製鐵會社では鐵山は無論、運搬用の汽車汽船迄をも會社が持つてをる。汽船は百萬噸を超え、鐵道は單線にすれば太西洋岸から太平洋岸に至る丈の長さを持つて居て、運送業迄をも一切經營してをる。かうした方が結局利益との事である。戰時中米國では標準船型を重量噸五千噸級と七千五百噸級と八千噸級との三種に限定した。設計が極つてをるから側板は製鐵所にて、鐵骨は鐵橋等を作る會社にて、汽罐部は機械工場にて別々に作り、その持寄りたる物を造船所にては組立つるのみであるから、僅に十分の二か三位の手數で船が出來て仕舞ふ。それで何程獨逸の潜航艇が荒れ廻つても擊沈し盡せぬ程船が出來た。少くとも平素の三四倍の速力で建造された。或る英國の鐵道會社では三十三種の汽罐車を使用してゐたが、之を統一して僅に三型に減少して手數を省くことに極めた。

組織統一と云ふ點に於ては、獨逸人は特種の性質を持つてをる。英國の商人は安い處で仕入れて、高い處に持つて行つて販賣するのみであるが、獨逸の商人は左樣ではない。視察し、報告し、販賣すると云ふ三つの仕事を常にやつてをる。もと東清鐵道は請負になつてゐて多數の獨逸人を使用して居つた。獨逸人は露西亞人の半分の給料で甘んじ、仕事は倍もする。如何にも重寶である。そんな安い給料で如何にして生活が出來るかと其內幕を調べてみれば、驚くべし、かうである。例へばペトログラードの或る商社から日本に靴の注文が來る。日本はそれを作り東清鐵道に託して輸送する。貨物係長をしてをる獨逸人は其荷物を途中の驛に下し、期限の切れるまで抑留して置く。一方には獨逸の製靴會社に電報を打ち、早く運動して露國の何々商社に靴を賣込みなさい。日本からの仕送品は期限が切れて契約が無效になるまで抑留して置きますからと云ふてやる。而して本國の製靴會社から歩合を貰つて給料の不足を補充する。獨逸人は總て商業に戰術を應用してゐた。戰爭中香港政廳で獨逸人に退去を命じた節、Dennis K. Moss と云ふ者に二十有餘の獨逸商社の淸算を命じた。處が二十有餘中年五分の利益のある會社は唯一つで、其他のものは皆五分以下で無配當か若くは缺損のものも中々多かつたとの事である。其無配當が一二年位ならまだしもだが、幾年も〳〵續いて居た。それでは如何にして存立して行くかと云へば、英國品なり、米國品なり日本品なりを驅逐し、其得意先を奪ひ取るまでは競爭する。而して其缺損は本國の製造會社からの補助金にて塡補する。一旦得意先を奪つた後は末永く儲けやうと云ふ遣り口である。又本國で新たに造つた發明品があれば、序の軍艦が無運賃で積で行つてやる。領事等も其賣弘めを援助する。獨逸では斯く軍人も外交官も貿易の擴張に手傳つてゐた。それでよく獨逸の商品が賣れた次第である。

從來倫敦は世界金融の中心であつたが、此度の戰爭中に一部分を紐育から奪はれた。又世界の商船の賣買契約や傭船契約は主として倫敦で行はれてゐたが、今日では太平洋方面の分はシドニーで極るやうになつた。世界の經濟界に於ける英國の勢力は漸次に衰退する傾向がある。何とかして此頽勢を挽回せねばならぬと努力してをるが、何の道獨逸式の統一政策によるより外途はない事を悟り、感情や行掛りは一切之を打捨て、先づ五大銀行を合併し其大資力によりて貿易の發展を援助する計畫を立てた。

此點に於ては我國の銀行業者は大に鑑みる所がなくてはならぬ。日本全體よりも取引額の多い蘇格蘭でさへ僅かに九つの銀行にて金融の衝に當つてをる。何れも皆幾百千の支店出張所を有し組織的に金融業を經營してをる。

だから其成績が頗る宜しい。然るに我國は猶額大の一小天地に本店數二千を超え支店出張所數四千に垂んとする多數の銀行にて金融を營んでをるから其成績が如何にも惡い。本當に銀行らしい仕事をしてをるものは幾つもない。多數は質屋に似た樣な仕事をしてをる。

之を合併して少數の大銀行に纏め、多數の支店を各地に開設し、互に連絡を取り統一して事業を經營すれば、確に金融上に於ける能率を今日の三倍位に增進することが出來るであらう。

(十)宗教、商業、外交、武力の順序にて發展せねばならぬ。熟〻歐米諸國が殖民地若くば他國に勢力を扶殖する方法を見るに、先づ第一に宗教にて人心を懷け置き、其次に商人が入込みて貿易に從事し、移住民の增加するに連れて人種間の難問題が發生し、外交の力によりて解決すること能はざる場合に、止を得ず、武力を用ひる順序であるが、我國の從來の遣方は丁度その正反對になつてをる。先づ武力か外交にて收めたる土地に商人が入込み、移住民の增加をすると共に、僧侶も渡るのであるが、其出先にて托鉢し、先づ衣食を支へ、然る後寺院を建立し、在留邦人の葬式を營むのであつて、異人種に對する布教は概ね等閑に付してをる。我國の僧侶は財力乏しきが上に、智力も亦比較的少いから、其成績の揚らぬのも餘儀ない次第である。

一體殖民地若くば他國手を擴げ、國力を伸張せんとする場合には、歐米式に則り先づ第一に布教をなし、次に商業を弘め、移住民の增加するに連れて、政治上の權力を扶植する順序に出れば、最經費少なく面倒なる事件を惹起する事がなくして國力を發展せしむることを得る譯であるのに、宗教の力を籍りて人心を懷けることとなく、只商業と國權のみを移植しやうとすれば往々兩人種間に衝突起り、莫大なる費用を投じて軍隊を動さざる可らざる破目に陷ることがある。僅か一回の騷擾に要する失費を投じて布教せば、却て好成績を收むることが出來る。此點に關しては當局者も僧侶も充分に會得して居らぬやうである。若し當局者が會得して居れば、物質上の充分なる補助と無形の保護とを與ふべき筈であるのに、事の實際は極て冷淡であるのみでなく、宗教は有害無益のもの〻如く取扱はれつ〻あるは、眞に慨嘆の至である。啻に宗教のみでなく、軍事と外交と政治と實業、何れも皆一致の行動を取らずして、別々に働きつ〻ある嫌がある。然し國家は組織體であるから、一致の行動を取らなければ其勢力を充分に發揚する譯にはゆかぬ。こは大に注意すべき點である。而して又僧侶に於ても葬式をなし、衣食さへ足れば充分なるが如く心得るも大なる間違であつて、如何なる場合に於ても國力擴張の先驅者とならねばならぬ。又その確信ある以上は、大に當局者を說得し、十二分の補助と保護とを與へしむる樣努力せねばならぬ。我が政府當局者の不見識なるは、支那に於ける布敎權獲得に努力せぬのを見ても明白である。朝鮮派遣の僧侶の如きも、自から充分朝鮮語を學び、寺院學校等に於て鮮人に日本語を敎へ、着々布敎する覺悟がなくてはならぬ。然るに朝鮮には既に儒敎が行はれてをるから新に佛敎を弘むる必要はないと云ふ者があれば、そは夫にてもよろしい。儒敎にて將來推通すとしても、其精神を一層明瞭に會得せしめ、之を文明的に改新する必要がある。何れにしても宗敎家と爲政者との大覺醒を要する次第である。

（十一）酒類を官營にせよ。清酒の釀造に消費する米は年々約三百七八十萬石であるから、食料米の不足の時は或は釀造高を半減して之を食料米に振向くれば可なり米價の調節ができる。其代り酒の賣價は石當りの專賣益金を二倍にすればよい譯である。卽ち從來の益金一石三十圓なりとすれば、之を六十圓に引上げ、生產費を加へたるものを標準として販賣すれば、專賣益金の總額に增減はない筈である。消費者側から見ても、酒を大切にし暴飮せぬ樣になるから、國民の健康も改善されるであらう。

あるが、それは後に都市の發達を述べる時に讓るとして、こゝには唯だ秀吉が都市の發展にも功のあつたことをいふに止めて置く。

戰雲を一掃して國內を統一したる豐臣氏の偉業は秀吉の死と共に其影を薄うし、關ヶ原の一戰によつて其の運命は略ぼ決し、次で大阪の落城となつて、世は全く德川氏の天下となり、十五代三百年の太平を致すに至つたので、此三百年間こそ現代の先驅として最も注目すべきものであるから、章を改めて之れを講述することゝする。

第三章　近世に於ける自治民政

第一節　都市の發達

一　都市の發達と神社佛閣

農業には廣い地域を要するが故に、農村は人家の密接して居ることが少いが、都市は人と人とが相集つて有無相通ずる商業が中心となるのであるから勢い人家の稠密といふことが要件となる。　此都市の出來るのには、いろ／＼な原因があつて、水陸交通の要衝に當り物貨の集散に便を得るといふことも一要件で、古來の大都市は多く大河の傍に發達し、其の河口や良港灣のある所に繁榮して居る地理的原因の外に、人の往來を頻繁ならしむべき政治上の中心を置かれたる人爲的原因も其の主要の一因を爲し、こゝに都市の發達をなさしむるのであるが、多くの場合には此政治上の中心が交通の利便なる所を選ばれ、又は政治上の中心となれるが故に交通の便利を促し、此二者が互に影響して都市の發達を促進するので、政治上の中心が奈良にあつた時代には此の古の都たる奈良の交通を便ならしめ、京都に移つては京都をして人家を密集せしめ、此奈良や京都との水陸交通の要路にあたる難波の津が發達したのであるは云ふまでもなく、各地方々々の都市は先づ其の政治上の中心として國府を置かれ、此國府に近く國分寺幷に國分尼寺を建立せられたるものであるから、政治上の中心は、やがて信仰上の中心地と相接し、租稅の納付や、公の訴訟で往來するものと、國府寺參詣の人々とは此地方に旅行すること頻繁なるが故に、自然に商業の中心となり、これを起點として半日行程位な所に人の休憩する所が出來、一日行程位な所に人の宿泊する所が出來、次第々々に小都市の出來るのは自然の順序で、今日實際旅行して見ても、大都市を起點として四五里の所に一つ、又四五里の所に一つといふ風に街道筋に小都市の出來て居るは此自然の結果であると見ることが出來る。　都市は此の如くにして發達したので、中にも民衆の最も多く參詣すべき神社佛閣は都市發達の基因を爲したものは少なくないので、現に一千年の昔に、國府や國府寺を置かれた地點に近き地方が、市となつて居るのは大和の奈良市を初め駿河の靜岡（舊名府中）甲斐の甲府（所在東八代郡國衙）豐後の大分、信濃の松本、播磨の姫路肥前の佐賀（市外春日村）尾張の一ノ宮（近く國分村あり）伊豫の今治（市外近く櫻井村國分）阿波の德島（市外國府町）安藝の廣島（市外に府中郡あり）紀伊の和歌山（近くは紀井村府中あり）等があり、町となつて居るのは武藏の府中町、常陸の石岡町、下總の市川町、越前の武生町、越中の伏木町、越後の直江津町、丹波の龜岡町、備中の總社町、長門の長府町筑後の御井町を初め三十に近く算することが出來る。　諸國一ノ宮の所在も多く之れと遠からず、今、其の名を町名に存するのを算しても大和の三輪、攝津の住吉（大阪市并に堺市に接す）尾張の一の宮（今市となる）駿河の大宮、伊豆の三島、武藏の大宮、上總の一の宮、下總の香取、常陸の鹿島、信濃の諏訪、上野の一の宮、下野の日光（並に宇都宮市）磐城の棚倉町、越前の敦賀、周防の防府、出雲の杵築、豊前の宇佐、肥後の宮地等がある。

若し其れ國民崇敬の中心たる伊勢神宮の所在地に至つては宇治山田市となり其の他の官國幣社の所在地にして著名の町となれるは石淸水神社即ち男山八幡宮(山城)の八幡町あり松尾神社(同)平野神社、吉田神社、上加茂、下加茂等多くの名社の所在地たる町が京都市に含まれ熱田神宮の所在地たる熱田町の名古屋市に併されて春日神社(大和)の奈良市にあるは別として石上神社(大和)の丹波市町、太宰府神社(筑前)の太宰府町、鹽釜神社(陸前)の鹽釜町、金刀比羅宮(讃岐)の琴平町、熊野神社(紀伊)の新宮町、嚴島神社(安藝)の宮島町等があり、著名の佛閣所在地の市となれるものには信濃の善光寺の所在地の長野市となれるを初め、町となれるものには下總の成田町(成田山新勝寺)紀伊の御坊町(本願寺別院)讃岐の善通寺町、觀音寺町、佛生山町三河の豊川町(妙嚴寺)等あり、其他寺名山名の地名に存するものは安房の那古(那古寺)伊勢の石藥師(西福寺)攝津の天王寺、伊豆の修禪寺、安房の誕生寺等枚擧に遑なきほどである。これらの事例から考へても、神社佛閣が如何に都市の發達に關係する多きかを見ることが出來る。勿論、都市の發達は唯だ神社佛閣が存するといふばかりではなく、中には政治上の中心たるが故に神社佛閣を置かれ、神社佛閣があるが爲めに政治上の中心を置かれ、若くは交通の便なるが故に、其の神社其の佛閣が繁昌したのもあつて、一律には推すことが出來ぬが、神社佛閣が因となり緣となつて都市の發達を助けたことは疑ふを要せない。

これらと稍々趣きを異にして最も多く宗教的因緣を有するものは加賀の金澤市である。金澤市の發達は前田氏百萬石の城下となつてからであるが、其の以前に於て眞宗の宗祖親鸞上人三世の孫覺如上人が此地に巡錫して諸民の歸依を得て、一字を此地に建て、後八世蓮如上人が更に巨刹を創立して眞宗弘通の道場として本源寺と號し、金澤の御堂、又尾山の御坊といひ、北陸に威を振ふたる一向一揆の中心となれるより頗る殷賑を來したので、天正年間佐久間盛政、此國を領し此寺を毀ちて城を築きて尾山城といひ、終に天正年間前田氏の入國に至つたのである。(越中の富山市も亦もとは普泉寺と呼び俗に富山寺といふ眞言宗寺院のあつた故地とも傳ふ)

二　都市自治の傾向

英雄、諸方に割據し其の所領は殆んど一國家の如く、政治の中心を其の地方に置き自衞の必要上、經濟の關係をも其の地方に限らんとし、商業を營むものも、領主の庇護の下に生命財產の保障を得んとせしが爲めに、所謂城下町なるものゝ發達を促し、各地方に小都市を生じ、中には外國貿易を計つて富强の策を講せしが故に、自ら港灣都市の發達を促し、筑前の博多、薩摩の坊の津、豐後の府內、肥前の平戶、(少しく遲れて同じく長崎)さては瀨戶內海の港灣より和泉の堺に至るまで都市の狀態を備へ、特に堺は西海と近畿との要路に當り、水陸の連接地たるを以て早く自由都市の狀態を呈し、明德年間、山名氏淸、城を此地に開きて泉府といひ、後、周防の大內義弘、此地を鎭せしより外國貿易を開き、義弘死して細川滿元、之れを守り、享祿年間には三好長慶、其の臣十河存保をして此地を守らしめて南海四國の要津として商業ます／＼發展し、文明年間には遣明船の發着地とし、天文年間葡萄牙人の種子島に入りて鐵砲を傳ふるや、此地の賈人橘屋又三郞、偶々其の地に至りて製法を學び來り、歸りて盛んに之れを製せしより此地は互市場たると共に兵器の供給地として隆盛に赴き、幕府はしば〳〵財を此地の商人に借りしより、此地の商人は其の報酬として諸種の特權を得、終に此地の町人の中より納屋十八衆なるものを選びて自治的民政を行ふに至つたのである。此制度は織田、豐臣を經て停止せられたが、從來全く社會の下層に置かれた町人階級が漸次に擡頭し來り、其の町人の集團になる都市が比較的に自由を得來り、京都は禁裏所在地の住民として、江戸は將軍御膝元の住民として有形無形に特權を得、大阪は豐臣氏の關係より幕府は特に其の町人に利便を與へ、幕府は之れを直轄として城代を、置き、其の下に東西兩町奉行を置き、寛永十一年德川家光、上洛の序を以て大阪に入城する市中一般の地子錢を免じ、寛文年中東町奉行たりし石丸定次は商家に問屋を設け且つ大小兩替屋を置きて金融の便を計らしめ、享保の頃より江戸には十組の問屋大阪には二十四組の問屋を結びて商業の敏活を計り、後には問屋の數も增し、加ふるに四國、中國幷に九州の大名、此地に藏屋敷を置き、藏役人を置きて販賣一切のことを取扱はしめ、之れを藏元といひしが、寛文の頃より之れを出入町人に託することゝなり、遠く豐臣氏の頃より發達し來れる米市は、元祿年間、堂島に新地を開きて、こゝに其の市場を置きしより其の一高　低は全國の米相場を左右せしむることゝなり、大阪は全國經濟の中心たるの力を養ひ來つたので、これら三ヶの津（京、大阪、江戸）の住民は諸侯の下にあるものよりは多くの自由を得來つたので、諸侯も亦城下の町人に對して特種の利益を與へしがために都市に於ける自治的の萠芽は此時代より發生し、都市も亦從つて發達し來つたのである。

三　江戸の市政と自治

徳川時代の都市の狀況を見るには、其の御膝元たる大都市江戸を見るを便なりとする。江戸の市街は、之れを南北町奉行の管下に置き、其の下に各々二十五人の與力と百二十五人の同心を置きて、行政并に司法、警察の任に當り、其の大部分を町内の自治に任じ、市内に三人の町年寄を置きて町奉行の命を奉じて市中の名主を總督せしむ、此三人（樽藤右衛門、館市右衛門、喜多村彌兵衛）は皆な幕府に由緒ある町人にて、其の下にある名主（京阪の年寄に同じきも名主は世襲なり）あり、一町又は數町の一人にして其の數凡そ二百八十四人、其の中に三十八人は江戸草創より相續せるもの之れを草分名主といひ、新開の町をも支配せるに至れるを古町名主といひ、其の他を平名主といひ、其の支配町内の事を掌り、其の費は支配内の地主より之れを收む。地主は土地を所有して町内公共の入費一切を負擔し、公役を取り立つる任務を有し、家主は地主の地面を差配し地代家賃を借家人より集めて地主に收め、公用町用を勤め、自身番所に出で非常を守るの職を有す、此自身番は町毎にあつて九尺に二間を定制とし、町内の家主常に交代して之れを守り、事ある毎に會合して之れを議し、官の下吏が追捕の罪人を下調べする等、すべて公用町用の場とし、其の他番小屋なるものあつて九尺、間を定制としこれに番人（俗に番太郎といふ）を置き町内に觸て廻るべきことあるとき、又、拍子木を打つて時を報じ、夜は火の用心を警む等町内の雜務を職とせしむ。

火防も亦半ば自治に任じ、明暦大火の後、定火消を置き四千石以上の旗本を以て之れに充て失火あれば與力同心を隨へて之れに趣かしめ外に諸國の大名を以て大手、櫻田、紅葉山、東叡山、淺草米藏等市内の要所に持場を定めたる方角火消の任に當らしめ、別に各町内には三十人宛の消防夫を置かしめしが、享保年間大岡越前守忠相、初めて組合を定め、市内を四十七組に分ち專門の消防夫を置き、平日は土木を業とするも一旦火事あれば之れに趣かしむることも定め、此方面に於ても自治の氣運は次第に加はり來つたのである。

而してこれらの基礎となるものは、五人組の制度である。此制度は、先きに述べたる大化の革新と共に行はれたる五保の制に發し德川氏以前にも行はれたが、德川氏に至つて大に之れを奬勵し都市と農村とを問はず、隣保團結、連帶責任を以て社會の平安を維持せしめたので、大は司法警察のことより、小は一家の瑣事に至るまで、此法は應用したので、明暦元年十月に發せし「町人心得」の中にも、

父母の制止、五人組の相續を用ひず、承引いたさゞる者これあらば召捕り來るべし、先づ牢舍せしめ、其の人宜しからざる覺悟に於ては親、久離を切り追ひ拂ふべし。萬一父母に對し遺恨を存せば彼の者町内捕へ來るべし、町中引き渡し死罪に行ふべき事。

なぞとあるは其の一例である。（此五人組のことは尙ほ後に說く）

かく自治的傾向を許すと共に愛市の精神を起さしめ、犯罪者に對しては、所拂、江戸拂、江戸十里四方拂等あつて都市より追放するの刑罪があつたのである。

第二節　宗判制度と五人組

一　五人組と戸籍

我が國に初めて戸籍法の行はれたのは、先きも擧げたる大化革新の以後で、「日本書紀」孝德天皇白雉三年四月の條に

是の月、戸籍を造る。凡そ五十戸を里と爲し、毎里、長一人、凡そ戸主には家長を以て之れを爲し、凡そ戸は五家相保つ、一人を長と爲し、以て相檢察す。

とあるに初つて、戸籍と同時に五人組の源は發し、其の後、大寶養老に至つて律令の定めらるゝに至り、天下の行政區域を劃して國の下に郡を置き、郡の下に里を置き、此里は元正天皇の靈龜元年から鄕を改められたが矢張五十戸を一鄕とし、之れに里長一人を定めて戸口の檢校、農桑の課殖、非違の檢察、賦役の催促等を掌らしめ、京師には坊を置き坊長一人を定め、四坊に坊令を置いて戸口の檢校等をなさしめ、五

家を組み合せたる五保には保長を置いたのである。かくて歳移り月變りて時に消長があり、世に變還はあつたが此五人組の制度は脈々として存して戰國時代にも治安維持の方法として行はれ、前きにも擧げたる如く豐臣秀吉之れを督勵し、德川氏に至つては寛永十四年十月の鄕中町條目には、

これより以前仰せ出され候、五人組いよ〳〵入念相改むべき事

といひ、更に

在々所々、惡黨之れなきやう鄕切に申し合せ常々相改むべし、若し不屆なる者之れあらば穿鑿の上、五人組は申すに及ばず、其の品によりては一鄕の者、曲事たるべきこと、

とし「不審なるものに宿貸すべからず、自然知らずして貸し、あやしき事あらば、たとひ親類緣者たりとも、其の所の庄屋五人組まで屆け出で」よと規定し、又「鄕中より奉公に出候とも、又商賣に行き候とも、其の先きの落ち着き所を庄屋五人組に知せ」よと定め、出入ともに此五人組が世帶現狀を知るの基調となつて、此五人組なる自治的團體が戶口調査に於て缺ぐべからざるものとなつて、明治の初めに至つたので

元年(慶應四年七月)の京都に於ける「仕法書」にも

一町内五人組の事

但し家並五軒を以て一組とし、順々組合せの内、軒数多少出來の處は七八軒又は四軒迄に組み合すべし。家並順次差支の處は隣りを合せ、向ひ三軒の割を以て組み合せ、一組内年長又は頭立ちたる者を五人頭とすべし、自然五軒とも に老人幼少又は婦人ばかりに候はゞ家並の順次に拘らず、頭分相勤り候者の家を入り交せ組合すべき事

一五人組は一町内にても親戚同樣殊更懇切に相交り、吉凶相扶け、疾病相憐み、盗難火災其外、非常等、之ある時は互に相救ふべき事

等とあつて、略ぼ五人組なるものゝ性質を窺ふことが出來、「向ひ三軒兩隣り」といひ「遠くの親類より近くの他人」といへる俚諺の由來する所を知らしめる。

かく德川時代に於て五人組制度の整備したる原因に就て穗積重遠博士は之れを(一)切支丹宗門の禁止(二)浪人の取締の二個の原因に歸して「宗門改、人別改の制を嚴にし之れと共に五人組制度を整備して比隣檢察の法を勵行し切支丹信者又は

浮浪の徒の隱匿せる者を告發するの義務を五人組に共擔せしめたと説かれて居る(同博士著五人組制度論)

二　宗判制度と戸口調査

德川時代に於ける五人組勵行の原因となつた切支丹宗門は羅馬法皇の敎域を東方に得んとして起つたローマンカソリック(天主敎)の一派エスウイト(Jesuit)敎會で、西暦一千五百四十九年其の主唱者の一人ザヴイエル(Xaviar)の我が薩摩に來りしを初め、次でヴイレラ(Vilela)なる宣敎師來りて織田信長の歸依を得て京都に南蠻寺を建立するに至りて大に行はれ、九州一圓はいふに及ばず近畿中國にも蔓延し一千五百七十七年(我が天正五年)には同敎會の東洋敎總監たるヴリヤーニ(Valiymani)が敎況視察のために來りし頃は宣敎師五十九人、敎會二百五十四の多きに達し、其の勢力侮るべからざるに至つたので、豊臣秀吉は天正十五年を以て之れを禁じ「日本は神國たる所に切支丹國より邪法を授け候條甚だ以て然るべからざる事」といひ、「其の國郡の者を近付け門徒になし、神社佛閣を打破らす前代未聞に候」と戒め其の宣教師を追放し、其の命を奉せざるものは嚴刑に處し、次で德川家康も亦之れを嚴禁し、慶長十八年には金地院の僧崇傳をして伴天連追放の文を作らしめ秀忠の名によつて諸大名に下し、秀忠を經て家光に至り切支丹教徒の一揆たる天草の亂起り、蕞爾たる肥前島原の一角により堂々たる幕軍を引受け、征討使板倉重昌を戰死せしめ、次ぎに來れる松平信綱等も容易に之れを降す能はず、手を曠うして二百餘日を費さしめたるを以て、幕府をして益々切支丹の恐るべきを思はしめこゝに宗門改めの勵行となり、日本國民をして悉く佛教の何れの寺院かの檀中たらしめ、其の寺院より此者は當寺檀那に相違なしとの寺請狀を出さしめ、士分以上の者は一札誓紙なるものを出し、

　今度宗門御改、私家內下々に至る迄、詮議いたし候處、不審なる者御座なく候、若し此以後、宗旨疑はしき者、之れあるに於ては早々申し達すべく候。

と認めしめ、又切支丹より佛教に轉じたるものは寺請狀の外に、しゆらめんとの起請なるものを出さしめ、

　元の切支丹に立ちかへるに於ては、上は天公でうす、さんたまりやを初め奉り、諸

のあんしよの御罰を蒙り、死してはいんへる野といへる獄所に於て諸天狗の手に渡り、永々五寒三熱の苦み受け、重て現世に於ては白癩黒癩の重病を受けべく、
仍ておそろしきしゆうめんと如件

と認めしめ、かく轉宗したるものゝ名簿を調製して之れを切支丹類族として嚴に監督したものである。此宗門改の制度は自ら戸籍法の發達を促し、村々の人別帳は寺院の宗判帳と相伴うて從來不精確なりし人口も次第に精確に近づき享保六年、八代將軍吉宗が公私の領地を問はず、戸口を注進せしめた時は全國總人口二千六百〇六萬五千四百二十五人、後、五年を經て更に命じて之れを調べしめ、爾來子年と午年と六年目毎に戸口を調査して之れを報告せしめたのである。併し此統計は上には出家武士僧侶を除き、下には穢多非人を除きたるものであるから實數よりは餘程少くなつて居ることを忘れてはならぬ。

第三節　民育の普及發達

一　農村と民育

峻嚴な淸敎徒的精神を代表したミルトン(John Milton 一六〇八——一六七四)の詩のみであつて、他には殆ど全く何ものも見られなかつた。最も壯嚴な而も峻嚴な詩想を歌つたミルトンは、一方から觀れば深くダンテに私淑し、隨つてイタリー文學を通じて古典文學の精神にも迫つたのであるから、此の宗敎詩人に於て旣に古典文藝の精神は著しかつたのであるが、然かも彼れに於ては壯嚴一方の純英國式淸敎徒的精神が餘りに著しかつた。彼れの詩想は最も純潔であり優雅であり高上を極めたものであつたが、彼れは最早俗界の詩人ではなくして、壯嚴な中世紀式宗敎界——神聖な天上界へと沒した聖者であつた。彼れがクロムヱルに與みして政治上の自由や出版の自由やを主張したことは、譬へば神聖な天女が下界の事に容喙したやうな觀が有つた。ミルトンの人格が道德的に最も峻嚴であり卒直であつたやうに、十七世紀前半期の英國は、すべての道德的薄弱さを驅逐せんとした最も嚴格な隨つてすべての華やかさや彈力性やを缺いだ淋しい時代であつた一口に情熱の時代が過ぎて、冷靜な理性の時代が來たのである。

されば吾人は先づ當代の散文方面——科學哲學等の思想方面から觀察するを

便利とする。此の方面から觀察すれば十七世紀は明らかに理性の時代理智一方の時代であつたことが知れる。たゞし同じく理性の時代とは言ひながら、イギリスの風潮がおのづからフランスのそれと違つてゐたところに國俗の相違が認められる。フランスの唯理主義はデカルトによつて代表され、其の本質が飽まで論理的鮮明乃至精確な數學的又は哲學的推究に存したに對して、イギリスの理性的傾向は、最初から實際的經驗的科學的實利的傾向そのものであつたと言へる。換言すれば、フランスはどこまでも透徹した論理的推究を進めようとしたに反して、イギリスには最初から一層經驗的な又は自然科學的な傾向が著しかつた。隨つてこゝではデカルトの哲學よりも、主としてルネサンス末期のベーコンの科學尊重の氣風が著しかつた。イギリス人はどこまでも實際的であつた。されば學術方面に於て當時のイギリスを代表した者は言ふまでもなく彼の引力の發明者ニウトン(Isaac Newton 一六四二——一七二七)であつた。彼れは文藝復興期に初まつた近代自然科學の發達に最も大なる貢献を成した人で、科學の經驗的な又實用的な精神は此の科學的天才によつて初めて完全に發揮された。彼れが殘した哲學的乃至神學的思想は頗る常習的な折衷的な幼稚なものであつたにもせよ、或は力學の方面に於て、或は光學の方面に於て、或は天體運動の方面に關して、今日の精確な物理的智識に確實な基礎を與へたことは、どこまでも彼れの功績であつたと稱へられる。單にニウトン一人のみならず、十七世紀の後半期に於ては、多數の科學研究者が出現した。イギリスのローヤル、ソサイエチーもまさに當時建設されたものであつたと傳へられる。

然しながら、一層廣い思想界(主として哲學及倫理學界)に於て、多少ニウトンに先だつて、當代のイギリスを代表し、隨つて一層廣い意味に於て當代のイギリスを支配した者はロック(John Locke 一六三二——一七〇四)であつた。ロックの哲學は十八世紀に至るまで殆ど全英國を支配した(又は代表した)哲學であつた。デカルトとロックとの相違を明らかにすれば、吾人はおのづからフランス思想に對するイギリス思想の特色を明らかにすることが出來る。論理的明確乃至數學的精確はどこまでもデカルトの特色であつて、論理的推究がフランス思想の特徴であつたに對して、ロック思想の特色は飽まで個々の事實——感覺的に具體的に掴み得られ、ポジティヴな事實乃至經驗に忠實といふことであつたデカルトの哲學的であつたに對して、ロックはどこまでも科學的であり經驗的であつた。彼れが哲學上の主著と言はれる『人間の理解力に關する論』(An Essay Concerning Human Understanding)と雖も、實は經驗的な心理學に近いものであつて、ニウトンが物理界を取扱つたに對して、ロックは主として心理學を取扱つたに過ぎない。常識的科學的經驗的な點に於ては、ロックは多少哲學的なニウトンにも優つてゐた。哲學的深遠さよりも科學的精確さがロックの生命であつた。隨つて近代英國の學風――精神現象をさながら物理現象の如く機械的に多少物質的に且主として Association-theory を以て說明しようとした學風は、主としてロックを源として流れ出たとも解釋される。此の科學的乃至物理學的な點に於ては、ロックと共に近代英國學風の建設者の主なる一人であつたホッブス(Thomas Hobbes 一五八八――一六七九)も全くロックと同じ精神を備へてゐた。彼れの哲學がロックのに較べれば一層强い推究的又は論理的傾向を備へてゐたに拘らず、其の根本基調又は精神が飽まで自然科學的であり經驗的であり實證的であつたことは、全くロックの精神に一致してゐた。

科學的經驗的特徴と並んで、ロック哲學はまた最も顯著な意味に於て實際的及び功利的特徴を備へてゐた。デカルト哲學はストア風な道德的又は宗敎的傾向を示したに對して、ロック哲學は最も明らかに政治的な實利的な個人本位的な特徴を備へてゐた。政治經濟等に關する考察はイギリスに於ては早くから發達した傾向であるが、十七世紀の半ばは恰もクロムヱルの革命に續いて王政復古等の變動が有つたゝめ、人心はいよ〳〵政治經濟等に關して深い興味を感ずるに至つた。ホッブスは國內の內亂的動搖を恐れて、彼の有名な君權絕對論を主張したが、ロックは穩和な民主政治を主張し、而もロックの此の民主的主張は恰も十七八世紀のイギリスの傾向を代表したものであつた。自由と自治——これが英國民本來の生命であつた。殊にホッブス及びロックによつて代表された英國民の特徴として吾人はこゝに彼等の個人本位主義を擧げなければならぬ。個人間の道德も乃至は國家的生活も、畢竟は個人の幸福又は實利が目的であつて、すべての社會的制度は此の個人的目的を成就せんがための手段に外ならないとは、單にホッブスやロックによつて主張された道德觀であるばかりでなく、十七八世紀のイギリスの學者及び有識者の多數によつて自明な事實として認められた道德觀であつた。斯やうな道德觀が政治上の自由といふ事と極めて密接な關係を持つてゐたは言ふまでもない。

殊にロックによつて代表された道德觀は其の根本に於てはイギリス獨特の實利主義又は功利主義であつたといふこと――これが吾人の須べからく注意すべき要點である。ホッブスに取つても、ロックに取つても個人の實利又は幸福は人類最高の原理であつて、一點疑はるべき餘地の無い自明の原則と考へられた。さればイギリスに於ては、十六世紀以後此の功利主義は次第に發達し、十八世紀を經十九世紀に至つてます〳〵確實な根據を備へるに至つた。而して斯かる道德觀は明らかにアングロ、サクソンの血脈を具體化したものと解釋される。ロックは斯かる功利主義の最も代表的な主張者に外ならなかつた。

たゞし此等ホッブス及びロック等の外に、當時別にケムブリッジ學派と唱へて、ホッブスやロック等に反對した人々も有つた。卽ち彼のプラトーン其の他古代の哲學を復活し來たつて、最も極端な形に於て唯理主義又は理性萬能主義を主張したケムブリッジ學派の宗教哲學者これである。ヘンリー・モアー（Henry More 一六一四——一六七八）カドヲルス（Ralph Cadworth 一六一七——一六八八）等は其の代表者であつた。彼等は主としてホッブスに反對して、永遠な理性的道德を主張したとはいへ、イギリス全體の學風から觀れば、此の學派は寧ろ一種の副流を成したもので、ホッブス及びロックが矢張全體の主流であつた。然かも彼等はギリシャの古典を根據とし、又屢々デカルトにも賴つたのであるから、此の方面からは彼等は矢張古典的な唯理思想を代表したものであつたと觀られる。

以上は主として學術界思想界の形勢を叙したものであるが、轉じて狹義の文學界を觀ると、王政復古以後十七世紀末までのイギリス文壇は可なり淋しいものであつた。内亂後まだ文壇が調はず、主としてフランスの古典主義輸入の準備時代であつたゝめ、全體に甚だ物淋しい時代であつた。此の準備時代に於て、僅に當代のイギリスを代表した者は、時の詩人兼批評家であつたドライデン（John Dryden 一六三一——一七〇〇）一八であつた。彼れは屢々ドイツのレッシングに比較されたほど多方面的な文藝家であり、又或意味でイギリスの唯理時代の文藝を統卒した指導者でもあつた。叙情詩、劇詩、諷刺文、喜劇、批評等有らゆる方面に渡り行くとして可ならざるなき才人であつたが、然かも彼れの長所はレッシングと同じく矢張精確鋭利を生命とした批評的方面に存したと言はれる。彼れが文藝は必しも古典主義といふ一形式のみを以て蔽ふことが出來ず、或はシェークスピヤに入り或はチョオサーから出たと言はれるほどロマンチックでもあつたが、然しながら文壇に於ける彼れが主要なはたらきは、大體に於て矢張古典趣味文藝を宣傳し又は主張した點に存した。彼れは洗錬された調つた文章に於て古典的なイギリス文を普及したばかりでなく、ホーマーやヴージル等の古典詩人を復活して、形式的に整つた上品な趣味を普及させることに努力した。單にそれのみならず、彼れはまたフランスの古典文藝を賛美し、殊にボアローの詩論を英文壇に紹介して、ます〱形式的な整頓した文藝の發達を奬勵した。斯くして彼れは英文壇に於て次に來たらんとする古典文學發達の先驅を爲した者であり、又は其の準備者であつたと言へる。

第五節　十八世紀のイギリス文壇

十七世紀が古典文藝の準備時代であつ

たとすれば、十八世紀はまさに古典文藝の全盛時代であつて、單に文藝の方面からのみ觀れば、イギリスは約半世紀フランスに後れてゐた。ドライデンによつて準備された古典趣味文藝は、十八世紀に及んで、アヂソン、スチール、スヰフト等によつて發育され、遂にポープに至つて其の頂上に達した。單に古典趣味又は文藝として觀察すれば、當代イギリスの文運は、其の華やかさに於ても、又は其の內容の雄大豊富な點に於ても、遙にフランスのそれから劣つたもので、フランスの古典文藝が本體であつて、イギリスのは僅に其の影ではないかとさへも疑はれる。勿論此の時代に於てイギリス文壇の範圍は著しく擴大された。ジャーナリスチックな定期刊行物は續々發行されて、少なくとも上流知識階級は文字そのものに深い興味を感ずるに至つた。フランス直輸入の禮儀作法――形式を重んずる社交上さまざま上品なエチケット――は上流社會に於ては必須缺ぐべからざるものと考へられた。すべて粗野な風習を去つて上品な作法に就くことは最も重要な事柄と考へられた。斯くして文藝の方面に於ても、洗錬された詩句の美、規律あり整調ある文章の美、乃至は燦爛として眼を奪ふやうな修飾の美に至つては、當代に於て、曾て類例が無かつたほどに十分な發達を示した。然かも飜つて其の內容はといへば、大かたは常識的なもの空疎なもの、たか〴〵多少寫實的なものであつて、フランス文學の或は壯嚴或は優美或は精徵であつたに比較すれば、甚しく淋しく物足らなく貧弱に感ぜられる。內容が空疎であつたゞけ、其の空疎を蔽はんがための形式や修飾の美はいよ〳〵盛であつた。英國の古典文藝は文字どほり形式の文藝又は修飾の文藝に外ならなかつた。一代の詩人ポープはまさしく此の傾向を代表した者で、形式美に於ては比類ない優れた詩人であつた。

然かも全局面から觀察すれば、斯かる形式美の文藝の外に、十八世紀のイギリスには尙別種の傾向が有つて、此の別種の傾向が當代の精神界を支配してゐた。別種の傾向とは外でもない、十八世紀のイギリスの思想界には、一面に於ては英國式な銳利な經驗的理智がます〳〵發達し普及したと同時に、他面に於ては同じくイギリス獨得の道德及び政治に關する實際的思想感情がいよ〳〵進歩し發達したこと是れである。經驗的知識と實際的思想とは、本來を言へば特に十六七世紀以來イギリス獨得の傾向であつたが、理智的な古典的な刺戟が著しかつた十八世紀に於ては此の固有の傾向は、他の時代に於けるよりも、一層顯著な形を取つて發達したのである。觀かたによつては、十八世紀の思想界は、最もイギリス國らしい又はイギリス獨得の思想感情が最も顯著な形に發達したものとも觀られる。卽ち哲學界に於ては、彼のバークレー又はヒウム等の天才が輩出してホッブス及ロック等の經驗思想を其の歸着するところまで徹底的に進め、又此等の天才たちに對峙して最もイギリス式に常識的立脚地から宗敎問題を取扱はふとしたリードの如き學者も現はれた。殊に功利主義的な道德及政治に關する思想は、げに英國思想の中堅であつて、バトラー、マンドボイユ、シャフツベリー、ハチソン、アダム・スミス等の諸家は英國思想を盤石の上に据えた人々であつた。此等の實際的思潮が如何に堅實にして力づよいものであり同時に如何に大仕掛なものであつたかは、英國の此の實際的思潮が自由思想(後段說明)の名を以て佛獨の大陸諸國にまで深甚な影響を與へ、殊にフランスにはヂルテール等を通して最も直接的にして且根本的な影響を與へたことで明白である。イギリスは此の當時まで常にイタリー、フランス、ドイツ等の影響を受けつゝあつたが、十八世紀に及んで、俄に其の勢力を佛獨に致した點から考へても、イギリスの當時の自由思想が如何に根づよく力づよいものであつたか、容易に其の一般を推察することが出來る。故に狹義に謂ふ文藝を概觀するに先だち、吾人は先づ此等經驗的並びに實際的思潮の大勢を會得しなければならぬ。

ベーコン、ホッブス、ロック等によつて根據を据えられた英國の經驗的思潮——確實な經驗的知識を基礎とした精確な理智の發達は、實に十八世紀に於て完成の域に達したとも解釋される。純粹哲學の方面に於ては先づ英國唯心論の建設者であつたバークレー(George Barkeley 一六八五——一七五三)と英國經驗哲學の精髓を示したと言はれるヒウム(David Hume 一七一一——一七七六)とが注目されなければならぬ。バークレーは、實際的なイギリスの學風にも拘らず、一種深刻な唯心論を殘した學者であつたが、然かも其の根本精神はどこまでもイギリス流の經驗的な着實な實際的なものであつた。吾人は此の哲學者に於てイギリスの經驗的理智が一面に於ては如何に鋭利にして深刻な形を取り、他面に於ては如何に論理的に徹底した形を取つたかを最も明瞭に認めざるを得ない。殊に彼れの著名な視覺に關する經驗的兼哲學的研究は當代のイギリスの經驗的知識の發達を最も完全に代表したものと言はれる。更にまたヒウムに至つては英國の經驗思潮を其の絶頂まで高めた學者であつた。經驗思想をば其の歸着するところまで確實に論理的に徹底的に進めて、ドイツのカントに深い影響を及ぼしたことは著名な事實である。單に認識哲學の方面に於てのみならず、或は宗教方面に關し、或は政治及び道徳方面に關して、豐富な經驗的又は歷史的知識を與へたことは、これまたヒウム獨得の事業であつたと言はれる。

更にまた古典文學の精神、就中ギリシャの調和美の精神を復活して、特殊な形式に於てイギリスの唯理思想を發達させた學者に彼の著名なシャフツベリー(Shaftes-bury 一六二一——一七一三)が有つた。年代から言へば、彼れは當然十七世紀の學者の中に數へらるべきであるが、其の藝術的な古典的な傾向は十八世紀までつゞき、英本國に於ても倫理學者として著名なハチソン(Francis Hutcheson 一六九四——一七四七)等の後繼者を出だし、又フランス、ドイツ等の大陸諸國までも頗る深甚な影響を與へた。

十八世紀の英國が經驗的知識の發達に於て如何に優勢であつたかは、また彼のハートレー(David Hartley 一七〇四――一七五七)とかプリーストレー(Joseph Priestley 一七三三――一八〇四)とか、エラスマス・ダルキン(Erasmus Darwin 一七三一――一八〇二)など其の他多數の學者によつて、聯想心理學(association-psychology)といふ近代最初の經驗的心理學が造り出されたことでも明白である。斯くして有らゆる方面から確實な經驗的又は科學的知識が發達して、それが廣く社會に普及したゝめ、十八世紀に於けるイギリスの唯理思想は特に啓蒙思潮(enlightenment)の名を以て呼ばれるに至つた。經驗的知識の發達が如何に盛であつたかゞ容易に想像される。

然しながら此等經驗的知識の發達よりも一層顯著な意味に於て十八世紀の英國の中心傾向を成したものは、矢張英國に特殊な傾向であつた彼の政治上並びに道德上の實際的興味又は傾向であつた。十六七世紀以來既に自立してゐた英國獨得の個人主義的兼功利主義的道德思想は十八世紀に至つてこれまた殆ど完全な形にまで發達した。英國の此の時代に於けるほど多數の學者が輩出して、道德及び政治に關して實際的な論戰を鬪はしたは他に類例が求められない。前に擧げたシャフツベリーを初めとして、バトラー (Joseph Butler 一六九二——一七五二)バーレー (William Paley 一七四三——一八〇五)マンドヰイユ (Mandeville 一六七〇——一七三三)ハチソン(前段掲載)ヒウム(同斷)アダム・スミス (Adam Smith 一七二三——一七九〇)等尙此の外にも多數の道德及び政治に關する學者が輩出した。此等多數の學者に就いて一々其の學說や思想を解說することは倫理學史の本領としてこゝでは單に其の主要潮流のみに就いて言へば、シャフツベリー派のギリシャ的乃至理想主義的(人格主義的)思想は、全體の上から見れば寧ろ英國道德思想の副流又は支流であつて、其の本流は矢張大體に於て個人主義的な功利主義な道德觀であつた。自己の幸福といふことは、殆どすべての學者によつて當然自明な道德目的と考へられた。バトラーやバーレー等の神學的傾向を懷いた人々さへも、此の一點に於ては最も極端に利己主義道德の主張者であつたマンドヰイユと歸趨を同じくした。功利(Utility)はヒウム其の他當時の聯想心理學者に至るまで總て異口同音に主張した道德標準であつた。斯やうな個人主義的な功利思想が次第に發達し、遂に彼の著名なベンタム (Jeremy Benthan 一七四八——一八三二)によつて「最大多數の最大快樂」と最も明瞭に解釋され發達されたことは今日もはや周知の事實である。此の點から見れば、アダム・スミスの同情說や人格說やは、功利思想の外に其の缺點を補ふ新學說の出現であつたとも觀られる。

此等の倫理學者は單に功利的道德を主張したばかりでなく、同時に政治を說き經濟をさへも解釋し更に宗教に關してもそれぞれの意見を發表した。觀かたによつては、實際上の政治は總ての英國人の中心興味であつたとも言へる。倫理學上多數の學者思想家は個人主義的功利思想を懷いてゐたゝめ、政治上に於ても個人の自由を尊重する意味の、自由主義又は人權尊重主義が其の中心思想であつた。故にロック以來の民衆本位の思想は英國議會の發達と共にますます發達し、政府は出來るだけ個人の自由を尊重して無益な關涉を行ふべきでないといふが其の根本思想であつた。此の自由不關涉主義は經濟方面にさへも發達して、例へばアダム・スミス等の自由主義となつて現はれた。斯くて個人の生命財產の世界といふことが一切の政治思想の本源と成つた。

最後に上段列記した啓蒙思想の發達が廣く宗教方面に及ぼした結果を記憶し

家庭お伽噺 第一至四巻 一、白鳥の魔術 二、鼠の浄土 三、池のぬし 四、鵜取兵衛	四	同七八	二、四〇	春陽堂
教育家庭お伽夜話		大正八	、七〇	大阪武田交盛館
少年少女教育新お伽		同	、七〇	同
A金の輪		同九	一、五〇	南北社
新作お伽五色の鳥		同八	、七〇	黎明館
小學お伽ばなし		同	、六五	博文館
少女對話鈴蘭の花		同	一、〇〇	天佑社
A改訂袖珍世界お伽噺第一至六集	一　六	大正八	八、四〇	博文館
世界童話 第一、二巻 一、イソップ物語 二、グリム物語	一　二	同	三、〇〇	同
A世界童話集 第一至一四	一　一四	大正六至八	九、一〇	春陽堂

一、黄金鳥 二、鼠のお馬 三、星の女 四、青い鸚鵡 五、海のお宮 六、潮水の鐘 七、魔女の踊 八、黑い沙漢 九、銀の王妃 一〇、馬鹿の小猿 一一、慾ばり猫 一二、黑い小鳥 一三、七面鳥の踊 一四、大法螺				
世界童話集東洋巻西洋の巻	一　二	大正七	二、六〇	實業之日本社
お伽旅行世界の果まで		同八	、九〇	文陽堂
教育お伽たから箱		同	、六五	精文館
教訓お伽貯蓄のをしへ		同六	、三八	豊文館
A少年小説集涙の花		同八	一、一〇	大日本雄辯會
A母を慕ひて		同	一、五〇	丁未出版社
母のお噺 第一ダリヤの巻		同	一、三〇	ヨウネン社
ミュッセのお噺魔法樽		同	、八〇	玄文社

七　教育的觀覽施設

社會敎育の施設に於て、主として眼の感覺によつて、一般民衆を敎育する手段としては、此觀覽施設が最も重要なる地位を占めるのである、而して觀覽施設には常設的のものと、臨時的のものとの二種類がある。乃ち常設的のものと謂へば彼の博物館、動、植物園、美術館等の類であつて、臨時的のものでは博覧會、共進會及各種の展覧會等がそれである。今この常設と臨時の施設に付て順次述べて見よう。

一、常設的觀覧施設　既に述べた如く常設的のものとしての主なるものは、博物館、動、植物園、美術館等であるが、之等のもの丶中では、美術館及動、植物園は其の名の示すが如くに、其の國其の地方乃至は世界的の美術品や動、植物を一つの場所に集めて、物、夫れ自身を示すと同時に、美術ならば其の沿革とか、動、植物ならば、其生活方法の狀態乃至は、其の得失效用を一般民衆に示すと同時に又一面には、民衆の娯樂及趣味を求めんとする慾望を滿足せしむることに於て大なる特長を持つて居る。

上來述べた如く、社會敎育は啻に一般民衆の知識慾に滿足を與へるばかりでなく、趣味娯樂の慾求に對しても、正しき資料と、豐富なる材料とを提供して、情操の淘冶を任務とするものであるからして、此等美術館、動、植物園等の如きは、純然たる社會敎育の機關たることは論ずるまでもない事であるが、唯其の任務とする方面に於て、他の施設に於て智識の開拓を主とするよりも、趣味娯樂の淘治開發を主とする點に於て特長があるのである、就中美術館は人類分化の結晶たる、美術品其ものを取扱ふ場所であるからして、各美術品に對する賞翫、並に鑑識の能力のないものには、左程に有益に其の機能を發揮することが出來ないのが勿論である、左りながら、如斯美術的の趣味と此れを賞翫するの能力なきものにも、彼等の精神界に、美術の分野を開拓して、人間として備ふべき高尚なる美術賞翫の能力と、趣味の向上とを圖ることを得せしめるやうにすることも、其の任務でなくてはならぬ、其れであるから、從來は、單に求めて來る人に之を提供する態度であつた、美術館も、今日では積極的に一般人に對して、此れに近づくやうに工夫することが計畫されるやうになつた。

最近米國ボストンで見た事實であるが同市の美術館は、規模擴大で、殊に我國の錦繪の最も尤なるものを、數萬點を所藏して居ることに於て有名なることは多くの人の知る處であらう、此の美術館では如斯特種なる美術乃ち日本の繪畫や、陶器を遍く蒐集して居る外に、内外古今の美術を有して居るが、就中我美術品に對する一般公衆の眼識と、賞翫の能力を得せしむる手段に就て、特別の方法を講じて居つたことは吾人の大いに注意すべき點である、乃ち市内の適當な場所に、兒童美術館なるものを造り、學校の兒童や、其の他の子女に對して或特殊の繪畫器物等を陳列して、一定の時間之が説明に從事すべく、會員を派遣して少年子女の爲めに美術の研究をなさしむるやうに計畫實施して居つたのである、斯くして養はれた智識判斷の力、趣味とを以て漸次高尙複雜なる、美術品の賞翫をなさしめるやうに計畫したのである、然るに我邦などは如斯運動がないばかりでなく、外國で見るやうな國民の美術的趣味を涵養する目的を以てする機關の設備さへないのである、洵に痛嘆に堪へない、唯今日では、臨時的の施設として繪畫彫刻等の展覽會が行はれるに過ぎないのであつて、然も如斯展覽會は、社會敎育としては殆んど其價値を認めることは出來ない、單に一部の專門家の爲めに開かれるもので、其の效果の甚だ少なることは謂ふまでもなく、乃ち如斯設備によつて、一般民衆の美術的情操の淘冶と鑑識の能力を養ふには、餘りに單純である數萬の觀覽者の多くは、所謂盲の垣覗きで、不完全なる展覽場内の塵を吸ふに過ぎないのである、余は常に我同胞の多くが甚だ無自覺な、斯うした態度を見るごとに、深く痛嘆するのである、故に今後吾々は完全な國民的美術館の完備を翹望するのみならず、既に歐米先進諸國に於けるが如く、唯單なる死物枯淡の陳列所でなく、知らざるものをして知らしめ、味ふ力なきものをして味ふ底の積極的能力ある美術館が、少くとも大都市に於て生れ出でんことを望むのである。

曩に述べた如く米國は、美術館に力を注ぎ國民の美的趣味養成のため、工夫を凝らして居るのは米國民の素質と現狀に最も必要なからではあるが如く、我邦に於ても、一般國民の斯の方面に對する知識能力の低き所では、一層に其の必要がある と思ふ、成程我邦は、世界の人から美術國と謂はれ、我國民は趣味の人と謂はれて居るけれども、之は國民一般に通ずることではないのであつて、珍貴なる美術品は唯少數者の爲めに獨占され賞翫されるに止まり、之に對する一般國民の態度は甚だ冷淡であつて寧ろ沒交涉の狀態である、乃ち中流以下の多數國民が公共的の施設によつて、如斯珍貴のものを目の當り見て、之が由來と價値とを知ることの機會が殆んどないからである。

人類文化の結晶たる美術品の賞翫には、相當の素養教育が必要である、然るに如斯素養教育を得る機關と、機會とが與へられないのが、我國の現狀である、此點に於ては、物質文明と一口に蔑視し拜金宗と稱へて一言のもとに下等視する隣邦米國でも、美術上に對する賞翫の力の大なることは到底吾人の及ぶべくもないのである、況や英吉利又は獨佛等の如き歐洲先進の、美的陶冶の行き亘れるものには、比ぶべくもない、之は一面富の程度と、生活程度の相違があるかなれども、又敎育上にも大なる缺陷があるとも謂へる、乃ち從來の敎育では智的陶冶に力を注いで情操の陶冶に對して閑却する所があつた、又一般國民の敎化指導の上にも、多くは、物質的、機械的方面に力を用ひて、精神的方面に於て努むる所が甚だ尠かつた所にも歸する。

以上述べたように、美術館は國民一般の美的陶冶の機關たるを以て、本來の任務とするが、此の方面よりして、更に國民的自覺を喚起することにまで、働いて居つた事實を見たのであるが、彼の戰時中、國民の愛國心を旺ならしめ協同助力の實を擧ぐるが爲め、必要なる各種の宣傳ビラの圖案と、製作を廣く、天下に募集して其の最も尤なるものを集めて、展覧會を開催し一面其の計畫自身によつて、國民の注意を喚起すると同時に僅か一枚の宣傳ビラを以てよく國民を奮起するが如き卓越せる作品を得ることに勉めたのである、此の實例は米國市俄古美術館に見たのである、時節柄如何にも彼等の適切なる活動振を見て感動したのである、要するに美術館は一般民衆に對して、美的淘冶に價値ある設備を有する點に於て、社會教育の機關であつて、唯單なる不可解なる美術品の陳列の場所としては社會教育的には何等の價値がないのであつて、こは單に少數の專門家に必要なる價値あるものと謂はなくつてはならぬ。

今や歐米に於ける美術館が、社會教育機關として活動して居ることは以上述べたことであるが我國に於てもかゝる意味に於て一日も速に生れ出んことを祈るものである。

次に動、植物園のことであるが、此の設備は一面に於ては一般の智識を進める上に相當の效果あることは申までもないが、特に娯樂的の慾求を滿たす上に於て大なる特長を持つて居るのであつて我國に於ける一二の斯種設備も實際に於ては全く智識と言ふよりも、娯樂を與へるの感がある、而して施設が斯る特長を有する點に於て、其の場所の擴大なることと、形勝の地位を占むること、場內設備の完備を要することが必要であつて、動物に付ては其の自然の生活乃至活動狀態を示すやうに設備せられ、植物ならば、其の地帶の眞相を示すが如き設備が整へられてあるのが外國に於ける動、植物園の現狀である、此意味に於て我國では未だ完全な動、植物園がないのであつて、ほんの眞似事に過ぎないのである、今少し大なる規模の下に、其の機能を完全に發揮せしむる爲めに、上述の條件を具備したものがなくてはならぬ。

次に博物館のことであるが之には內容によつて、いろ〱の種類があるのであつて、乃ち科學を主としたるものがあり、商工業に關係したのもあり、歷史地理を主としたるものがあり、或は之等の幾つかを混合したるものも有るのであつて、然かも、この機關設置の主體によつて、中央博物館と、地方博物館との區別が生ずる、中央博物館は主として國家の經營するものであつて其國全體又は世界的の立場の上に造られたものであつて、地方博物館の多くは地方公共の團體又は私人の經營に關するものである、總て其の内容も地方的色彩を有して、先きに述べた内容的區別から見ても各種の方面に亘つたものである、然るに我國に於ては、之等の中央博物館及地方博物館は一つもないと言つても差支ないのであつて、乃ち實質的内容に付て述べたやうに、科學を代表する中央博物館もなく、地方博物館もなく、左れば と言つて、歴史地理に關するものに付ても亦中央にも地方にも、之を見出すことが出來ない、又商工業に關する博物館もないのである。地方各府縣には、商品、物産館の設備があるけれども、之は唯其の地の物産乃至商品の陳列所であつて、如斯商品が如何にして製造産出せられ、如何なる得失效用を有し、又如何なる方法と狀態に於て、需要せらるゝ智識を與ふることなく單に出來上りたるものを羅列して他地方のものに其の地方の生産品を紹介するに止まつて居る、此の機關の設備によつて商工業者は勿論其の他の一般地方民をして之等の生産品が如何にして生産せられ如何にして消費せられ如何にして輸送せらるゝか等に付ては何等の知識を與ふる所がない、況や一般人に對して、之から着手せんとする事業の相談相手となり之を指導し、保護し乃至奬勵する力ある機關として働いて居るのではない、其の多くは、地方物産の羅列と販賣とを任務とする一種の公立のデパートメントストーアの感がある、之によつて國民を教育し、指導し、奬勵する機關ではないのである、一度外國の都市に行つて見て、其の地方の文化の象徴としての博物館の設備の盛んなるを見るときは如何にも、我國民は、他國民を拜金宗なの物質的なのと言ふけれども、却て我國民がどれだけ拜金宗、物質主義であるかを拜見するものであつてまことに汗顔の至りに堪へない次第である、我國は甚だ古い國であつて、最近三百年の封建時代でさへ各地方にも相當の文化を有するのであつて、況や主なる地方には、長い〳〵歷史を以て、他に誇るに足るだけ特長ある文化を有して居るのである、之等の歷史的乃至地理的の材料を基礎として更に現代の科學竝に其の地方の商工業に關するものを加へて社會教育として博物館の設備が造られなかつたと言ふことは、何たる殘念なことであらう、尤も近來各地にポツ〳〵此計畫が出來るやうになり、又現在の商品又は物產陳列館が博物館的の機能を發揮せんとする傾向の見へることは、甚だ喜ぶべきであるけれど、地方の官民が、未だ徹底したる此の方面の理解を有して居ないことに付ては、吾人は甚だ遺憾とするのであつて、外國に於ける人口五六萬位の都市では、以上述べたやうな文化施設として、博物館の設備のない所はないのであつて、我國の如く、如何なる小なる都市であつても、府縣廳所在地には必らず商品陳列館の設けがあるけれども、一つの博物館を見出すことの出來ないと言ふことはまことに、耻かしい極みである、嘗に我國の地方だけでなく中央に於て完全なる博物館なるものがないのであつて、唯僅かに帝室博物館の歴史美術と、天產物とを合併したる混合の博物館がある以外には敎育、科學商業、工業交通、衞生等に關する分科的の常設的展覽施設を有するけれども、何れも其の內容不完全であつて、外國に於けるが如き完全なる博物館ではなく、乃ち之等の各方面のものが、將來完全に發達して、全國的に其の働きを發揮するやうになるには、未だ前途遼遠の感があるのである、要するに中央に於ても博物館らしいものがないと言ふ有樣であつて、乃ち我國では常設的機關としての博物館なるものは中央地方通じて一つもないのであつて如何に社會敎育的設備の不完全であるかと言ふことが分るからして一般國民が各方面の知識の獲得に不便を感ずるばかりでなくこれに伴う趣味、娛樂の滿足を得ることもなくして已むを得ず、低級下劣なる興行物や觀物の方面に走らざるを得ないのである、國民文化の發展上まことに遺憾の至りと謂はねばならぬ。

故に將來に於ては、中央に於ても各分科の完全なる博物館の出來ることを望まねばならぬが、地方に於ても現在の商工業に對する陳列館に多少の變更を加へて社會教育的の觀覽施設とすることを望まざるを得ない、乃ち現在のまゝでは、全く其の道の商工業者に幾分の刺戟を與へるに過ぎないのであつて、廣く地方民の教育には全く零の狀態であるからして、其の内容に對して社會教育的の意味を加へて博物館としての機能を發揮せしむるやうに組織を變更することが最も肝要である、よしんば其地方の文化の消長としての資料を、特別に蒐集して現在の陳列館に附加へ、且つ現在の陳列品に對しても上述したる如く、地方民の知識の啓發と事業奬勵の資料としての陳列方法と、展覽施設とを行ふに於ては、現在よりもどれだけか其の效用を高めるであらう、蓋し我國では、何れの方面でも、同樣であるが、總ての設備が外國の模倣であつて、其の精神を失ひ我國情に適切ならぬことでも、何等の疑なしで實行されて居ることが多い、商品陳列館の設備に於ては唯徒らに形骸を學んで其の精神を失つたものである、宜しく如斯施設は文化的の施設とし、敎育的の設備を基調として經營せらるべきであることを忘れてはならぬ。

亞米利加の費府に有名な商業博物館がある此所では同市が米國中の最も大なる商業地なる點から、想像して其の地方の物産でも、多く列べてあるかと思ふけれども、決して左樣ではない、廣く米國の商工業上の各方面に亘つて、必要なる調査を行ひ、殊に同市の商工業に直接關係ある資料に付ては、廣く內外に亘つて調査を行ひ、市民は勿論、廣く國內の商工業者にも事業經營上の適切なる指導を與ふるのみならず、更に同市の青年子弟、乃ち將來の市民たる學校の兒童に對して、商工業上必要なる敎育を與ふることに大なる援助を市內の各學校に與へつゝあることは大に吾人の注意を惹くことである。

乃ち此博物館は商工業者の相談所であると同時に、學校の有力なる補助機關であつて、各種商品の見本は勿論、その產地、製造工程需要の狀態等各方面に亘る説明を與ふるに必要適切なる設備があるばかりでなく、又敎場の設備が調へられて居つて、各種の題目に付て一定の日時に指定されたる學校兒童生徒に敎授をなしつゝあることである、恰も各學校共同の商工業に關する敎授の場所たるの感がある。斯して博物館が社會敎育機關としての完全なる機能を發揮して居るのである、左れば我國の此の方面の設備の甚だ不完全なることも思ひ半に過ぐるのであらう。

故に今後は中央地方官民共に今少し此方面に於ても社會敎育的設備に努力する所がなくてはならぬ。

以上は常設的觀覽施設に付て述べたのであるが、今臨時的施設に付て述べるならば之には博覽會、共進會、各種展覽會があることは既に述べた通りである。

先づ博覽會に付ては從來內國的のものと國際的のものとの二種類があつて、此の施設に付ては我國でも必らず敎育的の部門を設ける慣例となつて居るのは、全く外國に於ける施設を模範としたことから來て居るのである、在來の內國博覽會及東京市主催の數回の博覽會に見ても之を知ることが出來る、從て我國の官制上に於て主として農商務省の所管であるけれども我文部大臣の所管事項中にも之を附加へてあるのを見ても其の意味が分るのである、然しながら博覽會の一部分に、教育の部門を設けることを甚だ意義あるばかりでなく、其の他の各方面に對しても常に社會的の見地によつて、事物を蒐集し之を陳列することに注意を怠つてならぬ。現在の地方の商品陳列所を大規模に展覽せしめるやうでは、其の意義甚だ薄いのであつて敎育、美術、產業乃至社會の各方面に亘る、事象に對する系統ある知識を與へ、之に對する理解と趣味とを得せしめて、今後の施設の參考とし、之を奬勵するに最も有效なる事業たらしめることに注意せねばならぬ。

次に共進會は普通一般商工業、又は或事物の成績を展覽して主として當業者の參考に資するを目的とするものであつて、一般普通の人には甚だ間接のもののやうになつて居るけれども、博覽會の次に於て述べたやうに矢張一般の人に對して廣き知識と理解を得せしめることが必要であつて此の方針の下に設備せらるゝこと肝要である。然るに我國では、此方面に關する用意が甚だ足らないばかりでなく殆んど全國の共進會では、敎育的部門を置かざるか又は之と併行して、敎育に關する展覽施設を同時に行はない場合があることは甚だ遺憾である。

米國では各州各郡市で年中行事の一つとしてフエーヤーと稱する共進會のや

うのものを開き、其の地方〳〵産業の進歩發達を示すと同時に、將來に之を奮勵することに努めて居るが、斯種施設には必らず敎育的部門を附加へて居ることであつて乃ち敎育はあらゆる産業の基礎たることを示し、且つ敎育そのものが、如何に産業と連絡を保ちつゝあるかをあらはす一つの手段として居るのであつて、如何に斯の展覽施設として社會敎育的の意義を發揮せしめるに努めると同時に學校敎育の連絡をとることを努力して居るのである、故に今後の我國の共進會なるものも、常に此方面の用意を怠つてはならぬ。

次に各種の展覽會なるものが行はれて居る乃ち美術に關するもの、敎育に關するもの、社會又は家庭改良に關するもの、其他各種商工業に關するもの等があるのであるが、之には專門的のものと、一般普通のものとの二種類あるのであつて、專門者の爲めに行はるゝものは格別多くは專門的のものと雖も之を一般民衆にも觀覽せしめることが多いのであつてかゝる場合に於ては常に、經營者は一般民衆に觀覽せしめると言ふことを忘れてはならぬ、乃ち社會敎育としての使命を忘れてはならぬ。

攪亂し、生活を脅威してゐる。卽ち大正元年より今年までの米價を見るに、

年月	物價指數	正米市價
大正元年	一三二	二〇圓、七二
大正二年	一三二	二一、四四
大正三年	一二六	一六、一五
大正四年	一二八	一三、〇六
大正五年	一五四	一三、六六
大正六年	一九四	一九、八〇
大正七年	二五四	三二、五一
大正八年	三一一	四五、八六
大正九年	三四三	四四、二七
大正十年一月	二六五	二八、〇〇
同　二　月	二五七	二六、七七
同　三　月	二五二	二五、七四
同　四　月	二五一	二五、四〇
同　五　月	二五二	二六、三二
同　六　月	二五三	二六、四三
同　七　月	二五九	二七、五八

の變動を來してゐる。そしてこの物價問題は今回の歐洲大戰の爲めに生活問題の内の最要なる項目の一つに考へられて來た。卽ち歐洲大戰の爲に主なる生活必需品は次の割合だけ增加した。

品目	米國に於いて 一八九八年一月一日と一九一八年十月一日との物價を比較して增加した割合
小麥	二四九パーセント
穀物	三六四パーセント
木綿	三一三パーセント
珈琲	三一一パーセント
牛肉	二五四パーセント

この騰貴し變動する物價を如何にして安定し、如何にしてその社會生活に適當する程度に引き下ぐるか、生產者と消費者との間に、幾種幾層の卸小賣商ありて單に販賣をなすのみなるにあまりに暴利を貪り、はては組合を作り、トラストを作り專賣となして物價を人爲的に釣り上げ居る等の不法行爲不道德に對しては、大に當局のみならず一般社會の考慮すべき問題である。

第五節　勞働問題の意義

勞働問題は上述の如く、產業革命よりして、大に社會の注意を集めて來た社會問題の隨一であつて、經濟學者の如きは社會問題をアズアホールとして考ふることをなさず、勞働問題即社會問題の如く考へてゐるのである。それほどこの勞働問題は、多方面に渡り且つ又錯雜してゐる。一言にして言へば勞働問題は、資本家と勞働者の間に存する利害の關係から來てゐる問題で「此意味に於いて必然階級爭鬪、階級の問題にも關係して來るのである。

元來、人は生存を欲する、この生存を欲する所からして生存を維持する物資をより多く欲求する。又他方に於いて人は勞苦を嫌避する、卽ち苦を避けて、快に就かふとする人情を有してゐる所から、資本家はより長時間で、より低廉なる賃金を願ひ、勞働者は反對により少時間で、より高率の賃金を希望するのは、人情の當然である。この二つの全く方向を異にする慾望は、必ず相衝突しなければならぬ運命を有してゐる。

然るに現今の經濟制度に於いては、資本家と賃金勞働者との地位關係、利害關係は、必ず資本家に便であり、利であつて、賃銀勞働者には不利である。成程資本家と勞働者との間に締結された勞働契約は、その形式その名目に於いては、自由契約であるけれども、その實際實質に於いては決して自由契約ではない。若し勞働者が當然の權利を主張する時は、例へばその勞働時間が餘りに長く、その賃銀の餘りに薄い時には、明に資本家の要求が不當なりと考へても、その勞働を甘受しなければ家には其日の糊口に窮する妻子があると云ふ有樣である。

然るに他方、資本家は安値に勞働を供給する者が多數あるから、何等の苦痛も、何等の痛痒をも感じない。斯くして資本家の爲に酷使せられた勞働者は、動物に等しき生活を繋ぎ、ゾムバルトの歎せしが如く、勞働者は最早や、家庭もなく、故郷もなく、知己もなく、過去の總べての理想は破壞せられて、疲勞と凋落との極に達したのである。

然しながら勞働問題は胃腑の問題パンとバタとの問題のみではなく、實に社會正義の問題であり、文化生活上の問題であり、人格權上の問題である、卽ち徒らに飽食せんが爲めの賃銀增額要求ではない、又遊惰安逸を貪らんが爲めの勞働時間短縮ではない。自覺せる勞働者が自己を向上せしめんが爲めに、胃腑の衝動を充す以外に、彼等の心臓に波を打ち返してゐる、文化的光明の渇望を醫せんが爲めの賃銀增額であり、人としての敎養を得んが爲めの勞働時間短縮である。それ故にこの勞働運動は、單なる經濟的客觀的原因のみならず、心理的主觀的原因をも十二分に含んでゐて、社會的廢頽の徵候ではなく、社會が進み、人智の向上して社會的正義の慾求より來るものである。

要之、勞働問題は自由と平等とを原生或は第一義的目的として勞働者の權利を伸長し、人間らしき文化的生活をなさんとするにあつて、其の派生的或は第二義的目的として賃金の增額、勞働時間の短縮、勞働狀態、工場衞生、娯樂設備の要求を有してゐる。

この目的を達せんが爲めの手段として、議會主義、組合主義、暴力主義、溫情主義、制限主義等が列擧され得るのである。

第六節　議會主義の運動

議會主義は所謂勞働黨を組織して、自黨の代議士を多數議會に送り、議會に於いて大多數を勝ち得、次に我が黨の內閣を實現して立憲的に各種の要求を實行せんとするものである。此種の主義者は各國共に、その社會黨に投與せられる投票の增加を以つて、幾分將來を樂觀してゐる。これに就いて各國の例を擧げるならば、獨逸に於いて、社會黨が組織されたのが、一八六三年五月のた十三日で、フェルデナンド・ラサール(Ferdinand Lassalle)によつて、建設された全獨逸勞働者協會(The Universal German Workingmen's Association)がその始である。この協會は全獨逸とは云ふものの主としてプロシャの勞働者であつた。

これと殆んど同時に、サクソン及び南部獨逸の勞働者が、フランクフルト市に會して同樣の運動を開始した。此種の運動は、一八六八年にウイルヘルム・リーブクネヒト(Wilhelm Liebknecht)及びアウグスト・ベーベル(August Bedel)の指導によりて、國際的色彩を帶びて來、その次年、社會民主勞働黨(Social Democr tic Workingmen,s Party)を組織し、一八七五年には、ラサール及びリーブクネヒト、ベーベル一派が、二萬五千人の會員を有する社會主義的勞働黨(Socialistic Werkingmen's Party)に併合した。

斯くしてその投票數は次第に增加し、一八八一年には三十一萬二千票一八九〇年には一百四十二萬七千票、卽ち一八八一年に比して三十割を加へたのである。又一九一二年には、リチスターグ市に於ける社會主義者は、僅に一百十人に過ぎなかつたのに、四百二十萬三百二十九票を負ふに至つたのである。

尙又佛蘭西では、一八七一年に始つた勞働黨の組織が次第に盛となり、その投票數の増加は次表の如くである。

一八八五年	三〇、〇〇〇票
一八八七年	一二〇、〇〇〇票
一八九三年	四四〇、〇〇〇票
一九〇六年	八七八、〇〇〇票
一九一〇年	一、一〇六、〇〇〇票
一九一四年	一、四〇〇、〇〇〇票

この最後の一九一四年に於いては、佛國全投票數の六分の一を占め、斯くして選出されたる代議士の數は、

一八九三年	四〇八

一九〇六年	五四人
一九一〇年	七六人
一九一四年	一〇一人

であつて、彼等の主張する所は、レオン・ブルジョアの社會哲學、卽ち社會連帶(Solidarité Sociale)の社會觀に基くものであつて、クレマンソーの如きも、議會に於いて平和條約の批准を求める時に、「今度の戰爭はソリダリテーの戰爭であつた、從つて今度の平和條約其物も所謂ソリダリテーの精神に依つて、之を締結したもので、國際聯盟も、その他總ての制度が、その精神の表現である。」と云つてゐるやうに、佛國のラヂカル・ソシャリストの一派は、皆このソリダリテーの哲學を奉じてゐる。

卽ち人間はその社會に生活する以上は、思想上、生存上、經濟上、衞生上、政治上、あらゆる點に於いて社會全體から恩義を受けてゐる。吾々はこの恩義に對して當然報恩せねばならぬ。この連帶關係には、正當のものと不正當のものとがある、不正當のものは社會の害惡を釀す源であるから、速に正當のものとせねばならぬ。

この不正當のものには、例へば、子供が少しも勞力を費さずに、親の巨萬の財產を相續することとか、又は資本家が少しの汗を流さずに、勞働者を驅使して、非常な富を搾取してゐること等は、正義の觀念と一致しない、不正な連帶關係である。

再言すれば、畢竟、民法に所謂準契約であつて、甲が知らない内に澤山な不當利得をしてゐて、乙が無意識の内に非常に澤山の損害をしてゐる時は、これを裁判所に訴へて、賠償を要求することが出來るのである。恰も資本家と勞働者との關係で、レオン・ブルジョアは、この賠償の方法として累進税を主張し、有産階級、卽ち債務者から金を取立て、之れを無産階級の生活狀態改善の費用にあてがはねばならぬ。先づ第一に、勞働者の賃銀を増加して、生活費の最低限度を保障し、第二に初等敎育は勿論、中等敎育、高等敎育をも悉く國家が其費用を負擔し、この敎育を充分受け得る爲に、勞働時間を短縮し、第三に勞働保險、養老保險、生命保險傷害保險等の費用も亦、國家がこの累進税から得た所を以つて支拂はねばならぬ、と論じてゐる。

更にフインランドに於ける社會主義者の投票數及び議員數は左表のやうに變動してゐる。

年數	投票數	代議士數
一九〇四	一〇〇、〇〇〇	……………………
一九〇七	三二九、九四六	八〇(內婦人九)
一九一〇	三三六、六五九	八六(同　九)
一九一三	三一〇、五〇三	九〇(同　一〇)
一九一六	二八六、七九二	一〇三(同　二四)

墺國に於いては、公然と社會主義的運動のやられたのが、一八六九年で、一八九七年には墺國議會に於いて、一つの席を占め四年後にほ十の席を得、一九〇七年には普通選擧法が議會を通過して、二十四歳より、選擧權を得るやうになると、全投票の三分の一、卽ち一百四萬一千九百四十八票で、總議員數五百十六人中、八十七人の社會黨員を出し、一九一一年には議員數が八十二人に落下したけれども投票數は遙に增加した。大戰期に入つて二派に分れ、ウイン市に於ける墺國社會民主勞働黨(Austrian Social Democratic Labor Party of Vienna)とプラーグ市に於けるチックスロバック社會民主勞働黨とに分れ、黨費負擔者は前者が、十四萬五千五百二十四人で、後者

が十四萬四千人であつた。

洪牙利に於いては、一九一三年に十一萬一千九百六十六人の黨員と、五萬九千六、百二十三の黨費負擔者とがあつた。

又、丁抹の社會民主黨は、一八七〇年に創設されたもので、同年には七百六十七票を得、一九一三年には十萬七千三百六十五票に進み四人の代議士と二十九人の縣會議員と五百八人の市會議員とを有するに至つた。

諾威は、一八八七年に社會民主黨を生み、七年後の最初の總選擧で、七百三十二票を得、一九〇三年に初めて代議士を國會に送り、一九一五年に十九萬六千票と二十人の代議士と、五萬三千八百の黨員とを有するやうになつた。

瑞典では、一八八九年に瑞典社會民主勞働黨(The Swedish Social Democratic Labor Party)なるものが組織され、その翌年ブラントング氏が最初の社會黨出身の代議士として、國會に現れたが、一九〇二年以後の增加狀態は次の如くである。

年數	投票數	代議士數
一九〇二	八、七五一	四

一九〇五	二六、〇八三	一七
一九〇八	五四、〇〇四	三三
一九一一	一七二、〇〇〇	六七
一九一四	二三〇、〇〇〇	七三
一九一七	二六五、〇〇〇	八七

斯くして新人聯盟(The young people's Yederation)及び赤爛會(The Women Socialists Party)等があつて、新聞、雜誌(月刊、週刊)を出し、幾つかの市民館(People's House)市民公園(People's Park)を經營して、職工組合の運動と密接の關係を保つてゐる。

英國に於いては、一八八一年に出來た、社會主義者の集りを、一八八三年に名を付けて、社會民主同盟(The Soci:l Democratic Yederation)と謂ひ、ヘンドマン、モリス、カアペンター、等によつて維持され、一八八五年に最初の代議士候補者を推薦した。この同盟が一八八九年には、波止場人夫のストライキを行ひ、一九〇九年に社會民主黨(The Social Democrat.c P.rty)と名を變更し、それより三年後に諸種の鑛夫の組合を合併して、英國社會黨(The British Socialist Party)と改名した。この黨派は純然たるマルクス派で、一九一四年に一萬の會員を有するやうになつた。

又一八九三年には、ケイル・ハルデーによつて獨立勞働黨(The Independent Labor Party)が組織され、一九一五年には七人の代議士を下院に送り、相當の地位を占めたのである。その中有名な人物は、ハルデー、ラムセー・マグドナルド、ヒリップ・スノーデン等で、その會員として約三萬五千人を有してゐる。

此の外に英國勞働黨(The British Labor Party)があつて、一九〇八年に鑛夫同盟と結合し、四十八の議員を議會に出してゐる。又一九一五年には、コールが國民ギルド聯盟(The National Guilds League)を組織して、ギルド社會主義の思想を宣傳し、相當の效果を收めてゐる。一九〇三年には社會勞働黨が起り、大英國社會黨、社會民主黨敎會社會主義者聯盟、大學社會主義同盟「ヘラルド」聯盟、クラリオン」同友會、婦人勞働聯盟、中央勞働大學等がある。

伊太利に於いては、初めバクニング一派の無政府主義者と社會主義者とが混同してゐたが、一八八二年に遂に議會に代議士を送り、後十年にして、全然無政府主義者と分れて、フリップ・トゥラテの指導の下に、ゼノア大會を開き次期の總選擧には二萬六千票を勝ち得、六人の代議士を出したのである。そして一九〇四年には投票數は三十二萬票に昇り、二十七人の代議士を議會に送り、一九一〇年には統一派とマルクス派と革命派と改良派とが互に爭を起し、次第に改良派が勢力を占めて來、一九一二年には三十九人の社會主義的議員の內で社會改良黨(The Socialist Reformist Party)員が十六人の多數を占めるやうになつた。そしてその選擧に於いて一九一三年に社會主義的政黨の得た總得票數は九十六萬票で、改良派はその內二十萬票を占め、黨費負擔者は五萬人、代議士が七十二人となつたのである。

次に白耳義は、一九一二年に、議會に三十八人の代議士を送り七人の貴族院議員と八百五十八人の市會議員と、六十萬の投票とを有してゐた。そして白耳義の隣國である和蘭では、一八九七年に一萬三千票と三人の代議士、一九一三年には進んで十四萬四千票と十八人の代議士を送るまでに進んで來た。

瑞西では一九〇二年に社會主義黨は五千五百票で七人の代議士を出し、一九一四年には二百人の衆議院議員中十八人の社會民主黨員を送り、二百十二人の市會議員と三萬三千三百十八人の黨員とを有してゐた。

西班牙では社會主義的運動が、一八六九年に始り、一九〇七年には二萬三千の會員を有し、一九一〇年には四萬の投票を得てゐ、又葡萄牙では、一八七六年に社會主義的運動が始まり、一九一〇年には一千の會員であつたが、一九一一年には激增して三千三百人となり、一九一七年に印刷業者の一社會主義議員を國會に送つてゐる。

セルビヤでは、一九〇四年に二千五百八票、一九一四年には三萬票に進み、一九一二年に二人の代議士を出してゐる。ルーマニアに於いては一九一四年卽ち戰前に二千四十七票、希臘では一九一二年に二萬八千票、一九一四年には下つて一萬二千票となり、一九〇一年にドウラクールス博士を代議士に選んでゐる。

以上歐洲諸國の趨勢を大觀したから、進んで太西洋を越え亞米利加に於いて、この種の社會黨運動を一瞥しなければならぬ。

米國に於いては一八五〇年に、社會主義的團體を作つて、勞働者の敎育をなさんとする運動が起り、一八七六年に亞米利加勞働黨が組織され、それを次の年に北米社會勞働黨と改稱した。然しこの黨はその始めに政治的運動よりも、寧ろ敎育的方面に走つてゐたが、後政治的方面に移り、一八九二年には寫眞機械製造業者のシメオン・ウィングが大統領候補者に、チャルス・エチ・マットケットが副大統領候補者に立候補し、六ヶ州で二萬一千五百十二票を得たのである。四年後に、マットケットが大統領候補者として、三萬六千二百七十五票を得、一八九八年には八萬二千二百四票に昇つたのである。

其外に亞米利加鐵道組合と合併した亞米利加社會民主黨があり、社會勞働黨がある。この社會勞働黨は一九〇〇年に、デブスを大統領候補者に、ハリマンを副大統領候補者とし活動した結果、九萬七千七百三十票の投票を負ふたのであつた。一九〇四年には、デブス及びハンドフォードは四十萬二千三百二十一票を得、一九〇八年、ルーズベルトとブライアンの兩氏が爭ふた際に、四十二萬四千五百二十票、一九一二年には九十萬一千票に增大した。

加奈太に於いては一八九〇年に亞米利加社會勞働黨の支部が各都市に設けられたが、一八九九年には、加奈太社會主義者聯盟が出來、一九〇三年には三千五百七人の會員を有し・一九一三年には一萬七千七十一人に昇つてゐる。又一九一一年露國が數百年來の傳統政策たる汎スラヴ主義に忠實なる以上晏然として獨逸の野心を座視することの出來なかつたのも理の當然である。

一方墺國は一八六八年北部伊太利の領土を喪ひたる後はバルカン方面に於てその代償を求めんとした。而かして墺國は一八七八年伯林會議の結果ボスニヤ、ヘルツエゴヴイナ兩國を獲得したのであつたが、此の地を發足點として尙南方に膨脹せんとした。然るに墺國南下の前途に於て橫はる一障碍物があつた。卽ち塞爾比であつたが、當時塞國は反露主義のオブノヴイツチ朝の下に在つたので、墺國は巧みに之を懷柔して己れの保護の下に置いた。すると此の時卽ち十九世紀の末年獨逸も亦バルカンに闖入し、墺國の南下線と並行してその勢力を半島內に扶植し、漸やくその成功を見るや、更に大志を起して君府を經由しバグダツドに至る所謂伯林バグダツド鐵道を計畫した。此の結果露國が土耳其を歐洲より驅逐し君府を統治せんとする傳來の政策が獨逸の爲めに挫折せられんとした。

然るに一九〇三年に至り突如獨墺の進行が頓挫を來さんとした。卽ち同年塞國首都ベルグラードに起れる悲慘なる革命は親墺主義のオブレヴヴイツチ朝を顚覆し、その競爭者たりしクラゲノヴィッチ朝が代り立ち、塞國をして墺國の羈軛から脫がれしめたのである。斯くして爾來塞國は露國と緊密接觸しスラヴ民族活動の中心と爲るに至つた。墺國が一九〇八年君府に於ける靑年土耳其黨の革命に乘じて「ボ」「ヘ」兩州を正式に合併したのも此の新形勢に鑑みたるが爲めであつた。然るに此の兩州は本來舊塞爾比王國の一部であつた所からして、塞國は平素より自から之を領有するの懷ひで居たので、大に墺國の擧を憤慨し、一時は墺國と開戰せんとする迄に至つた。然るに新王朝の保護者たる露國は當時は戰爭の創痍が全たく醫しなかつたのであつたが、一度び獨逸の威嚇に遭ふて避易し、駐露墺國大使に向かひ塞國を援助せざるべきを誓言するが如きの大屈辱を受けた。爾來露國は綿々として此の恨を忘れず、政費を節減して陸軍の擴張を圖かり、以て萬一に備へんとした。すると偶た今次サラエヴォ事件勃發し、墺國政府が塞國に對して皇儲殺害事件に關係せりと言ひ立てゝ一大侮辱を加ふるに及び露國は最早之を忍ぶことが出來なかつた。そこでスラヴ王國の保護權を拋棄するよりも寧ろ戰を交へんと決心し、端なくも今次の戰亂を惹起するに至つたのである。而かして又露國の慮かる所は獨り塞國の領土保全のみではなかつた。スラヴ民族間に於ける自家の威信をも大に顧みなければならなかつた。蓋し露國はスラヴ民族の首長である。若し露國にして塞國の屈辱を袖手傍看せんか、復た露國の威信なきに至るは必然であるからである。

然るに一方獨逸に在りても亦此の形勢をば座視することが出來なかつた。蓋し獨逸は墺國と共にバルカンに於けるスラヴ民族の活動を阻止せんとした爲にその反感を受けたばかりでなく、自國の東方境上に於けるスラヴ民族の感情をも之が爲めに激昂せしめた。一體獨逸が平素懼れて居たのは東部獨逸のスラヴ民族卽ち波蘭人の活動力とその人口の繁殖とであつた。故に獨逸政府は近年此の波蘭人に對して抑壓政策を執り波蘭語の使用を禁じ、波蘭人の地主より土地を押收して以て獨逸人の屯田兵を置くなど自から備ふるに急であつた。是は固より露國の悦ぶ所ではなかつた。その結果近年露領波蘭にては獨逸品に對する非買同盟起り、その區域が甚だ廣く且つ盛んであつた。されば今次大戰勃發の當初露帝が舊波蘭を再興しその自治を許さんことを約束したのも卽ち獨逸に對する政策の一端であつた。此の一事既に露獨間の疎隔を加はへ、復た回復すべからざるに至らしめたのである。

塞墺關係

世界大戰の導火線として知らるゝサラエヴォ事件を說く前に是非共塞爾比と墺匈國との史的關係に就て述べて置く必要がある。

そこで最初に塞爾比の國情から說き起さう、塞爾比は一九一二年の巴爾幹戰爭以前には北緯四十二度二十六分乃至四十四度五十九分に位し丁度我が北海道の南部と同緯度であり、東經十九度十八分乃至二十二度五十二分の地に位ゐしてその面積四萬八千五百八十九平方吉米であつたが戰勝の結果その南方のノヴバザール及コッソヴォ間の地を獲得したので八萬七千三百五十八平方吉米の面積を有するに至つたのである。

その地勢は純然たる山地であるが概して南より北に向つて傾斜して居る。そして勃牙利との天然的境界を形勢するスタラ山は海拔二千〇三十四米突で、南方コッソヴォとの境界を成して居るゴルヤク山は二千一百米突の高峯を有し、又西方ノヴイバザールとの境界にはゴルヤ山とヤヴオロ山とが走り各々海拔一千七百米突である。

河流は塞爾比の北境を劃する多惱河とザーヴエ河とを除きては舟楫に便なるものが無いが、多惱河はその河幅と水深とが場所によつては大なる差異がある、而かも處々に島や洲があつて水勢の可なり急な所もある。水深はベルグラード附近に於ては三十米突であるが、ブリグラダ峽谷に於ては五十一米突に達し河水の速力はベルグラードとバジアスとの間が平均一秒間に一、三乃至一、五米突でブリグラダ附近では五米突である。

塞爾比の國境に沿へる多惱河の風景は他の流域よりも一層佳良なるを以て知られ、且又羅馬時代の遺跡や耶蘇教徒と回教徒《モハメット》との古戰場などが諸所にあるので有名である。墺匈國と天然的境界を成すザーヴエ河は塞爾比に取つては最も重要なる河流であるが此の流域は廣き平原であつて處々に沼澤がある。河流は頗ぶる迂曲し、その幅は百乃至四百米突で水深は概して淺く、盛暑の候にはベルグラードとシツセツクとの間の汽船の交通が絶へ、その速力も多惱河よりは遙に緩漫でその沿岸は數しば氾濫し、之が爲めにその地方は熱病が流行する。此の外重要なるのはボスニヤと塞爾比との境界を形成するドリチ河と又國內を貫流するモラヴア河とであるが、一向舟航に適しない。

一體此の塞爾比は風景の明媚なる點に於ては巴爾幹第一として推されて居るのであるが塞爾比人が特に愛鄉心に富んで居るのは之が爲めで『世界を週遊した者は必らず再び塞爾比に歸つて來る』と云ふ彼等の俚諺がある程である。

氣候は地中海の海洋的氣候よりも寧ろ大陸的氣候に屬して居る。是れは地勢が北に向かつて一般に傾斜し又海上より遠ざかつて居る爲である。一月の平均溫度は攝氏の零下二度で七月の平均溫度は二十五度である。氣候は耕作物に適し從がつて物產は豐富の方である。

次にその民族的關係に就て見るに塞爾比人はスラーヴ人種中の最も純血なるものであつて、同じくスラーヴ民族として言はれて居る勃牙人が蒙古人種の血液を混へて居るに比較すると大に異同を認ため得るのである。卽ち彼等は勃牙利人などよりも丈け高く頭も大きくて、頭髮は黃金色か茶褐色の方である。特に此のスラーヴ的特徵は塞爾比よりも黑山國やボスニヤに於ける同民族に於て多く之を見る。是れと云ふのは塞爾比の北部或は平原地方の者は古來屢しば他の民族の爲めに征服せられて多少その血液を混合したが、之に反して黑山國やボスニヤの如き山間に住んで居たものは克くその獨立を維持し、スラーヴ固有の特質を失はなかつたからである。塞爾比人の特性に就て言ふと、彼等は愛鄕心に富み家族を重んじ親孝心で一般に長者を尊び、そして又不羈獨立を愛し頗ぶる民主的である。故に塞爾比には貴族とか門閥と云ふやうなものが無い。唯官吏や軍人が上流の地位を占めて居て、別に中流社會と稱す程のものが無い。その最多數は皆農民である。此の外無論商人もあるが比較的少數であつて、工業は幼稚であるから職工は甚だ尠い。そして又富豪とか大地主とか稱すべきものが餘りに多く無く、大體に於て貧富の差が平均して居る。彼等は又頗ぶる勇敢であつて尙武的である。夫は今度の戰爭が能く之を證明して居る。蓋し彼等は一年有半にも亘たつて優勢なる敵軍に當り、惡戰苦鬪を重ねつゝも、克く最後迄戰ひ遂に屈服しなかつた。從がつて彼等には今尙蠻風を脫せぬ所がある。何づれかと云ふと一般に怠惰の方で勞働は多く婦女子の手に委せられて居る。そして頗ぶる迷信的で無智文盲のものが非常に多い。

中世紀に全盛を極めた時代には却々文學なども盛に行はれて文豪も多く出たが、今日ではその面影が無い。けれども彼等は好んで政治を語るの風があり、又趣味としては音樂や舞踏が好きで、又常にスラヴアと稱する氏神の鎭守祭を行ふのであるが、此の日には盛んなる饗宴を張る習慣になつて居る。

塞爾比には大なる都會が極めて尠い、首府のベルグラードにしても人口僅に九萬に過ぎない、之に亞ぐ第二の都會のニッシユは二萬五千でその他は皆二萬以下である。けれども巴爾幹戰爭の結果新たに占領した地方に比較的大きな都市がある、例へばモナスチールが六萬でユスユーブが四萬七千である。ベルグラードは歐洲風の立派な都會であるが、その他の市邑は殆んど村落同樣であつて純然たる農業國の狀態を示して居る。

以上は塞爾比國情の一班であるが、尙少しく人種上の關係に就て語たらうと思ふ。塞爾比人は墺匈國内のクロアート人やスローヴエン人等と共にユーゴースラーヴ卽ち南スラーヴ族の名を以て知られて居るが、一に又彼等をセルボ・クロアート族とも呼ぶのである。所で此等の南スラーヴ族が何年頃に巴爾幹方面に移住し來つたかと云ふに今尙學者間の問題となつて居るが、彼等が最初移住したのは紀元後六世紀の頃で次の世紀には多惱河の南方卽ち今の塞爾比地方に定居したものらしく思はるゝ。そこで烏渡塞爾比人と墺匈國内のクロアート人との區別に就て一言しやうが、塞爾比人は露西亞人同様にキルリック文字を用ひ宗敎は希臘正敎を奉じて居るに反してクロアート人は羅甸文字を用ひ加特力敎を信じて居る。それ故此の兩族は此迄兎角互に相容れなかつたのであるが、近來民族的自覺からして互に接近するやうになつた。そして今度の戰爭に依りて遂に全たく合同するに至つたのである。

是より進んで塞爾比の史的變遷に移ろう。

抑も塞爾比人が基督敎に化したのは西曆八世紀の事であつたが、十一世までは東羅馬帝國に對して屬國同様の關係を持續して居た。所が一〇四三年に至りて初めてその羈絆を脱し、一一六五年にネマンヤ朝なるものが起り、一二二二年に羅馬法王とビザンツ皇帝からツアール卽ち皇帝の稱號を承認せられた。

その後十字軍の爲めにビザンツ帝國が半ば瓦解して勃牙利が殆んど無政府同樣の狀態に陷つた時に會々塞國に一大英傑が出で今の塞爾比を根據地として殆んど全半島を征服した。是れぞ世に有名なるステファン・ヅシャンである。彼れは尙進んでビザンツ帝國の首府コンスタンチノープルを略取せんとしたが、不幸にして一三五五年十二月市の攻圍中熱病に罹りて不歸の客と爲つた。若し彼れをしてその天壽を完ふしビザンツ皇帝に代つて君府に居城を構へ土耳其人の侵入を防禦し得たならば世界の文明史上に一大變化を來たしたであらう。

ヅシャン大帝の死と共に塞爾比帝國の全盛は茲に終りを告げ、爾來內訌の爲めに國勢日に傾きその後ヴカシンなるもの塞國の帝位に卽きビザンツと同盟して土耳其と戰ひサロニカを占取したるも一三七四年土帝《スルタン》ムラッド一世とアドリアノープル附近に戰ひ、破れて戰死した。その後を襲へるクネヅ・ラザールは到底單獨で土耳其に當ることが不可能であるを悟り、匈牙利と勃牙利と同盟を結ばふとした。すると土帝ムラッドは反間を放ちて之を探知し、直に大軍を率ひ破竹の勢ひを以てフイリッポポリス、ソラヒヤ及ニッシユを略し更に南の方舊塞爾比地方に聯通した。斯くて史上に有名なるコッソヴオ、ポクエ(一名アムゼルフエルド)の決戰が行はれた。

實に此の戰は世界史上最大決戰の一として認むべきである。蓋し此の戰の結果巴爾幹半島は遂に全く土耳其の手に歸し、回敎的東洋文明が基督敎西洋文明に代り、五世紀の長きに亘りてその東歐に根據を構ふるに至つた。そして此の戰に塞軍が全敗した爲めその國の獨立が約四百年間全く封せられて了まつたのである。然るに土耳其は軍事上に此の地を占領したるも深く內治に干涉せず、その言語風俗及び宗敎をばその儘に之を維持せしめた。その後一七一八年七月土耳其は墺地利と戰ふて利あらず、ボシャレヴアッツの和約によりバナート並にボスニヤの大部と共に墺地利に割讓した。然るに墺國の政治は塞人の同情を失なひ一七三九年の戰に於て墺軍破れて塞國は再び土耳其に奪還せられて了まつた。

爾來塞國民は土耳其の暴政に苦しみ屢しば獨立を企てたが、常に失敗に終つた。

然るに十九世紀の初年に至りカラ・ジヨルジの名を以て知らるゝペトロミイッチなるものクルグエヴアッツ附近の森林に據りその他の養牧民と共に叛旗を擧げ獨立を宣言した。而して一八〇四年九月チエプリヤ附近の戰に於て土耳其を破り、越えて一八〇七年二月ベルグラードを占領した。是ぞ塞人の土耳其に對する獨立運動の序幕であつた。

此の序幕を演じた大立物たるジヨルジ・ペトロヴイッチは常に黑色の外套を着して居たのでカラ(卽ち土耳其語の黑色の意)ジヨルジの名を得たのであるがその祖先は佛國人であると云ふ說もある。一七八七年に塞國の一農家に生れ、幼にして父を失ひ貧苦の間に成長したので目に一丁字も無かつたが生れながらにして人に長たるの器を具へて居た。彼れはベルグラードを占取し、土耳其に向つて獨立を宣したものゝ到底永久に强大なる土耳其には敵抗し難いので、當時武威歐洲を震撼したる大那翁に向つてその援助を懇願したが遂に成らなかつた。すると此の時塞國中窃に心を露國に寄せその保護を仰がふと主張するものもあつたがカラ・ジヨルジは愛國の志士と心を協はせて極力之に反對し全く獨力を以て土耳其に抵抗した。然るに露國は之を喜ばず、一八一二年五月土耳其とブカレスト條約を結びて、折角塞國の愛國者が血を流して漸く贏ち得たる獨立をば一朝にして水泡に歸せしめた。蓋し此の條約の結果塞國は大赦と自治とを許されたものゝ尙土耳其の貢國として繼續しその城塞も依然土耳其の手に歸することゝなつたのである。

土耳其は又翌年兵を派して再び塞國を元通りに征服しやうとしたので、カラ・ジヨルジは死を決して防戰したが遂に衆寡敵せずして一敗地に塗みれ纔かに身を以て墺地利に遁がれた。茲に於てミロッシユ・オブレノヴイッチなるもの一八一五年同志を糾合してマチユヴヤの平野に據り二方より進み來れる土軍を擊つて大に之を破り再び土耳其の羈軛より脫することを得た。

斯くてミロッシユは一八一七年の十一月國民に推されて塞國公となつたが、一八二九年九月のアドリアノープル條約に依り土耳其も遂に彼れを國公として承認した。その後彼れは善政を布き大に見るべきの治績を擧げたるも漸く心驕り專橫の行ひがあつたので人心を失ひ遂に一八三九年その位を長子ミランに讓りて第二子と共に故郷を去つた。所がミランはその後三週間を經て病死したのでその幼弟ミハエルその後を繼ぎたるも彼れは亦父同樣に人望無く叛亂の起りたる爲め一八四二年墺太利に遁がれた。同年九月ベルグラードに召集せられたる國民大會は全會一致を以てカラ・ジョルジの子アレキサンドル・カラジョルジヴィッチを國公に選立した。此の結果オブレノヴイッチ家とカラ・ジョルジヴィッチ家との公位繼承の爭を起すの素因を成すに至つた。

アレキサンドルは卽位以來鋭意行政の改革を行ふたので、塞國は一段の發達を遂げたるもその彼れも亦民心を失ふに至り議會は彼れの癈位を宣言し一八五八年當年八十歲であつたミロッシュ・オブレヴィッチを再び迎立した。然るにミロッシュは翌年の九月に世を去りその子ミハエル三世がその後を襲ふこととなつた。此のミハエル三世は多年西歐に遊歷して高等の敎育を受け、識見材幹共に卓絕せる一英物であつた。彼れは憲法の改正を行ひ新に數多の法律を制定し、初めて義務兵制を採用し國民軍なるものを設置し、收稅法に改善を加へ著しく國庫の收入を增加せしめた。斯くて彼れは一大光彩を塞國史上に放ちその自家の獨立的基礎を鞏固にした。然るに之が爲に土耳其政府の反感を招くに至つたが尙それよりも他に彼れの一身をして悲況に陷らしめたものがある。卉は他でもない彼れの新政を憚ばなかつた頑冥なる國粹主義者がカラ。ジョルジヴィッチ家の者に敎唆せられてオヴレノヴヰッチ家に對して陰謀を企てたのである。又一說にはその背後には露西亞政府が控へて居たとも云ふ。

時は一八六八年六月十日の事であつたが、偶々好天氣であつたので、ミハエルはその叔母のアンナと娘のカタリナとを伴ひて龍宮の公園に散策を試みつゝあつた。すると突然木蔭から四人の兇漢が現はれ、各々手にせる短銃を以てミハエルを初め叔母及びその他を銃殺した。ミハエルには男子が無かつたが、人民は深く彼れの變死に同情しオブレノウイッチ家に於ける唯一の男子であつた當時巴里に留學中のミランをば選定してその後を繼がしめた。此の時ミランは僅に十四歲であつたので三人の攝政が國政に參與することゝなつた。

然るに政府の勢力が極めて薄弱であつた爲め反對黨は議會に或は新聞紙上に於て切りに政府を攻擊し、之が爲に內閣の更迭が頻繁に行はれたが、一八七一年ミラン四世が親しく政權を執り、大に自由的制度を布き國民敎育にも力を用ゆるに及び政界も漸く靜謐に歸した。

すると一八七四年の晩秋ヘルッエゴヴィナの基督敎徒が土耳其に向かつて亂を擧げたがその翌年ボスニヤその他の各地にも傳播し勢ひ頗ぶる猖獗を極めた。ミランは此の機に乘じてボスニヤ、ヘルッエゴヴィナ及舊塞爾比地方をば併合し所謂大塞爾比主義を實行しやうとし一八七六年七月土耳其に向つて戰を宣した。すると黑山國も亦之と氣脈を通じて起つた。此の時ミランは露國のッエルナエフ將軍を迎かへてその司令官としたが、露國より應援の爲めに來れる義勇兵は約五千人に達し塞爾比及び黑山軍は總勢十二萬六千を算した。

所がミランの軍勢は土軍に敵せずして結局失敗に終はつた。すると翌年の四月露國は土耳其政府が列强の提出せる行政改革案を實行せざるを名として土耳其に戰を宣し羅馬尼をば共に起たしめ尙塞爾比をも誘ふて之に參加せしめんとした。然に最初ミランは前年の戰敗に懲りて容易に動かなかつたが、土將オスマン・パシャの死守せるプレヴナの要塞が陷落し露軍の旗色が大に振ふに至り、同年祭祀は、大祭はもとより中祭小祭と雖も、必ず祭典のはじめに祓をなす規定になつて居る。卽ち當日豫め便宜の所に祓所を辨備して禰宜、祓詞を讀み、主典、大麻及び鹽湯を執り神饌及び宮司以下を祓ふのである。

又宮中に穢のあつた時は、古來神宮へ奉幣されぬことになつて居る。其の一二の例を示すと、承和三年九月九日、宮中に穢ありしため、同月十一日使を伊勢大神宮へ遣はされ、神嘗の幣帛を奉献すること能はざる由を奉告されて居る。（續日本後紀卷五）。又太政大臣良房卿の薨去によつて貞觀十四年九月十一日、伊勢大神宮への幣帛を中止して建禮門前にて大祓をされた。（日本三代實錄卷二十二）。又京都の鴨大神宮の禰宜廣友等が上書して其の神社が穢にふれることについて訴へたこともある。卽ち曰。鴨川は上下鴨神社を經て南を指し流出して居る。然るに王臣家人及び百姓等鹿を北山に取り便ち其を水上で洗ふ。故に其の末流神社に觸れて汚穢の祟をなす。此こと屢々御卜に出づ禁制を加へても一向愼まない。宜しく勅命を以て河源にまで嚴に禁斷を加へざるべからずと（續日本後紀卷十四）

社殿又は神社の境內などが鳥獸によつて穢がされた場合なども之を非常に重

く見たのである。左に其の一例を示す。

寛喜二年閏正月十九日午尅、一疋の烏、五寸ばかりの白骨を喰へて八幡宮の寳前に飛び來り榊の上にとまり其の骨を落した。即ち八幡宮内殿當番預、阿闍梨大法師位俊源は時を移さず、仕丁を召し、穢に觸れた社殿の脇戸を取り棄て、又骨の落ちて居つた所の跡土を悉く掘つて取り除け、他の土を以て之を埋めなどして直に祓ひ清めた。此と同時に時を移さず、いちぶしじうを言上に及んだ。されば朝廷に於ても直ちに明法博士をして勘申せしめられた。所が即日先例によつて穢にあらずと答申した。然し事はこれにてなか／＼落着しない。或は穢であるといひ、或は又卜によつて決しなければならぬと言ふ説が顯官の間に於て盛んに論議された。よつて陰陽寮と神祇官とをして占はしめられた。即ち同月二十四日陰陽寮は其の占文によつて穢氣あり、且つ神事の不淨不信と公家御藥事を愼まざるによる由を答申した神祇官も亦同日卜文を奉つた。其の卜文は二通に別かれ、穢の有無を卜して穢ありとなし、次に怪異の原因を卜した卜文には神事違例不淨の致す所、且つ公家御愼みあるべし。倘佐所、驚き恐る失火のことゝある。よつて翌日左辨官をして此の旨を宣せしめ、八幡宮寺に命じて公家御藥口舌等を祈謝せしめ神事の違例不淨不信を注進せしめられた。尙これのみならず、長くも後堀河天皇はその翌月祈年祭奉幣の次《ツイデ》に宣命を以て寳前穢物のことを祈謝し給ひしのみならず、更に同年四月九日再び特に寳前穢物のことを祈謝せしめ給ふた(石淸水文書)

已上の數例によると祭祀の根本義たる觸穢齋戒の思想の如何に社會萬般の上に發動して各方面に深甚な關係を有するかを知るのである。

最後に此思想を現はすためには廣く用ひられて居る「いむ」といふ言葉の語源と意義について述べて置く。此語の意義は今後多くの場合に於て豫めよく理解して置くことが必要であるからである。さて『いむ』といふ語は神聖、忌避及び禁戒の三意義を兼有するものと解釋される。而して此語を禁戒の意義に用ひた例は日本書紀の崇峻天皇の條に『戒』の字を『いむこと』と訓み、又同書推古紀には『戒法』を『いむことののり』と訓じて居るを始めとし後になつては忌ましむこと卽ち禁戒、禁縛を『いましめ』と名詞體にして廣く用ひられて居るのである。

要するに神道の祭祀は上に述べて來たやうに如在の祭神に對する外形的奉仕

と穢惡を禊祓して清き精神を以て其の祭祀に從事することによつて全き祭祀となるのである。

第四章　神佛融合思想の發達

第一節　奈良朝以前に於ける囘向の思想と祖先崇拜

儒敎、が我が國へ入つてからはじめて仁義忠孝といふやうな道德上の名目が敎へられた。然し其の內容とする所は、もとより我が國人の自から具ふる所であつたから、惟神《カムナガラ》の道に大いなる變動を起さしめなかつた。然るに佛敎の來るや其の因果報應說の如き、從來我が國人の未だ耳にせざる所であつたから、其の奇異なるを讚嘆する者あると同時にかくては國神の怒に觸れざるを得ぬといふ說が一方に於て盛んに唱道され、一時に排佛論が、かまびすしくなり、世人をして何れに趣くべきかを迷はしめ、我が國民の信仰に甚しい動搖を來したのである。

かゝる時代に聖德太子が御出現になり、偉大な信仰と理想とを以て佛敎を確立せしめらるると同時に、我が國古來の美風である祖先崇拜と調和せしめて、永く國民をして據る所あらしめ給ふたのである。

太子は推古天皇の十二年に彼の有名な憲法十七條を發布して民によるべき訓諭を垂れ王政統一を宣言せられたのであるが、その中に篤く三寶を敬へといつて佛敎を尊信すべきことを天下に示されて居る。之を以て人或は太子が神祇の祭祀を放棄されたかの如くに思ひなす者もあつたのであるが、これは非常な誤りである。即ち神祇祭祀の我が國體と密接離るべからざる關係にあることは、太子の十分に理解し給ひし所で、佛敎信仰のために神祇の祭祀を怠る者あらんことを御心配になつたので推古天皇はその十五年に次の如き詔勅を下された。

朕聞く曩者《ムカシ》我が皇祖天皇等、世を宰《ヲサ》め給ふや、跼天蹐地敦く神祇を禮ひ、周く山川を祠《マツ》りて幽《ハルカ》に乾坤に通ず。是を以て陰陽開け和し、造化共に調ふ。今朕が世に當つて神祇を祭祀すること豈に怠ることあらむや。故に群臣共に、心を竭して宜しく神祇を祭拜すべし。(日本書紀卷二十二)

聖德太子は、かくの如き態度を持して、佛敎をして我が國體に融和せしめられたのであるが、其の間に發達した佛敎信仰の實際は、如何であつたであらうか、當時の願文について其の研究を進め、更にそれが祖先崇拜とどういふ關係を持つやうになつたかといふ事を考へて見たい。

我が國の願文では佛敎願文が一番古いのであるが、推古天皇の時代より以前のものは無い。而して其の最も古いのは、大和の元興寺の塔の露盤に刻書されたもので、先づ佛敎渡來の由來を述べ、次いで左の文句を記載して居る。

魏々乎、善哉々々造立佛法、父天皇父大臣也、卽發菩提心、誓願十方諸佛化度衆生、國家太平、敬造立塔廟、緣此福力、天皇大臣及諸臣等過去七世父母、廣及六道四生、々々處々十方淨土、普因此願皆成佛果、以爲子孫世々不忘、莫絶綱紀」云々

此願文の原文は旣に失せて見ることは出來ぬけれども、藤原時代の末に書かれた元興寺緣起に殘つて居る。此の願文中特に注意すべき點は、推古天皇が聖德太子と共に蘇我馬子及び他の諸臣等と協力して佛法の興隆をはかり、國家の太平、衆生の濟度を願ひ、父天皇、父大臣を始め諸臣等が其の祖先の增福を祈り、併せて萬民成佛の緣たらしめんと希はれた事である。

大和法隆寺の所藏で、目下奈良帝室博物館に陳列されて居る金銅製釋迦三尊(今

脇侍の一體を缺く）は所謂止利佛師式の佛像で高一尺ばかりの小像である。而して其の蓮瓣形の光背のうらに左の銘文がある。

戊子年十二月十五日、朝風文、將其零、濟師慧燈、爲嗽加《ソカ》大臣、誓願《シテ》敬造釋迦像、以此願力、七世四恩六道四生倶成正覺、

戊子の年は推古天皇の三十六年である。此の銘文稍難解であるが、朝風文以下の三人が馬子大臣の爲に誓願して馬子の死後三年目に此の像を作つたものと思はれる。而して此釋迦像を作つた善根によつて馬子の冥福を祈り、七世の四恩に酬ひ、生とし生ける者の成佛を祈つたものである。七世の七には深い意味はなく、廣く祖先を指したのである。四恩は父母の恩、國王の恩、衆生の恩及び佛法僧の恩のことである

我が國初期の佛像には、觀音菩薩の像が頗る多いのであるが、もと大和橋寺にあつたもので、後法隆寺に移管された四十九體の金銅製の小佛がある。明治十一年全部同寺から帝室へ献上になり、現に帝室の御物として秘藏されて居る。其の中に辛亥の年の銘文を刻した觀音の小像がある。此の銘文によると、此の像は笠郡

の君、大古臣なる者の歿後、其の兒及び伯父等が造つたのである。而して辛亥の年は佛像の作風から見て孝徳天皇の白雉二年となすが適當であらうと思ふ。

同じ帝室御物四十九體佛のうちに釋迦佛金銅光背がある。高八寸二分。此の光背の裏に又銘文がある。それによると、佛弟子王延孫なる者が、孝徳天皇の白雉五年に此の金銅釋迦像一體を造つて其の父母の現世に於ける安隱と未來の極樂往生とを祈願したものである。

出雲國簸川郡鰐淵村鰐淵寺に金銅觀音像がある。此の像も其の銘文によると、持統天皇の六年に出雲國の若倭部臣徳太里が父母のために作つたといふ。

法隆寺の寳物中に金銅板製の造像記がある。それによると、持統天皇の八年に、法隆寺の僧徳聰法師、片岡寺の僧令辯法師及び飛鳥寺の僧辯聰法師の三人の兄弟が、彼等の兩親のために觀音像を造つて其の恩に報じ、且つ無上法忍六道四生及び衆生の正覺を祈つたのである。

已上は主として兩親、祖先のために作られた佛像の願文である。此の外當時の佛像には、病氣平癒の祈願が動機となつて作つたものも少くない。而して其の願文は其の佛像を造つた善根によつて病氣の平癒を祈り、此と同時に一般の衆生も佛の悟を開き、何れも平等に佛の救ひに浴せしめんとすることが祈願の重要な要素になつて居る。以下其の實例を示す。

法隆寺の金堂に、有名な金銅製釋迦三尊の像が安置してある。此の像は佛師止《ト》利《リ》の作である。坐像で、右手は、説法の印といつて掌を外に向け、肩の邊まで上げ、左手は與願印といつて下に垂れて掌を外にして居る。さて此の佛像は、その光背の裏にある銘文によると、推古天皇二十九年十二月、聖德太子の御母崩御の翌年太子と正妃膳大刀自《カシハデノオホトジ》とが共に枕を並べて病床に臥し給ひし時、妃及び王子諸臣等相集り、深く愁悲し、佛に誓願して此の釋迦像を造ることを誓約されたのであつたが、太子薨去の翌年に敬造されたのである。左に其の願文を示す。

(前略) 蒙《リ玉ヒ》此願力、轉病延壽、安住《セン》世間、若是定業《ニシテ》以《テ》背《玉ハンニハ》世者、往登《テ》淨土、早昇《ク》妙果《リ玉ヒナンニ》。二月廿一日癸酉、王后即世《シ玉フ》。翌日法皇登遐《シ玉フ》。癸未年三月中、如願敬造釋迦尊像幷狹侍及莊嚴具竟《リヌ》。乘斯微福信道智識、現在安穩、出生入死、隨奉三主《シ》、紹《ニ》隆三寶、遂共彼岸、普遍六道《シ》法界含識、得脫苦緣、同趣菩提、使司馬鞍首《クラツクリノオウト》止利佛師造。

此願文に包含されて居る祈願を分析するならば、第一は息災増益の思想である。即ち病を轉じ、壽を延ばし現世に安穩を求むるものである。是れ人間通有の根本的要求である。第二は極樂往生の思想である。即ち若し定業によつて今、世を去り給ふならば、速かに淨土に到り極樂の妙果を得給へと祈り、又彼等自身及び一般衆生の爲めには死しては同じく悟りの彼岸に達し、極樂の悟りを得んことを祈願して居るのである。已上第一、第二の思想は、個性的のものであるが、第三は其の内容を異にして居る。即ち死して尙現世の主に隨ひ、三寶の興隆に勵まんことを誓つて居る。是れ自他法界平等利益の思想から來るもので、聖德太子が佛法興隆のために盡粹された其の感化の發露してこゝに至つたものといはねばならぬ。

近年、河内國南河内郡の野中寺の庫裏から發見された貴重な金銅の小佛像がある。此の佛像は、彌勒像で、其の臺座にある銘文によると、齊明天皇が御病氣の時、或人々が、天皇の御惱平癒を祈願して此像を作ることの誓を立てた。即ち其の誓約を果すために橘寺の智識僧が百餘名と協力して此の像を造り、同時に此の敎を歸依する者の益、多からんことを祈願したのである。かくの如く同一の目的のために、國體をつくる世話役の如き者を智識といつたのである。

大和國長谷寺の寶物に千佛と多寶塔とを鑄出した方形の銅板がある。此にも銘文がある。それによると、朱鳥元年七月川原寺の僧、道明がその徒八十餘名を率ゐて此の像を造り天武天皇のために奉るとあるが、當時天皇は御病氣であらせられたから、先の場合と同じやうに此等多數の人々が僧道明の下に協心同力して天皇の御惱平癒を祈つたものであると思はれる。

山城宇治川は、歷史上著名な川で、色々な物語が傳へられて居るのであるが、此川にはじめて橋を架けたのは、道登といふ僧侶で、今を去る凡そ千三百年前、卽ち大化二年のことであつた。此の大事業を完成した時、一の祈願文を石に刻して橋側に建てた。今日其の碑石の斷片が同所宇治の常光寺の境内に保存されて居る。その斷片には、願文の一部分しか殘つて居ないが、其の全文は、鎌倉時代に編纂された帝王編年記に掲載されて居るのである。而して今日殘つて居る斷片が當初のものである事も疑ひなく、又帝王編年記の文も當時尙完全に殘つて居つた原文を寫したものであることも確かである。茲に碑文の全文を出すことは、略するが、其の願文は、はじめに架橋以前の宇治川の有様を叙し次に道登が、此の橋を構立した事實を述べ、最後に大願を發し、此の善根によつて彼岸に往生せんことを願ひ、衆生も此の願を同うして苦縁を脱せしめられんことを希ふ意を記載して居る。即ち此の僧架橋のことは多くの人々に便益を與ふる社會的事業である。此の社會的事業の善根によつて自他ともに佛の悟りに入るべき縁たらしめんとする大願を起した事は、僧侶の社會的事業の一面として特に注目に値することである。

上に述べた我が國最初の佛教願文に現はれて居る著しい現象は、天皇の御病氣平癒の祈願や其の他、七世の父母、兩親などの冥福を祈ることであつたが、此の如き祈願のために佛像を造り、經を講じ、或は社會的慈善事業をして善根を作ることは、要するに祖先に對する回向の思想である。

祖先崇拜は、更めていふまでもなく、神道の根本要素で、我が國體の根本觀念である。而して佛教の回向は、祖先を崇敬する思想と觀念を同うするもので、そこに佛教は我が國體の根本觀念と融合し得る素因を持つて居るのである。蓋し祖先崇拜より出で來る祭祀と、佛教の回向とは其の發表の形式は異つて居るけれども、根本思想に於ては、兩者の間に融合すべき共通點を持つて居るのである。神道祭祀の根本觀念に就いては、旣に詳說したのであるから、こゝには囘向の意味を明かにして置く必要がある。

囘向は、梵語の Parivartta に相當する言葉で、自己の功德を他に及ぼすことを意味する。さて此思想は縱には祖先代々の靈も自己の靈も、もと是れ同體である。又橫には、一切の衆生も亦同心一體であるといふ考へから出發して居るのである。更に此の意味を敷衍して一層明かにして置くことは、神道固有の罪惡觀や道德觀と比較考察する上に於て必要であらうと思ふ。『何事も自分のすることは惡にしろ、善にしろ、自分獨りのことはなく、善惡共に、自分と他人と常に相感化し、相影響する。我れ人共に、皆共同生活をして居るのであるから、自分の惡心惡行は、自分と共に他に害を及ぼし、善は必ず共にその善果を享ける。それ故、惡を滅し善を行ふに當つては、此の事を心に持つて、小善も他の爲めにするといふ覺悟がなければならぬ。卽ち之を稱して囘向といふのである。囘向は、卽ち發願の實行である。日本では、今日通常に囘向と云へば、死んだ人に香華を手向けるとか御經を上げるといふやうなことを云つて居る。勿論それも回向である。併しながら、根本の意味は、自分の悪を滅し、少しでも善に進んで、その感化果報を他の衆生に及ぼすことで、それを實行するのが回向である。小さな例で云へば、自分の親の墓に花を立てる。それも回向の一である。此の様な小さなことでも、其の行によつて、自分の眞心を親の靈に捧げるのみならず、其の場所に通り掛る人があつて、其の美しい花に目を留め、同時に又死んだ人を慕ふ優しい心に引き附けられたならば、その人、即ち第三者もそれだけ回向の本意に引き附けられたものである。此の回向の一行は、死んだ親と、追孝の子とを結びつけ、又その心に同感する人をも、その回向の心の仲間に入れる。此と同様の心を以て自ら智徳を修め、他人をも感化しやうとすれば、それ等は皆回向の行になる。即ち慈善事業の如きも回向の一である。學問を以て他に敎へるのも矢張り回向である。道德上の改革を促して世を救ふことも、若くは宗敎上の傳道をして人を救ふことも、矢張り回向である。自分に少しでも智慧があれば、それを他に分ち與へなければならぬ。少しでも德があれば、又共同に分ち與へ、又他の悪德を征服しなければならぬ。それと同じく、自分の足らない所は、他人の智德を仰いで、その感化を受け自ら改めなければならぬ。卽ち菩薩の行は發願を發足點にし、進んで互に功德を回向するといふ熱心と實行とを以て進んで行かなければならぬ。而して此の如き決心と實行とによつて段々同志者が殖えて行くならば、先づ消極的には、與同罪を滅ぼし、積極的には、共に與に佛陀の理想に向つて進むといふ行爲になつて來る。それが所謂る皆共成佛道の敎である。(姉崎博士の文引用歸一協會叢書第一集)

神道祭祀の根本觀念は、單に外形的の祭祀に止まるべきものでなく、精神的にも穢を去り、罪を悔ひ改め、眞心を以て奉仕すべきものであることは、旣に前章に於て十分論じて置いた。卽ち敬神の道は消極的には、禊祓がある。積極的には、祖先の遺訓を奉じて國家の隆昌と各自の幸福のために祈るべき祈禱がある。其の祈禱には一定の形式に出來上つた祝詞があるけれども、祭祀の根本義が祝詞に盡きて居ないことは言ふまでも無いことである。結局理想的の祭祀は形式的祭祀の內面に於て祖先から受け嗣いで來た此の國家と自己とをして其の時勢に應じていよ〳〵益々發達せしむるに足る立派な精神を自覺し、それによつて日常の行動を律して行か無ければならぬのである。此の如く考へて來ると必ずしも神道の祭祀と佛敎によつて敎へられた回向との間に特に區別を立てる必要がなくなる。回向の思想は其儘にして我が國體涵養のために融合せしめることが出來るのである。即ち氏神を祭ることも祖先のために佛寺で供養することも同じ思想の異る現れと見ることが出來る。

要するに我が佛敎は、推古天皇の御世以來、聖德太子が此の如き態度を以て發達せしめられた結果、此の時代に於て既に國家的佛敎の基礎が作られ、神道と融合すべき端緒を開き、續いて奈良朝になつてからは國家的佛敎として其の頂點に達し益々神佛融合の實を現はすやうになつた。

第二節　奈良時代に於ける神佛融合思想

推古天皇の時代に成立した佛敎の國家的基礎は、其の後益々政治と接近の度を高めつゝ奈良朝の國家的佛敎の活動に於て神佛融合の運動が非常に著しくなつた。即ち聖武天皇が東大寺の大佛を建立された時には、宇佐八幡宮に佛敎的供養をして神助を仰がれ、後には同八幡宮を奈良の手向山へ勸請して大佛の守護を祈指すに外ならない。羅馬のグラッカス兄弟が穀法を布いて穀物の分配及穀價の制限を行ひ、以て細民の心を收攬し、又中產階級救濟の目的から土地法案を案出した如き、其の他シーザーが征戰の後必ず賑恤の擧に出で或は無料の公共浴場の擴張をして市民生活の快適を圖つた如き卽ち政略に出づる救濟事業と見るべきである。我邦戰國の世の覇者が京師に入れば先づ細民を賑はし、甚しきは沿道に錢を撒じて民心を收めんとした者のあつた樣なことも亦此の例に洩れないであらう。報捨主義と謂ひ、仁政主義と謂ひ、何れも自己の爲にする施與の事業の根本思想となつたものである。固より社會的團體的の理想に基づく思想でない。共に目的觀念は働いて居つても其の內容が個人的求償の目的たる點に於て共通なるものである。

第二、社會的目的主義

救濟の起源が既に惻隱の本能に在りとすれば個人的目的主義を基礎とする救濟の不純は論ずる迄もない。茲に於て救濟事業の一轉機となり、公共的理想の高唱せられるに至る。報捨主義、政略主義に由る救濟事業は勿論、個人的の名利の爲に經營せらるゝ救濟事業が社會の排する所となるに至る時は卽ち事業の基礎觀念が社會的公共的の目的觀に立つことになる時である。中世紀各國に於て敎會の慈善事業が反對され、國家制度の下に營まれる公共的救濟事業が之に代はるに至つたのは、主として撒水的慈善の弊に鑑みたに因るのであるが、又其の思想上の背景を看過することを得ない。斯くの如きに至つて慈善救濟の事業は初めて近世社會事業の觀念を胚胎するに至つたのであるが、其の根本に於て社會事業は社會事業存在の必要なき社會狀態の出現を目的とするものである點が自覺される樣になつた。單に個人の爲の事業でなくして、廣く一般共同の福祉の爲の事業となり、其の作用は國家的社會となつたのである。而して其の背景を爲す思想には更に二個の潮流がある。慈善博愛的社會主義、社會的宗敎觀に基づく奉仕主義などを主方面とする人道主義と並に科學的社會主義、科學的社會觀に基づく團體主義などを主方面とする科學主義とが卽ち之である。簡單に之が比較を試みて見やう。

（一）人道主義

文藝復興、宗教の改革等の運動は夫れ自身人に目覺め個人に目覺めた社會思想の反映である。國家の成形其の體を爲すに至つて個人の充實は漸く其の歩を進め、個人充實して個人の覺醒がある。個人の存在を絶對とし個人の生存に關する權利自由が尊重せられるに至るのは個人の覺醒に由來する社會思想の反映と見なければならない。かくして天賦人權の思想は生れ、幾波瀾を重ねた後遂に國家に於ける法律制度は盡く個人尊重の基礎の上に立てられる樣になつた。

個人的目的觀に立つ救濟事業が排されるに至つた主な理由は少くも二つはあつたと思ふ。個人的名利の終局の果實を豫想するばかりでなく、其の被救濟者との相對關係に於て感謝を要求し、之を受くることに依つて自己を滿足せしめやうとする傾向の存在が其の一である。施與救濟を爲すに當つて「施してやる」「救うてやる」といふ優越感を樂しみ味うに急であつて、被救濟者の人格を蹂躙する傾向の在つたことが其の二である。感謝を要求するのは、本能主義救濟事業に在つては想像されなかつた心理である。被救濟者は感謝の言辭やら態度を示すことに依つて相手を滿足せしめ、更に重ねて其の慈善心をそゝるが如き嫌忌すべき思想を抱く樣になり、結局は叩頭百拜に馴れる樣になる。自分の勞働に依り自分の責任に於て自分の生活を營まんとする代りに、他人の前に膝まづいて助けを求め勞せずして生を貪らんとするに至る。卽ち安きを偸まんが爲に人格の蹂躙を甘受するのである。物質を與ふる代りに獨立自尊の心を奪ふと謂ふのは卽ち此の消息を指したものであらう。其の結果が餘に水する救濟事業となり、寄生生活者の發生となるのは寧ろ當然と謂はなければならない。社會國家の進化發展に百害あつて一利なきものと謂ふも決して失當ではないのである。殊に被救濟者の人格を無視して、之を自己滿足の犧牲に供するのは個人尊重の近世思想から謂へば絕對に許すべからざる罪惡である。新時代の社會制度が盡く個人尊重の礎石の上に築かれたのに對しては、斯くの如き救濟心理は正に時代錯誤であつた。他の社會制度と並立しては直ちに其の非理の指摘せられるのが當然である。

茲に於て被救濟者の人格を尊重し、其の將來の獨立生活を導くを切要なりとする一般の思想は個人的目的主義の救濟事業を排するに至つた。事業の中心點は救貧から防貧に移つた。他の目的の爲にする救濟が排され、救濟の爲の救濟が高唱されるに至つた。正に救濟事業の復古運動とも稱すべきものが現はれたのである。而も個人的目的觀念から本能主義に引き戻す代りに、公共的理想に基づく慈善博愛主義に進展し、社會的宗敎觀に基づく犧牲奉仕の思想に移つたのであつた。概言すれば、事業根本の思想は人性の自然たる惻隱の本能を合理化し之を理智の指導の下に置かんとするに至つたのである。中古敎會の救濟事業が國家公共團體の團體力に依る救濟制度に移り、更に一轉して再び新宗敎主義の社會事業が起るに至つたのは、此の思想變遷の發現と見なければならない。茲に至つて或る人に保護救濟を加へるのは其人をして他の保護救濟を仰ぐの必要なき生活を營ましめんとすることを目的とせなければならないと謂ふ點が明確に認識されたのである。他人に與ふる保護救濟は其の人を通して爲さるゝ社會奉仕であつて、其の間に個人的名利の觀念の交ることは勿論、直接感謝の期待があつてはならないと謂ふ點が自覺されたのである。救濟者共に平等なる個人として相互尊重の基礎の上に事業が經營さるべきものであるといふ點が觀念されたのである。

以上の思想を呼んで人道主義と稱するのは人格尊重の根柢の上に犧牲奉仕の

人性の發現を高唱するからである。四海同胞といふ觀念に思想の基礎を求むるからである。

(三)科學主義

個人尊重の思想は、其の極遂に人は生存の權利を有する、苟も生存を完うし得ざるの境遇に在りとすれば彼は生存の道を他の救濟に求むる所なかるべからず、是れ蓋し自然の通義であるとするに至つた。社會事業は公營のものたると私設のものたるとを問はず、之等の人々の要求に應じて其の生存を保障するものであるとし、而も其の保護救濟は之を求むる者の側から謂へば權利の主張たるに過ぎないとする思想が生れた。明白に今日の社會生活に適應し得ざる人であつても苟も生を人類に享けたる以上は、其の生活は社會から保障さるべきものであると謂ふのである。刑罰法論として死刑全廢論の現はれた思想上の起りは此處にある。

個人偏重の思想に立つ慈善救濟の事業は斯くして結局人道主義の精髓を失うに至る。事實は濫施濫救といふ本能主義救濟事業の功過を再びするの外はない。茲に於て現はれるものは團體主義の思想である。

個人主義の銑錬を經た近代社會事業の根本思想は更に人道主義より科學主義に移る。近世科學の進步に依つて、社會の本質は明かにせられ、特に社會と其組織分子たる各個人との關係が明にされた。社會思想は個人を尊重すると同時に別に社會夫れ自體の生命を認め其の獨立固有なる實在を認めて之を尊重するに至つた。凡ての社會制度は個人の利益と社會の利益との調和と謂ふことを標準とするに至つた。社會事業が其の對象たる人に對する關係に於て先づ考慮するを要するのは此の調和點たるに至つた。即ち協同生活の本義が移して以て近世社會事業の根本思想とされたのである。國家社會存立の必要が即ち社會事業の基礎となり、社會事業は國家社會に於ける團體力直接の表現と觀念され、社會事業の作用は社會其のものゝ表現たる各個人を對象とするの觀念が生れたのである。之を科學主義と謂ふのは其の思想の根柢が科學的社會觀に存するが故に外ならない。共存連帶の基礎たる思想が社會本質論に基づくが故に外ならないのである。

第二節　現代社會觀及科學主義の觀念

社會は人類共同生活の形體であつて、有機的渾一體である。今日の思想からすれば人類と謂ひ、社會と謂ひ、國家と謂ふも素と別物であつて而も別物でない。吾は人間であるが、單純なる人間ではない。親を離れた吾でなく、隣人を離れた吾でない。結局吾の人間としての存在は絶對ではなくして、他人の普遍的認定を基礎とする事實である。個人と社會と其の存在に前後なしとするのは此の關係に發する人が同時同處に於て協力的生活を爲し相互の生活に於て因果の關係を有するに至るのは、人の本性之を然らしむるのであつて、寧ろ自然現象の一と見るのが當つて居る。共同生活は各人が孤立したる各人でなく、其の生活の內容形式に於て、相互に有機的關係に立つ狀態である。孤立したる多數の各人の集合でなくして、共同生活の關係に於て結合せる各人の多數を團體と謂ふが、社會とは要するに此の渾一體を指すのである。

人類の發生には親たる一双の高等生物の關係的存在を條件とすると爲し、隨つて吾人の祖先が人類と稱し得べき程度に發達した際には既に原始的協同生活を營んで居つたとするのは、社會起源論をして今日の學者の肯定する所である。婚姻の事實を基礎として家族關係の社會を生じ、其の複雜なるに隨つて氏族關係の社會を現出する。更に生活及心性の進步に因つて國家體制に到達する。而して此の進化の階程は敢て人意を交ゆることなくして尙ほ現はれた事實であることは歷史的にも證明し得られる。人を社會的動物なりと謂ふのは人類が意識的に社會の分子として協同生活を營まんとする性情を有するの義であつて、國家を最高の善なりと謂ふのは個體としての性質たる此の人類の觀念理想の充實が結局國家體制に到達せざれば止まない、隨つて國家は人類の道德的觀念の實現なることを意味するのである。國家たるに至つて社會性の完成があり、以て社會の渾一性は最高の成就を遂げる。

社會は要するに斯くの如き團體である。單純なる群集でないから一定の方向を有して居る。其の體制の奈何に拘らず現に事實として認識され、而も其の分子たる各人が有機的に組織的結合を爲して居る現實である。交通の關係協力の關係などに依つて有機性を賦與された統一的一體となつて實在して居る。而して此の人の社會的統一は社會に其の渾一體としての認識と渾一體としての活動とを現せしめるのである。

社會を爲すは人性の自然である。併し單なる自然でなくして、人の觀念理想の統一である。個體は元來宇宙の一部として存在の意義を有する。個體の性質は其全體に對する存在の意義を充實させる者であつて、是れが其の個體としての觀念であり理想である。而して又全體は其の分子たる個體の性質を充實せしむる所以である。全體と分子とは共に原因であり、結果である。共に目的であり、共に手段である。個體の性質は卽ち又其の性質を發展し充實する力であるが、此の力は他の個體と離れて存在する力でない。他の個體と連絡し全體を合成するに於て存在する力である。故に個體の性質及力は全體の觀念理想の發現であり、同時に又全體の性質及力は分子たる個體の觀念理想の發現であるといふことになる。一本の指は統一された全體たる一本の手の分子として存在の意義があるので、其の一本の指は他の指と結合し全體たる手を合成するに於て初めて其の性質の充實がある。そこに個體としての指の觀念理想がある。又全體たる手は分子たる指の性質を充實せしむる所以であつて、そこに手の觀念理想がある。故に指と手とは共に其の存在に前後なく、共に原因であり、共に結果である。かくて指の性質及力は手の觀念理想の發現であり、手の性質は指の觀念理想の發現である譯である。人の社會を爲すのも亦同一である。人類の性質は社會を爲すに依つて發展し充實される。人は個我たると同時に社會我である。社會は個人の觀念理想の發現であり、個人は社會の觀念理想の發現である。個人は社會に於ける個人である。個人と社會とは一あつて二なきものである。社會の存在は個人に對する外界の事實でなくして、個人の內に存する性質の發現である。人あれば必ず社會がある。偶然でなくして必然である。而も各人を盲從せしむる他律でない。各人の備うる性質及力の結果である。人が本來社會的であると謂ふのは此の觀念に基づくのである。凡そ人は自然の狀態では自己保存の根本的利己主義に因つて萬人の萬人に對する戰爭を現出するものであるといふ前提の下に、其の狀態の不利益を防ぐ爲に契約を締結して社會を爲すに至つたと謂ふのはホッブスの社會契約說である。天賦に自由且つ平等なる人類が團體の統制に從ふのは其の自由なる契約に基づかなければならないといふ前提の下に社會契約說を立てたのはルーソウである、何れも社會の成立を人意に求めたものであつた。併し近代科學に立脚する社會觀は此の程度の説明に彷徨するを許さない。

本來社會的なる人の團體であるが故に社會は單純なる群集でない。隨つて社會は分子たる個人の生命の總和に非ざる固有の生命を有する。一體としての固有の心象を有し、一體としての活動を爲すのである。分子たる各個人の人格の總和に非ざる固有の人格的實體なりと論ずる樣になつたのである。

斯くの如き社會本質論に基づいて生れたものは卽ち諸制度の社會化である。天賦人權の思想、自由平等の思想を根柢として法律制度が皆個人主義的の原則を基礎とするに至つたことは前に述べた。今や以上の社會本質論を根柢として法律制度は團體主義に移りつゝある。權利の濫用は權利でなく更に進んでは權利の行使其のものも社會公共の利益を害する場合には之を制限することを認める樣になつて來た。例へば私有財產權も社會の利益の爲には制限せらるべきものとされつゝある。個人の權利自由が侵害される場合其處に社會の秩序が害されるとして法の制裁を加へて居つた制度は今も固より法律思想の根本を爲しては居るが、社會的必要卽ち公益の目的から個人の權利自由に對する制限が是認されて來た。他人の權利自由を侵害する場合でなくても社會夫れ自體の利益を標準として個人の權利に對する制限を加へることが社會正義に合するものと考へられる樣になつた。例へば法律上自由對等なる工場主と勞働者との自由契約に依つて賃銀を增加する代りに勞働時間を延長する場合にも國民の健康隨つて社會の進化といふ樣な立場から其の契約に對して制限を加へることが認められる樣になつた。斯くの如くにして個人の權利自由の保護と社會の利益の保護との間に調和點を見出すことが新制度の基礎とされて居る。卽ち今日の社會制度は個人と社會との實在を尊重し、兩者の利益の調和を圖ることを根本とするに至つて居る。個人の利益を保護するのは同時に社會の利益でなければならず、社會の利益を維持するのはそれが個人の利益でもあるべきものと考へられる樣になつたのである。

社會事業も固より其の例に洩れない。個人は團體生活の適應性を成就するに依つて其の完成がある。斯る個人の團體にして初めて一體として進化があり、初めて圓滿なる共同生活が營まれる。個人は全部たる社會を表現する者で、此の表現者として社會事業經營の局に當り、又社會事業の對象となるのである。科學主義の觀念の第一の要素は此點に存する。個人をして國家社會の使命であり、又斯くの如き個人となつて國家社會の一體としての進化に分擔を有することは卽ち個人の使命である。全部たる社會は其の如何なる部分に存する疾患でも、結局全部の進化保全に障碍を及ぼす虞ある者として之を除くのが自己完成の所以であり、同時に又各分子に對する觀念理想の實現である。部分たる個人は其の生活に對する自己の責任を果さないといふことの結果として自己の存在が社會一部の疾患とならない樣に努めるのが全部に對する存在の意義を充實させる所以であり、又更に進んでは分子たる個人相互間に於て共同連帶の關係を以て相互に此の責務の履行に協力するのが自己完成の所以である。此の關係に於て官公營の社會事業を視、又民間私營の社會事業を解釋するのが科學主義の立場であると謂ひ得る。要するに科學的社會觀に發足して大規模の公設社會事業の興隆したことと、私設社會事業も社會自體を背景とし個人相互間に於ける共同責任履行の一形式と觀られるに至つたことゝは科學主義社會事業に於ける最大の特色と謂はなければならない。有機的一體たる人體が健康を保ち發育を遂げる爲には人體中の如何なる部分に存する疾患でも必ず何等かの障碍を惹起す原因となるものである。心身の健康を保つて完全なる發育を遂げんとするのは人性自然の性質であるから、人は常に衛生に注意し心性の修養に努める。又身體の如何なる部分の傷害でも之を豫防し、或は一旦發生したる後に於ては其の療治に努める。各部分相互の關係から謂つても、右の手の清潔を保ち垢を除いて其の健康を計るのは左の手であり、又反對に左の手の危險を防衛し其の健康を計るのは右の手である。左の手に止まつた毒蟲を拂ふのは右の手であり、右の手に止まつた毒蟲を拂ふのは左の手である。一方の手の傷を消毒し又之を繃帶するのは他の一方の手である。人が身體の一部の傷害を豫防し又事後の治療に努めるのは、結局それが其の部分の保全の爲に必要なばかりでなく身體全部の發達保全の爲に必要なるが爲である。右の手が左の手の危險を防ぎ、又其の事後の回復に協力するのは結局それが左の手を保全すると同時に、右手自體を包含する身體全部を保全する所以なるが爲である。何れも皆全體として又は其の部分としての觀念理想の發現であり、又其の部分に對する全體の性質若しくは全部に對する部分の性質の充實發展に外ならない。相對關係に於て謂ふ全體が部分を保護してやるとか右手が左手を保護してやるとか謂ふ觀念ではないのである。

社會事業は政治宗教道德其の他一般の社會制度と共に表裏の關係に立つて一體としての社會全體の進步發達を目的とし、其の前提として分子たる總ての個人の生活の充實發展に資せんとするものである。破壞的手段に依る場合の犧牲の大なることを考量し、根柢に於て現存社會組織を是認する。併し現存社會組織は各人の眞の生活自由を實現するに適當なる程度に迄は進化しては居らないから、苟も精神的能力又は經濟力の十分ならざる人は自分の責任に於て自分の生活の自由を獲る爲に多大の不便がある。多數の個人の生活の不安は其の基く所は此に在る。貧民が有利なる營利事業に手を染めやうにも力がなく、又貧民の子弟が敎育を受くる機會を得ずして代々其の境遇から浮び上ることが出來ないといふのは實に其の著しい例である。社會事業は現代社會組織の缺陷から生ずる

「真言宗の安心」1頁～8頁は原本において欠落しています。（不二出版）

或は疑つて吾々凡夫の罪深いものがそんな手輕に成佛して堪まるものかと思ふかも知れぬ。併し夫は全く間違つた考である。顯敎の人は成佛と云ふことを到底出來ぬ相談であるかの如く考ふるから、釋迦如來は久遠實成の佛であつて娑婆往來八千遍などと稱するのである。眞言宗の眼から見れば久遠實成の佛とせよ何にせよ、釋迦如來が現實に成佛せられたのは二千五百年前に印度に人間として出生せられた時である。然れば釋迦如來は人間として此世に生れ來り、此世に於て佛となつたので卽ち卽身成佛である。また弘法大師も卽身成佛せられたのである。否佛敎各宗を開かれた高祖先德は、此人世に人間として生れ來り、此世に於て正覺を成せられたればこそ、此世に一宗を開立したのである、我新義眞言宗の開祖たる興敎大師は弘法大師の現身に卽身成佛せられたりと斷じ

嵯峨天皇の仰に云ふ、眞言宗の卽身成佛其證何くに在りや、謹惶して弟子（弘法大師を指す）五藏の三摩地觀に入るに、忽然として出家の頭上に於て五智の寶冠を現し、肉身の五體に於て五色の光明を放つ（五輪九字祕釋）

と說いて居らるゝのである。而して興敎大師は自らも、また自身が卽身成佛せりと

說きて

弟子（興敎大師自稱）、此祕訣を聞くことを得て、深く信じ、多年之を修し、既に初位三昧（卽身成佛の位）を得たり。有信の禪徒疑惑を生ずること勿れ、若し鑁（興敎大師自稱）が虛言ならば、之を修して自ら知れ、唯願くは一生をして空く過さしむること勿れ。（五輪九字秘釋）

とある、卽ち興敎大師は自ら卽身成佛せりとの自覺に立ちて、新義眞言宗の開祖となられたのである、此意味に於て我眞言宗は淨土宗の如く南無阿彌陀佛と云ふ佛の名號を唱えず、日蓮宗の如く南無妙法蓮華經と云ふ法の名號を唱えず、南無遍照金剛と祖師の名號を高唱するのである。

元來未來に成佛すると云ふが如きは、只方便引入の敎に過ぎぬ。吾々の身體は五大（物質）と識大（精神）とに依りてなつて居る。故に死すれば再び原の物質と精神の六大に歸するのである。只薰習力が殘るのみである。然れば富田斅純の箇體が未來まで相續すると考ふれば夫は大なる間違である。故に未來世に六大が再び薰習力で集るとせよ、夫は富田斅純なるものではない。富田斅純の薰習力が主となつて他のものが集るか。或は他の薫習力に富田斅純の六大は合併せらるゝか、夫は我の知つたことではない。假令富田斅純の薫習力が主となつて他のものを集めたにせよ、夫は富田斅純の箇體夫れとは趣きの異つたものが出來る。嚴格の意味に於て夫は富田斅純とは別物である、故に其集りたる箇體が成佛せりとて、夫は富田斅純の成佛とはならない、卽ち自身の成佛ではない、自他平等身の成佛である。此意味に於て箇體の未來成佛と云ふことは成立しない。

九　功德相の顯現

吾々は此世に於て卽身成佛せねばならぬ。故に吾々は諦信決定して凡聖不二の旨を信じ、凡聖不二を徹底的に實行に顯現せねばならぬ。是れが卽ち修行である、只口丈で凡聖不二であると云ふた丈では何にもならない。身密語密意密の三作用を平等にして、此凡聖不二を實行せねばならぬ。吾々は無始以來から迷悟染淨の相對性に習慣附けられて居るから、可愛い憎い貪る怒る實に御話にならぬのである。此等の隔執を三密修行の力に依りて捨てねばならぬ。されど此等の可愛い憎い貪る怒る所の煩惱は、煩惱なるが故に捨つるのではない、煩惱其儘を淨化し美化し善化すれば足るのである。換言すれば煩惱を過患として斷ずるのではない。本來法然の功德として之を斷るのである。顯敎の方では煩惱を過患として居るが密敎の方では本來の功德として居る。丁度夫は或人が貧困より出でて成功した曉に其貧困當時の事を追想して、其貧困其物が成功あらしめたのであるとして、貧困其物を愉快に感ずるが如きものである、貧困は身震ひする程いやだと感ずると、貧困其物が今日あらしめたと感ずるとは、實に過患斷と功德斷との岐るゝ點である。此理に依りて眞言宗には欲、觸、愛、慢の四煩惱を其儘佛としたる金剛薩埵が在すのである。

十　結

眞言宗の安心は深く凡聖不二と云ふを諦信して、此現世に於て卽身成佛するにあるのである。此卽身成佛の法規としては三密修行をせねばならぬ、慈覺大師は顯敎の中には成佛々々と云ふが成佛する法規がない。唯獨り密敎の中に成佛の法規が備つて居ると、密敎を稱賛せられた、然れば吾々は卽身成佛の旨を信じて一點疑ふことなく、三密修行若くは語密の一密、身密の一密、意密の一密にても修行すれば必ず成佛するのである。龍猛菩薩の菩提心論には若し人佛慧を求めて、菩提心に通達すれば、父母より生る所の身にて、速に大覺の位を證す。

と仰せられて居る。然るに若し吾々が此即身成佛のことを疑はゞ、それこそ返て愈々地獄の底に陥ることになる。文殊五字陀羅尼頌に

我若し一念を起して、我は是凡夫なりと云はば、三世の諸佛を謗るに同じ、法に於て重罪を結ぶ。

とある、決して即身成佛を疑いてはならぬ。こんな高い尊い教に遇ふたことは吾々の幸であらねばならぬ。惠果阿闍梨の語に

胃地（成佛）の得難きにあらず、此教（眞言密教）に遇ふことの易すからざるなり。

と仰せられて居る此眞言宗の徹底せる説明に依りて自身本來の眞面目を覺り自己の尊嚴を知り、自己に具有する所の大功德を開顯し、以て人世の爲めに働き、社會の爲めに動き、此世に神密莊嚴の清淨なる國土を顯現せられたいのである。

課外講義

日本教育史上に及ぼせる佛教の勢力（一）

文學士　横山健堂

日本の教育に及ぼせる佛教の勢力と云ふものは、一言で申せば非常に大きいと云ふ外はなからうと思ひます、委しく申せば大變又細かくなつて來ますけれども、簡單に申せば非常な深い勢力を及ぼしたものであると云ふことは、疑ない事と思ひます、それに就て大體を申上けたいと思ひます。

日本の教育史は人に依つて種々の分け方があらうと思ひますが、私は大きく大體次のやうに分けて見ました。

第一期　推古天皇時代以前

第二期　推古天皇時代より奈良朝の終まで

第三期　王朝時代
第四期　鎌倉時代より幕末まで
一、鎌倉時代
二、南北朝戰國時代
三、江戸時代
第五期　維新以後

第四期の鎌倉の初から江戸の終までは大變永くて、歷史の上に餘程色彩が違つて居るやうでありますが、之を一期に纏めてしまつたのは、此間は武士道敎育――武士と云ふ者を造るのが敎育の目的であつたから、此間は日本の國本と云ふものは武士に依つて立つて居る、政體で申すと武家政治でありましたから、それを標準として、其標準は此永い間を通じて一貫して居りますから、之を一の時代として更に三期に分けたのであります。それから推古天皇以前を第一期としたのは、此前は實は敎育と云ふ事に就て纏まつた考もなく、纏つた設備も何もない時代でありります。尤も其纏らない中にも多少區別がありります、それは神武天皇から數百年の間と、其次の數百年の間とは餘程違つては居りますけれども、大體之を一つの時期に入れてしまつたのであります。さうして推古天皇の頃から——是は正確に佛敎が日本に傳はつたのは何年であるかと云ふ事は別の問題であつて、はつきり何年と云ふことは歴史家でも容易に明言は出來ますまいけれども、國史の上に傳はつて居る時代、推古天皇の頃から佛敎が大分勢力を及ぼし始めたのであります。それと同時に日本の文明が發展を始めて來、從つて敎育學問の事が緒に就いて來た譯でありますから、此處で新時期を劃すると云ふことにしたのであります。

それで日本の敎育史に及ぼした佛敎の勢力と云ふのは、先づ日本の敎育と云ふ一つの思想——卽ち敎育思想、それから敎育に關する所の機關、それが出來た事に就て佛敎と云ふものが興つて最も力のあつたものであります、先づ日本の敎育史に於て、劈頭に是だけの大きな勢力を及ぼして居る。それ以前に遡ると儒敎が日本に傳來して、どう云ふものを日本に傳へて居るかと云ふと、史部と云ふものがあつた、是が東西に分れて居つて、歸化人の子孫で代々世襲して居る、專門の記錄係のやうなものであらうと思ふ。それが朝廷に居つて漢書を讀むことを職業として居つたのであるが、此史部と云ふ時代の間は日本に敎育機關と云ふものは無いやうであります。勿論教育と云ふ事を極めて廣義に解釋して、鍛冶屋でも左官でも先生と門人、師匠と弟子と云ふものがあれば皆教育だと云へば、それはそれ以前に教育がある譯でありますけれども、吾々の言ふ教育と云ふのはさうぢやない、國家と云ふものを標準に申す時には、それ以前には教育の機關と云ふものは無いと言つて宜からうと思ふ。それまでの史部と云ふものは、代々親が自分の子に傳へて職業を世襲するだけの教へ方であつたのでありますが、是は國民と云ふものには沒交渉で、唯史部と云ふものが朝廷の記錄をしたり、或は外國と交渉する爲に外交文書を書く爲に漢書を稽古したと云ふ工合であつたらうと思ひます。是は東西史部ともに歸化人の子孫であつた、今日最も好い適例を考へますと、沖繩縣に琉球時代からズッと續いて居る所の支那人の子孫の一部落が那覇の町の中にあります、御承知の方もあらうと思ひます。琉球と云ふと琉球王と云つて支那から代々冊封されて居つた國であるから、漢文を使つて居るだらうと思はれるけれどもさうではなくして、全く言語文章の文法は大和民族と同じで、使つて居る字は日本の假名である、さうして法律命令其他一般の文章は假名交り文であつて、漢文を書いて居るものは其特別なる支那人の子孫の一部落だけであつた。丁度東西史部と云ふものはそれに當るだらうと思ひます。是が代々支那からの學問を傳へて居つたのであるけれども、モウ推古天皇の頃になると何代にもなりますから、如何に支那人の本物であつても――恰度日本に來て居る外國人の敎師でも、初め招聘する時には向ふで然るべき人物を傭つて來るけれども、日本に來て永い間居ると、今度は又モウ一遍外國に歸して色揚をしなければいけない、外國人を洋行させなければいけないと云ふ必要が起ると同樣で、やはり東西史部も數百年に亘ると色揚しても地が切れて居つたかも知れぬ位の時代になつて居るのであるから、實は是は知識と云ひ思想と云ひ後れて居つた人間である、是が日本の文明を進めると云ふ力のある機關ではなかつたのであります。そこへ佛敎と云ふものが渡來した、その佛敎たるや御承知の通り達磨が支那から渡られてから僅に三十三年位しか經たない頃の年代に日本へ來たので、支那の本元から申しても佛敎の大分新しい生命のある時代のものが日本へ來たのであるから、是が日本の思想界に非常な影響を與へたと云ふことは、想像するに餘りある事だらうと思ふ。其時に丁度幸に聖德太子のやうな聰明なお方があつて、此新文明を咀嚼すると云ふ上に非常に御盡力なさつて、日本に初めての敎育機關が出來、日本人の敎育思想と云ふものが初めて此萠芽をめざして來たのであらうと思ひます。

此時に日本人の頭腦の方では、勿論從來の思想に於ては佛と云ふものは無くして、神祇ばかりであつたが、神祇と云ふ方は申すまでもなく非常に簡單なことであつて、此神道の發達と云ふのも後に佛敎の力に依つて神道と云ふものが系統づけられた、系統的の組織を持つて來たと云ふ位のものであつて、其時の新しい進んだ思想に抵抗するどころではない、全く風靡せられてしまつたのであつて、此舊思想の東西史部と新しい佛敎徒との戰ひに依つて新文明が勝つた、さうして學問を奬勵する機關が與つたのであらうと思ひます。

此時に聖德太子の有名な十七條の憲法と云ふものが出來ましたが、此憲法の中には神祇に關することが無い、斯う云ふ事が屢々一部の人々の批評する所であつて、「篤く三寶を敬へ」と云ふ事は此中の有名な一箇條であるが、三寶は申すまでもなく佛の方であつて、神祇の方ではないのである。併ながら聖德太子ほどの聰明なお方が、日本の元來固有の精神と云ふものを全く無視なさつたのではないと云ふことが想像されるのは、其後に出た所の詔勅に依りましても、神祇と云ふものは日本の道であるから之を敬はなくてはならぬと云ふ詔勅が出て居るので、憲法の方には出て居らぬけれども、實際の方に於てはやはり神祇と云ふものを尊信して、佛敎と云ふものを日本化して行く上にさう云ふ方針を以てお働きになつた事と思ふので、それは疑の無いことゝ思ひます。

一體日本は非常に精神上の消化力に富んで居ると思ふ、腸胃の健かな者が何を食べても消化するやうに、日本の文明と云ふものは昔から皆外來の文化を受けて居る、日本固有の文明と云つたら恐らくやはり神道の外に無いかも知れない。何處までが日本の固有の文明であるか分らない位に、舊くから外國の文明が入つて來た、さうしてそれが皆日本に入つては日本化して日本のものになつて行く。其一番初めに而も非常に消化し難い佛敎と云ふ進んだ食物が入つて來たのを眞先に消化されたのは、推古天皇時代の先輩、就中聖德太子はじめさう云ふ賢明なる人々の努力であつて、是がそれから後に外來思想を悉く消化して日本化して行くと云ふ事の一番先驅を爲したことであると思ひます。此時に若し是が失敗して居つたならば、其以後の日本の歷史に及ぼした影響は尠からざることであらうと思ひますが、是が幸に大變よく消化せられたと云ふ事が、非常に好い結果を永い二千年間に及ぼして居ると思ふのであります。

聖德太子が佛敎を日本化して日本の敎育の上に佛敎の勢力を及ぼさせられた事に就て大體を申上げますと、聖德太子は、今まで日本が朝鮮半島を經由して支那の文明を採つて居つたのを直接に採ることにされた、卽ち支那に使を出し、其次には留學生を出された、是が最初の大きな事實であらうと思ひます。此時に支那に行つた留學生は大概は歸化人の子孫である、さうして高向玄理《たかむこのくろまさ》とか或は僧旻《そうびん》法師とか云ふやうな人が、最初に日本の敎育機關が出來る時の洋行者であると思ひます。（尤も是より以前に崇峻天皇の時に善信尼と云ふ司馬《しば》達等《たつと》の女が外國に行つたと云ふことがあるけれども、是は文明と云ふ方の目的よりは信仰の目的であつた）此時に敎育上のどう云ふ機關が出來たかと云ふと、法隆寺——法隆學問寺と稱して居る、卽ち太子が七つの寺を興された一つである、其法隆寺で勝鬘經を講せられたと云ふやうな事が歴史に見えて居るが「其儀僧の如くなり」とある。又善信尼も屢々此寺で講釋をしたと云ふことが出て居るが、聖徳太子も全く僧のやうな態度でおやりになつた。此學問寺と云ふのは一般の學問ではなくして、主に佛教の方であつたけれども、斯う云ふ稍々機關の整つた學問所を拵へられたと云ふことは、日本では是が初めてであらうと思ふ。日本の教育の事業は先づ是が出發點だと思ひます。

其頃に丁度又一方に於て高麗の僧曇徵《どんちやう》と云ふ者が來て、是が經書にも通じて居り、又筆紙墨の製法を知つて居つた、さう云ふやうな關係から此人が學問上に必要な物を大分日本に教へた。斯う云ふ工合にして最初の日本の教育機關が出來たときの盡力者は、從來舊く日本で學問の事や文書に關係して居つた東西史部に代つて、新しい大陸の留學生が其事に當つたのであります。是は丁度近い事に引合せて見ますと、明治の御一新と云ふ大變革があつたときに、それより前日本の文教の生命になつて居つた者は何かと云ふと、漢學者――言換へれば儒者であつたのでありますが、其儒者と云ふ者は明治維新の際に大した働きをしないので、明治維新と云ふ事に就て專ら原動力になつた者は、新文明を咀嚼した蘭學者であつた、モウ少し廣く言へば洋學者(和蘭ばかりでなく維新前には英佛獨みな入つて來て居るから)其洋學者が維新の動機になつた如く、最初の日本の教育機關が出來るときは、最初の留學生と云ふ者が事に當つた、其動力になつたと言ひたいと思ひます、さうして其新しい勢力の一番主導者が聖德太子であつたのであります。

今お話して居る此推古天皇から奈良朝の終までの時期の中に於ても、推古天皇頃から孝德天皇頃までは準備時代とでも言ふのでありませう、聖德太子が創業に當られて準備が出來て天智天皇の頃に稍々緒に就いて、さうして教育機關らしいものが出來て居る、學校が出來たと云ふことになつて居るが、併しどんな學校が出來たかは歷史の上に記事がない。國博士と云ふ者が出來て、僧旻法師、高向玄理と云ふやうな者が國博士に任ぜられて居ります。國博士と云ふのはどう云ふ意味かと云ふことに就ても亦議論がありますが、是は法制史の先輩で居らつしやる宮崎先生の說に依ると、國と云ふのは地方といふ意味でなく、日本の國といふ意味で尊敬の言葉であらうといふ說でありますが、私も國博士の『國』といふ字はやはりさういふ意味であらうと思ふ、英語で云へば「ローヤル」とか、日本でも「帝室」とかいふ名を附ける、あゝいふものに當る意味だらうと思ふ。それになつた者が僧旻と高向玄理であつた。この時は佛教ばかりでなく、一般の漢籍の方に就ての研究も段々と進んで來て、其學校に於ても恐らく佛教と所謂儒教と兩方をやられたものだらうと思ふ。天智天皇の頃に學職頭といふ職名がある、その職制も名稱だけで傳はつて居らないが、兎に角天智天皇の時にはさういふものが出來て、稍々教育制度といふものがその端を開いて居ります。聖徳太子以來準備された事が、此處で初めて纏まることになつたやうであります。この時には色々な歴史の記事に依ると、中大江皇子(卽ち天智天皇)が南淵先生の所に漢書を學びに行かれたとか、或は僧旻法師が易を講釋したといふやうな事がありますから、それでこの頃の學問をした大體は分ると思ふのであります。

それから後に大寶令といふものが出來上り、學令(今日いふ教育令)といふものが出來て、茲に堂々たる教育制度が出來たのであります。大寶といふものは、御承知の通り支那では三官六省といふことになつて居るのを、日本では二官八省として太政官の前に神祇官といふものを置いて、何處までも日本の固有の精神といふものには重きを置かれて居るのでありますが、さういふ事を見てもこの時の新文明を打立てた人達がどういふ態度を以てやられたかといふ事が分るので、卽ち新しい文明（佛敎文明）は採入れたけれども、飽までも、日本の固有精神を失はないやうにせられた。そこでその出來た學令といふものはどういふものかといふと、是は實際宮內省に屬するものであつて、今日のやうな文部省といふものではない、之に依つてこの學令の性質が分る、卽ち大寶令にある敎育といふのは、位の高いお役人を敎育する爲の機關であつて、國家國民といふ事とは未だ關係が深くなかつたのである。

第二期に及ぼした所の佛敎の勢力のお話は大體以上で終るのでありますが、茲に一つ特にお話中上げて置きたいと思ふ事は、この第二期の最も大立者として、日本の國家的運動の一番主動的勢力になつた人は、申すまでもなく藤原鎌足でありま す。是は所謂大化の改新に方つての最大政治家であり、又日本の歷史を通じてやはり有數の大政治家でありませうが、この人のやつた所を見ると餘程面白いと思ふ。あれだけ外國の新しい佛教的文化を採つて來て日本にそれを植つけながら、自分はどういふ事をしたかといふと、自分の子孫即ち中臣氏といふものは、日本の神祇職を代々世襲することになつて居る、此は餘程面白い所だと思ふ。何處までも自分の肚は日本の固有の神道といふものを重んじて置いて、さうして働きの上に新しい佛教的文化を加へて日本の文明を開いて行つた。奈良朝に於ける佛教の發達といふものはあれだけ大きく、又鎌足の精神に依つて非常に活動して、奈良朝に於ての佛教の發達といふものは、今日私が多く申上げる必要はないと思ふが、その時の日本の文運の開けたのは全く佛教的文運といふ事はそれだけで盡して居ると思ふ、それに對して一番勢力のある一族が、鎌足の子孫でありながら一方の中臣家は神祇を世襲して行く、斯ういふ事が餘程鎌足の偉らい所であらうと考へます。

次は王朝時代であります。王朝時代に於て佛教といふものが日本の教育に非常に大きな影響を及ぼしたといふことは、モウ概觀して分ると思ひます。即ち當時から遺つて居る所の文學を見ると、之にすつかり佛教といふものが入つて來て居る、是は多く説明する必要はない、『源氏物語』にしても『枕草紙』にしてもその他あらゆる施設みな佛敎の勢力が第一である。又一面に於て學校といふものは奈良朝よりも一歩進んで、官立の大學が出來ました、又藤原氏が各々自分の一族を盛んにする爲に（近來流行る言葉でいふと閥である）各々自分の門閥を盛にする爲に爭つて學校を立てて居る、卽ち私立大學であります。是は私立といふけれども或る特別の家の勢力を作る爲の學校で、或は藤原氏、或は和氣氏といふもの丶學校である、さうして本當の官立大學は段々勢力を失つて來たのであります。その敎へる所は周公の道であつて卽ち儒敎であります、この敎育制度の上から申すと王朝は實に儒敎が盛んであつたと見えるのであるけれども、それは外形であつて丁度螺蠑の壺燒みたやうに殼だけは螺蠑に相違ないが內には他の物が入つて居るといふ風であつて、王朝の敎育は儒敎といふ名前を以て實は佛敎を敎へたので儒敎の中で殊に佛敎の臭味の勝つたものが勢力を有つて居つたのであります。文學の中に於ても御承知の通り王朝に於て一番勢力のあつた支那の文學は白樂天の『白氏長慶集』といふものが一番さかんに行はれたのであるが、白樂天は非常な佛敎の信者であつて、白樂天の文章を讀むと別に佛敎を知らない人でも自然々々に佛の方に導かれる位に、あの人は非常に信者であつた。元來形を儒敎にして內に佛敎を入れて居つたその時代の敎育に行はれるやうに、白樂天は出來上つて居るものと思ふ。其頃の批評家は斯ういふ批評をして居る、內典、外典といつて、內典は佛書外典は儒書であるが、それを比較して、內典は實の如く、外典は華の如し、どちらが主であるかといふ事は言ふまでもない、併し實の方が主であつても、華が開かなければ實は結ばないから、先づ華を開かして然る後に實を結ばなければならぬ、佛敎といふものを敎へるにも儒書の方から入つて行かなければならぬ、漢書の方から入つて行つてその華が咲いてさうして麗はしい實を結ぶといふ事にならなければならぬ、儒佛の關係は斯の如くであるといふ批評をして居る。それで王朝時代の敎育制度といふものは大寶令及びあの頃の歷史を讀めば分りますから今日詳しく申上げる必要はないと思ひますが、澤山の學校がある、皆支那を飜譯したのであるから支那の通りに出來上つて居るけれども、それは形ばかりであつて中味は佛敎の精神を注ぎ込む、その精神は當時の人の考では、佛敎が實であつて儒教は華である、斯ういふ考でやつて居つたのであるから、王朝時代に於ける教育に及ぼした佛教の勢力といふものは、多く言はないでも宜からうと思ひます。

この事が日本の當時の教育上どういふ影響を及ぼしたかといふと、元來時勢が遣唐使を廢せられるといふ位のことであつて、外國の刺戟は少ない。是はどうも天神樣といふ方は――私共非常に尊敬してやはり二十五日には天神樣の掛物をかけるといふ習慣を有つて居る、これは子供のときからの習慣で、私が考へたのではない、代々私共の地方でも、又全國を旅行して見ると隨分東京の近所でも信州あたりに行くと、到る處に天滿宮の碑或は聖廟の碑といふものがあるやうな工合で日本に及ぼした天神樣の勢力は文教上非常な偉らい方であるけれども、この遣唐使を廢したナンといふことはどうも私共甚だ感心しないやうに思ふこれには又その時の種々の曲折はあらうけれども、兎に角その結果は日本人がいよ／＼外國の刺戟を受けないで、内で泰平に治まつてしまつたといふ事になる。外の刺戟が無ければどうしても弛んで來る、他から刺戟が來なければ自己刺戟をやらなければ人間は進歩の見込がないといふことは明かな事であるのに、斯ういふ風に刺戟を取去つてしまつた。さうして兎に角外國へでも行かうといふ者は、たゞ佛敎の高僧達ばかりであつた。實際多くの朝廷の有爲の役人は皆次第に惰弱に流れてその期する所は位が昇るといふことだけである、その實際した所の敎育は何かといふと、有職故實の學問といふものが王朝の學問であります。王朝といふものは非常な優美な時代のやうに見えるけれども、私共は敎育史の中に於て、王朝は甚だ熱の無い時代と思ひます、文學の歷史に於ては非常に面白い事もありますけれども、日本の民族の歷史、敎育の歷史から言ふと、王朝は誠に貧弱な時代であります、非常な有爲な人物も出でず、日本の民族精神の甚だ萎靡振はざる時代でありますから、唯内に小さくなつて居つた。日本の中心たるべき人間如何を心懸けて居るかといふと、有職故實で、朝廷へ出て挨拶する物の言ひ方、お辭儀の仕方、此邊では何度位の角度に腰を曲げるといふ——何度といふことは無かつたけれども、實際どれ位まで頭を下げるとか手を下げるといふやうな事がある。斯ういふやうな譯で故實といふのは非常に面倒なものでありまして、或は難かしい言葉で繁文縟禮をやる、形容して言へば繁文縟禮の時代であります。その學問することは有職故實であつて、大學で習ふことは皆諳誦する事を習つた。この諳誦といふ事については、日本の古今を通じて佛教の勢力は非常にあると思ひます、是は宗教に於てはすべてどの宗教でも諳誦といふ事は非常に多く行はれる事であります、尤も支那の學校に於ても諳誦といふことをやりましたけれども、王朝に於ての學校で習ふことは諳誦で、何を覺えて來るかといふと、卽ち有職故實でありました、有職故實の中で一番主なるものは叙目であつた、叙目といふのは位の陞るときの任官昇叙の式であります、この叙目といふ儀式が一番大事な式で、それを能く覺えて居る。支那の話に昔或る男が坊さんの稽古に行つた所がお經の方を稽古するよりも他のいろ〳〵の事を稽古して、終ひには馬に乘ることまで稽古した、どういふ譯だといふと、「俺が方々へ招かれて行く時に田舍道を歩くのは難儀だから、追々は招待されると馬に乘つて行かんならぬから」と言つて、さういふ事ばかり稽古して、肝腎な佛教の研究は出來ないで何も得る事なくして戻つたといふ話がありますが、王朝の主な役人の學問といふものは皆さういふ學問で、自分が位を授けられた時、それから官途に就いた時の儀式（早く言へば禮式）それが卽ち叙目式で、その叙目式を覺えるといふ事が有職故實の中の主なるものであつた。それであの頃の物語を見ると誰某はみやびやかな人だとか、誰々は武骨なひなびた人だといふことがある、ひなびた人といふのは、お辭儀をする時の態度が惡いとか、物を食ふときの恰好が惡いといふのである、物をきれいに食つて、きれいな挨拶振りをする、斯ういふのが王朝の教育であります。だから王朝の人といふのは實に無氣力極まつたものであつて、そこへ持つて來て外國の刺戟はない、内の方ではさういふ風で期する所はたゞ名利に在る。當時の人は『本朝文粹』を御覽になつても例へばその中にある藤原敦光、その頃は大變な文章家である(今日から見ては大して價値の無い人ですけれども)それはどういふのかといふと、所謂對句ばかり並べる文體の文章を作ることが上手であつた、さういふ人達が、自分は七十を過ぎてもまだ參議になれぬ、永い間記録を書き文書を書きして居つて參議になれないといふ事は實に殘念だ、元來吾々が學問するといふのは任官が目的である、名譽といふのは位が陞ることであると言つて居る。それが目的であるといふことを當時の人が公言して憚らぬ位に、學問の目的は即ち官位の進むに在りといふのが、王朝の學問の目的——學校の目的であつて、學校はたゞ役人を作る機關で國民とは沒交渉であつた。

さういふやうに人間の精神といふものが萎靡振はぬ所に持つて來て、この時は佛敎の勢力といふものが甚だ消極的になつて來たと思ひます。卽ち慈愛、憐愍とか厭世の觀念といふことが盛んになつて、王朝の有爲な人でも事が思ふようにならぬと直ぐ悲觀する、日本の國民が最も悲觀的の國民であつたのは王朝時代である。その悲觀的の國民であつたといふ事については、佛敎が全責任を負ふのではありませぬけれども、それを甚しく悲觀的に、甚しく厭世的に甚しく弱くならしめたといふに就ては、餘程力があると思ひます。王朝時代に於ては非常に佛敎が弘まつて、佛敎に對する信仰が深く國民の間に入つて來ました——國民といふよりも主に開けた役人の間かも知れませぬ、極く下までは普及しなかつたように思ふけれども兎に角大分普及したのでありますが、その時の働き方が今のように消極的に働いた時代は日本の古今の歷史を通じて王朝時代でありまして、此時代は一方に寺が盛んになつて居りますが、併し佛敎の效果から言うて、一番賀すべき方の影響ではなかつたと思ふのであります。

それならば一體佛教といふものは人を弱くするかといふと、日本に佛教渡來以來益々國運隆盛になる所を見ると、大體決して人を弱くするものではない。けれども王朝時代に弱い方に走つたのは、例へば食物にしても、牛肉を食ふが宜い、或は鳥肉を食ふが宜いと云つても、胃が弱くなつた所に肉を食はせれば益々その人を弱くするようなものでありますから胃の弱い人に益々胃弱を起させるといふやうな工合に王朝時代には佛教といふものが餘計に國民の衰弱を強めたと云ふことになつた譯だと思ふのであります。

繰返して申すと、私は王朝時代といふものは日本の敎育史、日本の民族史に於て最も價値の少い時代で、たゞ文學の上に於て麗はしい立派な時代だと思ふのであります。

この時に特に佛敎が日本の敎育上に貢献した大きな事が一つあると思ひます。それは從來日本の國家が造つた所の學校といふものは、日本の役人を造る爲めであつて、國民とは沒交渉でありますけれども、この國民と交渉を開いたものが一つあると思ひます、それは卽ち總藝種智院といふのであります。この學校が出來たことは、日本の敎育史に於ける非常に大きな事實で、古今を通じてやはり敎育史上の最大なる事實の一だらうと思ひます。　その總藝種智院を創めた人は誰かといふと弘法大師であります、弘法大師は個人として見ますれば卽ち聖德太子以後日本の文運の發達に貢献した最も大なる人であらうと思ひますが、その敎育に竭された事は總藝種智院といふもので現はされて居ると思ひます。　この總藝種智院は、大師のお書きになつたものが今僅か國寶になつて、その筆蹟は米澤の上杉家に保存されて居ると思ひます、この總藝種智院を拵へられた目的は、斯う書いてある。　學校には大學があるけれども町には小學が無い、大學といふのは役人を造る貴族敎育である、併し人民に對する所の敎育が一つも無い、支那へ行つて見ると人民に對する敎育がある、日本には一つも人民に對する敎育が無い、そこで人民に對する敎育といふものを造らなければならぬといふことを、總藝種智院式に唱導してありまして、總藝種智院といふものを大師が創立せられた。　この總藝種智院といふものはその名の示す通り、藝を總べ、智を種えるといふ目的であつたのでありませう、子供から敎へて行くのでありますが、是はやはり平等といふ精神を以つて貴族の子弟ばかりでなく廣く敎へられたものであります。規模は綜藝種智院が一つ位では中々京都だけでも間に合ふことではなかつたらうと思ひますけれども、兎に角日本の國民敎育の機關といふものを考へ出したといふ事は非常に大きなことであつて、王朝時代に於ける大事實であり、又佛敎者が日本の敎育に貢献した非常に大きな事實だと思ひます。一體に弘法大師は日本の文明の恩人としては非常に大きなものであらうと思ひます、或る人はこれを希臘のアリストートルに比して日本のアリストートルと言つた人もありますが、私もこれは餘程同感だと思ひます、凡そあれ位に多才多藝な人は古來少からうと思ひます、而もその多才多藝が皆非常に深いのであります。私が申すより皆樣の方が餘計佛敎の歴史に就ては御承知と思ひますが、佛敎の方の專門の研究に於ても、弘法大師は一頭地を拔いて居る人であらうと思ひます。支那に留學されたといふのは實に僅かで支那に行つて學んで來たといふより、支那を視て來たといふ方だらうと思ひます、又當時の支那を見ますと、支那に行つてもあの人の頭を抑へる人はなかつたらうと思ふ。青龍寺の慧果和尙に會はれた時に、和尙がお前の來ることを待つこと久しかつたと言つたとありますが、その慧果和尚があちらで歿なつた時に慧果和尚の碑文を書いた者は弘法大師であつた「日本留學僧空海撰」と書いて大師の文集に出て居る位で、支那の人から見ても大師ほどの文章を書き大師ほどの字を書いて、あれ程の研究の出來て居つた聰明叡智な人は得難かつたのでありませうから、支那へ行つても學んで來るといふより、支那を自分が觀察して來られたのでありましてその觀察の一つに國民教育と云ふことを持つて來られたのだらうと思ひます。

地方資料

編者との協議の上、収録しないことになりました。
（不二出版）

教化資料

○山陽莊子を手にせず

賴山陽先生は、京都で書生のために、莊子の講義をして居られた。其處へ國元の廣島から飛脚が來て、お父さんの危篤であることを知らして來た。それといふので、先生は、書物をおいて、旅の仕度をとゝのへ、早駕籠で晝夜ぶつ通しに急がれて故郷の廣島へ歸つて來られたが、其の時は、もう父の春水は呼吸を引きとつて、死なれた少し後であつた。

先生は、口惜しくて、殘念で堪らなかつた。それからといふものは、先生は、一生莊子といふ書物を手にとられなかつたといふことである。

○報德いろは標語

い　今より初めて德を積みませう
ろ　老人をいたはるこれが第一
は　腹が立つたらかんにん〳〵
に　人間の道は感恩報謝
ほ　讃られてたかぶるは馬鹿者
へ　隔てするなよ人の交際
と　共々誘うて報德會へ
ち　貯金するのも報德のため
り　理窟より實行
ぬ　濡手で粟は失敗の因
る　類は善を以て集まれ
を　終りを全うせよ
わ　我身を省よ日に三たび
か　神や佛に朝晩御禮
よ　善を見習ひ惡を捨てゝ
た　玉も磨かにや光が出ない
れ　禮義正しく、義理堅く
そ　損や迷惑人にかけるな
つ　罪を憎みて人を憎むな

ね　寝ても寤ても忘れな御恩
な　何がなくとも人に親切
ら　樂あれば苦ありと知れ
む　無理をしたなら報いがあるぞ
う　甘いものなら皆んなと一緒
ゐ　意思は鍛へよ鐵より堅く
の　飲むと云ひつゝ酒に呑まるゝ
お　親に孝行するが幸福
く　國の爲には我身を忘れ
や　病は口から、常の養生
ま　曲げて使ふな心と金を
け　今日の一日を無駄に過すな
ふ　夫婦仲よく友睦じく
こ　孝と忠とは一筋道よ
え　榮耀榮華は家倉やぶる
て　天に順ひつとめて不息
あ　洗ひ落せよ心の垢を
さ　覺めよ夢から世の迷ひから
き　近所隣はいと睦まじく
ゆ　油斷の兎は龜に敗け
め　冥土の旅路にやお金はいらぬ
み　美目より心が大事と思ひ
し　辛棒で貧乏をたゝきふせ
ゑ　得手と勝手は醜きものよ
ひ　人は一人ぢや生きられやしない
も　勿體ないと其日々々を
せ　千萬無量の天恩地恩
す　すゝめあひましよ以德報德

○月世界の山

望遠鏡で視る月の表面は非常に凹凸が多い。大きな火山は澤山あるが、それはアルプスやヒマラヤの樣に大きな山脈をなして居るものはなくて、多くは孤立し、又山脈狀をなして居るものでも、極めて小さい山脈である。

月の表面は恰度地球表面にある噴火孔のやうな

ものを以て滿され、之等の火山の中には大變高い峻しいものがある。

月の火山の中で、デッフエル山と名付けられてゐるものは、其高さ二萬八千尺もあると云ふから我國の名山富士山の二倍以上もある事になる。其他にも二萬尺に達する火山がある、多くは一萬尺以上二萬尺の間の高さで、地球から見て白く光つて居るのはかうした火山である。

又火山の噴火口には、隨分大きなものがある。九州にある阿蘇の噴火口は、直徑六里もあつて、世界第一だと云はれて居るが、月の世界の噴火口の大きなものに較べると、親子よりまだ相異がある。

月の世界で一番大きい噴火口は、其直徑五十五里に及ぶと云ふから驚かれる。

けれども月の世界の噴火口は熾んに今も噴煙してゐるかといふとさうではない。

月は遙かの昔熱を失ひつくして、今は全く冷却して居るから、從つて之等の火山も死火山となつて、たゞ殘つてゐるばかりである。

地球から見て暗く見えるのは、低地であるが、その低地の中には、我が國の關東平野位の廣さをもつたものもあるさうな。

○五節句の精神

名稱	別稱	日	行事	草花	主要食物	精神
人日	七草	一月七日	若菜摘、若菜たしき	七草	七草粥	健康、團欒

上巳	雛祭	三月三日	摘草、曲水宴、雛市	桃の花	白酒、草餅	優美、温交
端午	菖蒲の節句	五月五日	鯉幟、菖蒲湯五月人形	花菖蒲	柏餅、菖蒲酒	尚武、進取
七夕	星祭	七月七日	瀑涼、七夕踊	—	素麺、酒、梨、茄子、桃其他	技巧、習字
重陽	菊の節句	九月九日	菊の宴	菊綿	菊酒、果物	風流、野遊

雑録

□**遅刊謝告**　本第六巻は執筆講師中餘儀なき事情の下に、執筆遅延せられしあり大遅刊の已むなきに立ち至つたのは、編者の深謝措かない處でありますす、之れが為め全一ヶ月の遅刊となつたのは、返す〳〵も遺憾の次第であるが、本巻は其の埋め合せとして例月より多少頁を増加して置きましたから、之を以て幸に御諒恕を願ひたいと思ひます。

□**第五巻正誤**　本講習録第五巻講義中左の通り正誤す。

『經濟學説と實際問題』

53頁　1行　甲冑城壁効驗　甲冑城啓の効驗　5行　收田法　收用法

55頁　14行—56頁　1行　經濟の分業　經濟單位内の分業

教化講習錄概要

口課目並に講師口

課目	講師
歐洲近代文藝思潮	文學博士 金子馬治先生
大戰後の世界現勢	ドクトル・オフ・フイロソフイー 長瀨鳳輔先生
社會問題と思想問題	ドクトル・オフ・フイロソフイー 文學士 赤神良讓先生
社會教育	文部省社會教育課長 乘杉嘉壽先生
思想の變遷と流行語の研究	文學博士 藤岡勝二先生
兒童心理の應用	東洋大學教授 高島平三郎先生
經濟學說と實際問題	慶應義塾教授 淸水靜文先生
實用論理	東洋大學學長 境野黄洋先生
佛教文化の特徵	文學博士 椎尾辨匡先生
我國の政治と佛教	文學博士 村上專精先生
現代思想と佛教	ドクトル・オフ・フイロソフイー 渡邊海旭先生
思想の表現と聽衆の心理	加藤咄堂先生
社會事業概說	內務事務官 齋藤樹先生
自治民政と佛教	加藤咄堂先生
我國の文化と神道	帝室博物館祭祀神祇部主任 津田敬武先生
佛教各宗の安心	各宗諸大家

其他隨時課外講義として最近科學の進步幷に教化に適切なる講演を掲げ且つ有益教化資料を添ゆ

□會員特典

特典　會費三ケ月分以上前納者に對しては質問券を送附し、講義科目に就き隨時質問の便を得せしむ

□期間並に紙數

每月一回（一日發行）、紙數二百頁內外、各科講義に長短ありと雖、全部十二冊を以て完結す

□本講習錄の五大特色

一、專門知識を通俗化し平易なる說述を以て民衆敎化に好資料を提供するは本講習錄の特色なり。

一、敎化傳道に從事する宗敎家諸君に斷えず新なる敎材話材を供給するは本講習錄の特色なり。

一、社會を敎化し民衆を指導する人々に常に思潮の推移を知らしむるは本講習錄の特色なり。

一、各方面に於ける現代大家の執筆を請ひ讀者をして親しく其敎を受くるの感あらしむるは本講習錄の特色なり。

一、質疑應答の欄を置き讀者をして其難解の個所に對して隨意に質問せしむるも亦本講習錄の特色なり。

本講習錄購讀上の注意

△會費御送付の節は「新規」若くは「繼續」と御記入ありたし

△會員住所氏名は間違を生じ易きが故に最も明瞭に記載されたし

會	費
一ケ月分	金壹圓
三ケ月分	金貳圓九十錢
六ケ月分	金五圓五拾錢
一ケ年分	金拾圓五拾錢

△會費は前金のこと、送金は振替にて新修養社へ御拂込を乞ふ、集金郵便を差出す時は手數料金拾錢を加ふ

△中途加入者にも第一卷より送付す

大正十年十二月廿八日印刷
大正十一年一月一日發行

編輯兼發行人　東京府豊多摩郡代々幡村代々木百八番地　加藤熊一郎

印刷人　東京市神田區三崎町三丁目一番地　百目木智璉

印刷所　東京市神田區三崎町三丁目一番地　株式會社共榮舍

發行所　東京市麻布區飯倉町五丁目四拾四番地　新修養社
電話芝一二七四番
振替東京八二六四番

東洋大學長　境野黄洋先生新著

聖徳太子の研究

菊版クロース製
裝禎美麗
約百六十頁
定價金貳圓
送料八錢

日本文化の研究は、聖徳太子に始めざるべからず。本書は太子研究の權威たる境野
各方面より太子を研究して博く國史の秘奥を闡きて前人未發の見を述べ、
[illegible]教の妙理を説きて太子の政策に及び、千三百年の文化を持ち來つて現代思潮
[illegible]しむ、資料の精確にして、叙述の平易なる近代稀に見るの好著述なり。殊
[illegible]八幡大菩薩」の一篇を付して新研究を示し、錦上更に花を添ゆ。請ふ
購求して其言の誣ならざるを知れ。

この部分は、原本の状態により収録できませんでした。（不二出版）

發行所　東京麻布飯倉　振替東京八二六四　新修養社

發賣所　東京麻布飯倉　振替東京三七二　森江本店